Badener Neujahrsblätter 1999

Badener Neujahrsblätter 1999

74. Jahrgang

Herausgeber:
Literarische Gesellschaft Baden
Vereinigung für Heimatkunde des Bezirks Baden

hier + jetzt
Verlag für Kultur und Geschichte, Baden

Landschaft im Wandel

Vom Kohlensumpf zum Wasserschloss — 10
Peter Bitterli-Dreher, Endingen

Besonderheiten der Lägernflora — 23
Fabian Egloff, Wettingen

Entwicklung der Kulturlandschaft Lägern-Limmattal bis 1940 — 37
Peter Stirnemann, Endingen; Hans-Dietmar Koeppel, Windisch

Landschaftswandel im oberen aargauischen Limmattal 1954–1994 — 47
Hans-Dietmar Koeppel, Windisch

Schloss Stein – eine Ruinenlandschaft — 61
Beat Stöckli, Aarau

Die Entdeckung der Landschaft um Baden — 72
Uli Münzel, Baden

Ein erlesener Ausblick ... — 82
Hansjörg Frank, Gebenstorf

Exotische Gehölze in Badener Gärten — 87
Jörg Villiger, Baden

Die Gärten des Klosters Wettingen – ein lebendes Denkmal — 98
Peter Paul Stöckli, Wettingen

Das Badener Waldbild im Wandel der Zeit — 107
Georg Schoop, Baden

Waldboden als Kartoffelacker — 116
Robert Kappeler und Andreas Steigmeier, Baden

Die Vogel-Eiche — 121
Robert Kappeler, Baden

Landschaft Baldegg – vernetzen und aufwerten — 124
Corinne Schmidlin, Baden

Episoden aus der Geschichte des Eigibaches — 130
Rudolf Döbeli, Nussbaumen

Die Walhalla — 134
Eugen Meier, Wettingen

Der Spekulant und das Unglück von 1899 am Lägernkopf — 139
Andreas Steigmeier, Baden

Stadt und Region	**Junge Gemeinde – imposantes Schulhaus** Silvia Siegenthaler, Gebenstorf	146
	Neue Erkenntnisse zur Baugeschichte der Niederen Feste Peter Frey, Brugg; Bruno Meier, Baden	152
	Zwei Berufsschulen – zwei Geschichten Ariane Winkler, Baden	160
	Ein doppeltes Gasturbinen-Jubiläum und seine Bedeutung für die Region Paul Zaugg, Baden; Norbert Lang, Nussbaumen	172
Kultur	Städtische Galerie im Amtshimmel: **Ein Blick ins amtshimmliche Kunstpanorama**	182
	Forum Stadtscheune, Mellingen: **«Und neues Leben steigt aus den Ruinen ...»**	186
	Kulturkommission Obersiggenthal: **Kulturelles Engagement der Gemeinde Obersiggenthal – reichhaltig und vielfältig**	189
	Vereinigung für Heimatkunde des Bezirks Baden: **Aus der Tätigkeit der Vereinigung für Heimatkunde**	192
	Historisches Museum Baden: **Aus dem Leben gegriffen**	194
	Literatur, Kunst und Geschichte aus der Region Baden 1997/98: **Neuerscheinungen**	199
Nachrufe	**Werner Frey** 1934–1997	200
	Alex Pfau 1923–1998	203
	Otto Wanner 1909–1998	206
Chronik Juli 1997 bis Juni 1998	Politik: **Baden: «La quadrature du cercle»?**	209
	Wirtschaft: **«La Badenfahrtwelle» beflügelt**	213
	Kultur: **Im Westen nichts Neues ...**	216
	Wetter: **An der Badenfahrt lachte auch die Sonne**	222

Landschaft im Wandel

Editorial

Nicht historisch oder literarisch, sondern naturkundlich präsentiert sich der Schwerpunkt der diesjährigen Neujahrsblätter. Unter dem Titel *Landschaft im Wandel* entwickelt sich eine breite Palette von Themen, die sich alle mit dem Wandel, mit Veränderungen in unserer Umwelt auseinandersetzen.

Eine Beschreibung der geologischen Vorgänge, die zu unserer heutigen Landschaft geführt haben, und zwei Artikel zur Langzeit-Veränderung unserer Landschaft, dargestellt an der Entwicklung von Karten, bilden den grossen Rahmen des Themas. In verschiedenen weiteren Artikeln werden einzelne Aspekte näher beleuchtet: Die Besonderheiten der Lägernflora, die Ruinenlandschaft Schloss Stein oder die Gärten des Klosters Wettingen. Beiträge zur Waldwirtschaft zeigen den Wandel unseres Verhältnisses zum Wald, verdeutlicht am Beispiel der Kriegsrodungen auf der Baldegg, die heute wieder sanft korrigiert werden. Die Landschaft als touristisches Potential ist im Kurort Baden im 19. Jahrhundert entdeckt worden und hat zu zahlreichen Exkursionsführern und Wegbeschreibungen geführt. Zwei Besonderheiten schliessen das Schwerpunktthema ab: die legendenumwobene Walhalla am Wettinger Lägerngrat und der Felssturz beim Landvogteischloss, der vor genau hundert Jahren stattgefunden hat.

Der Teil *Stadt und Region* bringt einen Artikel über die Badener Berufsschulen – Gewerbeschule und ABB-Berufsschule –, die in diesen Monaten zur «Berufsbildung Baden» zusammengelegt werden. Das vor hundert Jahren erbaute Gemeindeschulhaus in Turgi ermöglicht den Blick auf einen frühen Bau des berühmten Architekten Karl Moser. Die Bauuntersuchungen während der Sanierung des Landvogteischlosses bringen neue Aspekte zur Baugeschichte der sogenannten Niederen Feste in Baden. Die Badener Industrie schliesslich ist mit einem Artikel über den Gasturbinenbau der BBC/ABB vertreten, der vor fünfzig Jahren mit dem Gasturbinenkraftwerk in der Beznau einen Markstein setzte. Die Berichte über kulturell tätige Institutionen vervollständigen in traditioneller Weise zusammen mit den Chronikartikeln und den Nachrufen die diesjährige Nummer.

Bedanken möchten wir uns einmal mehr bei den zahlreichen Gönnern, angefangen mit der Stadt Baden, der Gemeinde Wettingen, weiteren Regionsgemeinden, namhaften Firmen und mehreren Privatpersonen. Sie ermöglichen eine aktive Politik der Redaktion und den breitgefächerten Inhalt, der die Neujahrsblätter zur unentbehrlichen Jahreswechsellektüre macht.

Silvia Siegenthaler, Bruno Meier, Andreas Steigmeier

Vom Kohlensumpf zum Wasserschloss

Die geologische Geschichte der Landschaft in der Region Baden

Peter Bitterli-Dreher

Zu diesem Artikel gehört eine Tafel zum Ausklappen nach Seite 16.

Einleitung

Wenn wir durch unsere Landschaft wandern, so erscheint uns diese fest gefügt, kaum veränderbar. Doch dieser Eindruck täuscht, denn unablässig waren Kräfte daran, sie umzuformen. Gebirge entstanden und wurden wieder eingeebnet, Flüsse durchschnitten Berge oder wurden durch Hebungen auf neue Wege gezwungen. Schliesslich gaben die Gletscher der Eiszeiten dem Ganzen den letzten Schliff. Diese Veränderungen der Landschaft scheinen auf den ersten Blick zufällig, Launen der Natur, völlig regellos. Doch schaut der Geologe genauer hin, so entdeckt er erstaunliche Zusammenhänge. Es zeigt sich, dass die geologischen Ereignisse sich meist an alten, ererbten Bruchmustern der Erdkruste abspielten. Der geologische Aufbau der Umgebung von Baden zeigt zahlreiche Beispiele für dieses Prinzip.

Der Beginn der Geschichte: Zwei Urkontinente stossen zusammen

Die ältesten geologischen Vorgänge, die den Bau unserer heutigen Landschaft beeinflusst haben, ereigneten sich zur Zeit des späten Paläozoikums (Abb. 1). Die Welt sah damals gänzlich anders aus als heute, zwei grosse Protokontinente, Gondwana und Laurussia, lagen inmitten eines riesigen Ozeans. Zwischen ihnen erstreckte sich ein langgezogener Meeresarm, in dem mächtige Sedimentserien abgelagert wurden. Die beiden Kontinente drifteten zur Zeit des Unterkarbons gegeneinander, dabei wurde das Meeresbecken zusammengefaltet und teilweise hochgedrückt. Zwei ausgedehnte Gebirgszüge entstanden, das armorikanische Gebirge weiter im Westen und das variskische im Osten. Thermisch bedingte Hebungen in der Spätphase dieser Gebirgsbildung (Wende Unter-/Oberkarbon) führten zur Dehnung der Erdkruste, was granitischen Magmen den Aufstieg in die höhere Erdkruste ermöglichte. So entstanden beispielsweise die Granitstöcke des Albtalgranits und des Granits von Säckingen.

Gegen Ende des Unterkarbons änderte die Bewegungsrichtung der beiden Urkontinente. Nachdem Gondwana, von Südosten kommend, auf Laurussia ge-

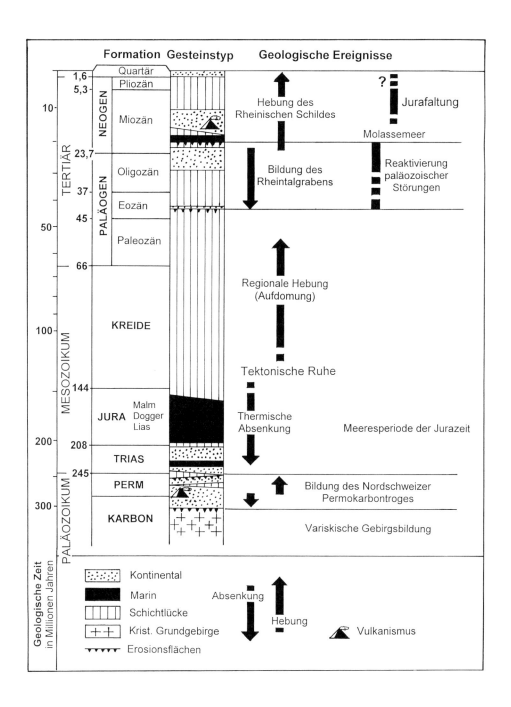

Abb. 1
Schema der geologischen Entwicklung der Nordschweiz.

stossen war, bewegte sich dieses gegen Osten. Dabei wurde das östlich liegende Ural-Meer geschlossen, und Laurussia vereinigte sich mit dem Angara-Kontinent zu Laurasien. Grosse Teile des variskischen Gebirgsgürtels wurden dabei längs ausgedehnter, West–Ost verlaufender Scherzonen zerrissen. Dabei wurden einzelne Blöcke hochgedrückt, andere sanken ab und bildeten langgezogene Grabenstrukturen. Während dem Oberkarbon und Unteren Perm entstand so im Gebiet der Nordschweiz ein derartiger Graben. Die Geologen bezeichnen ihn – nach dem Alter der darin enthaltenen Ablagerungen – als Nordschweizer Permokarbontrog (Tafel 1-B).

Das Gebiet des späteren Europa lag zu dieser Zeit in Äquatornähe, es herrschte ein tropisches Klima mit reichlich Niederschlägen. Urwaldflüsse brachten vom noch jungen variskischen Gebirge her Schutt in die Senke. Im Innern des Trogs entstand eine Flusslandschaft mit einigen Seen und an deren Ufern ausgedehnte Sumpfwälder mit fremdartigen Bäumen (Schuppenbäume, Siegelbäume, Sigillarien etc.). Die häufigen Stürme im Tropenklima führten dazu, dass viel Bruchholz im seichten Wasser dieser Kohlensümpfe abgelagert und rasch eingebettet wurde, so konnten sich nach und nach Kohlenflöze von beachtlicher Mächtigkeit entwickeln. In der Bohrung Weiach wurden insgesamt 32 m Kohle durchbohrt! Da sich das Gebiet des Troges langsam absenkte, wurden mächtige Sedimentabfolgen angehäuft; in der Bohrung Weiach sind die entsprechenden Ablagerungen mehr als 700 m mächtig. Vulkanische Tuffe in der Abfolge belegen intensiven Vulkanismus während dieser Periode der Erdgeschichte (Tafel 1-B).

Das nächste erdgeschichtlich entscheidende Ereignis kündigte sich gegen Ende des Unteren Perms an (etwa vor 265 Millionen Jahren). In der Bohrung Weiach werden die dunkel gefärbten See- und Flussablagerungen von groben, rot gefärbten Trümmergesteinen (Konglomeraten) überlagert. Dies zeigt uns, dass der tropische Regenwald einer wüstenhaften, öden Landschaft Platz gemacht hatte. Die groben Trümmergesteine weisen darauf hin, dass tektonische Vorgänge das Relief zwischen Trog und Umgebung drastisch verstärkt hatten. Die Ursache des abrupten Wechsels lag in einer Phase intensiver tektonischer Veränderungen gegen Ende des Unteren Perms. Die Randstörungen des Nordschweizer Permokarbontroges wurden als Seitenverschiebungen reaktiviert und die Trogfüllung dabei stark deformiert. In unserem Gebiet bewirkten die tektonischen Vorgänge eine starke Einengung, Teile des Troges wurden dabei herausgepresst und verfaltet (Tafel 1-C), andere abgesenkt. Zudem wurde der Trog längs alt angelegter, nun reaktivierter Störungszonen zerschert (Vorwald- und Eggberg-Störung). Diese Umgestaltung des Troges führte dazu, dass die älteren Ablagerungen stellenweise erodiert und aufgearbeitet wurden.

Grosse Kristallinkomponenten in den Trümmergesteinen zeigen, dass das variskische Gebirge bereits bis auf das Grundgebirge abgetragen war. In der Trogfüllung dominieren nun zyklische Sedimentabfolgen mit feineren Konglomeraten an der Basis und gröberen im Dach. Solche Abfolgen sind typisch für Schuttfächer, solche wurden offenbar nach und nach in den Graben hinein geschüttet. Im Gebiet von Brugg und im östlichen Tafeljura wurde der Trog stark abgesenkt, so dass die Schuttfächer-Serie hier einige tausend Meter mächtig wurde (Bohrung Riniken)! Im Gebiet östlich des unteren Aaretals wurde demgegenüber der Block nördlich der Vorwaldstörung gehoben, so dass man hier keine Sedimente des Oberen Perms findet, sie wurden hier erodiert oder nicht abgelagert. Die untere Trogfüllung mit der Kohleserie liegt deshalb in diesem Gebiet verhältnismässig untief. Aufgrund von Gesteinsuntersuchungen in der Bohrung Weiach wird die Erosion eines rund 1000 m mächtigen Schichtstapels vermutet.

Im Verlaufe des Oberen Perms, das aufgrund der vorherrschenden Gesteinsfarbe als Rotliegendes bezeichnet wird, werden die im Permokarbontrog abgelagerten Sedimente zunehmend feinkörniger. Es dominieren rote Schlammsteine (Ton und Silt), ab und zu unterbrochen durch sandige Lagen. Man interpretiert die entsprechenden Gesteine als Playa-Bildungen, das sind typische Wüstenablagerungen, wie sie in abflusslosen Becken entstehen. Die Sandsteine entstanden bei episodischen Regengüssen, wenn gröberes Sediment in die Ebenen geschwemmt wurde. Das variskische Gebirge war nun weitgehend eingeebnet (Tafel 1-D).

Im Erdmittelalter: Baden öfters unter Wasser

Zu Beginn des Erdmittelalters setzte eine neue Entwicklung ein. Im paläozoischen Urkontinent (Pangaea) entstanden Riftsysteme, längs denen der Superkontinent in kleinere Kontinentalschollen zerfiel. Diese Entwicklung wird durch mächtige vulkanische Ablagerungen in allen Erdteilen belegt. Die Vulkangürtel lagen nicht in unserer Gegend, trotzdem hatte das Geschehen auch bei uns Folgen. In den neu entstehenden Ozeanen bildeten sich ausgedehnte mittelozeanische Riftzonen. Sie bewirkten aufgrund der aufstossenden heissen Erdkruste eine Vergrösserung des Gebietes mit untiefem, jungem Ozean. Das Volumen der tiefen Ozeanbecken verminderte sich deutlich, eine Erhöhung des Meeresspiegels war die Folge. Der Spiegelanstieg nahm kontinuierlich zu und erreichte in der Kreidezeit mehr als 150 m (Abb. 1). Tiefer liegende Gebiete der Kontinente wurden überschwemmt, es entstanden ausgedehnte, wenig tiefe Schelfmeere.

Auch unsere Gegend wurde nach und nach überflutet und erlebte in der Jurazeit eine rund 60 Millionen Jahre dauernde Periode mit Meeresbedeckung. Da die alten variskischen Gebirgsrümpfe immer mehr abkühlten, setzte zudem eine zwar schwache, aber andauernde Absenkung des Gebietes ein. Meeresspiegelanstieg und Absenkung der Erdkruste machten es möglich, dass in der Periode des Erdmittelalters im Schelfmeer ein Gesteinsstapel von rund 1000 m Mächtigkeit angehäuft wurde (Tafel 1-E). Der Charakter der Sedimente weist auf ein seichtes Meer, dessen Wassertiefe 200 m kaum je erreichte. Die zahlreichen Fossilien, die sich in unserer Gegend in diesen Formationen finden, geben uns einen guten Eindruck von der Tierwelt jener Zeit. Zeugen tektonischer Aktivität sind uns aus dieser Periode der Erdgeschichte kaum überliefert, hingegen spielen die Ablagerungen des Jura-Schelfmeeres bei der Gestaltung unserer heutigen Landschaft eine wichtige Rolle. Die Schwankungen des Meeresspiegels führten dazu, dass die Wassertiefe der Schelfmeere häufig änderte. Dabei wurden zyklische Ablagerungen gebildet, bei denen sich jeweils aus tonig-mergeligen Ablagerungen tieferer Meeresbecken dicke Abfolgen aus im seichten Wasser gebildeten Kalken entwickelten (Hauptrogenstein des Doggers, Kalkabfolgen des Malms). Diese harten Seichtwasserkalke bilden heute in unserem Landschaftsbild die typischen Tafelberge des Aargauer Tafeljuras mit ihren Felsbändern, aber auch den hervorstechenden Lägerngrat. In der späten Jurazeit wuchs von Westen kommend ein Korallenriffgürtel über unser Gebiet, und das Meer verlandete. Leider können wir diese Entwicklung in unserer Gegend nicht weiter verfolgen, da die entsprechenden Gesteinsformationen späterer Erosion zum Opfer fielen.

Während der Kreidezeit entwickelte sich in der Achse des späteren Rheintalgrabens eine domartige Aufwölbung, Rheinischer Schild genannt. Weite Gebiete fielen trocken und wurden festländisches Abtragungsgebiet. Diese Hebungen stehen im Zusammenhang mit Vorgängen der Kontinentalverschiebung, sie bewirkten eine völlige Umgestaltung Europas. Nachdem der Gondwana-Kontinent seit der Triaszeit von Eurasien weggedriftet war und sich dabei das Tethysmeer geöffnet hatte, begann nun das aus Gondwana stammende Afrika nach Norden zu driften. Das Tethysmeer wurde nach und nach zusammengestaucht und zum alpinen Gebirge hochgepresst. Die erwähnten Hebungen in Mitteleuropa sind eine Folge der frühen Bewegungen dieser alpinen Gebirgsbildung, sie fallen zeitlich mit den ersten Deckenüberschiebungen in den Alpen zusammen.

Die Hebungen führten dazu, dass unsere Gegend Abtragungsgebiet wurde. Ablagerungen der Kreidezeit fehlen deshalb, so dass uns aus einem rund 90 Millionen Jahre dauernden Zeitabschnitt der Erdgeschichte kaum Zeugen vorliegen. Die Erosion an den Flanken des Rheinischen Schildes hatte erhebliches Ausmass, denn die tertiären Formationen überlagern mesozoische Schichten unterschiedlichen Alters. Bei tropischem Klima überzogen Regenwälder unsere Gegend, und eine intensive Karstverwitterung dominierte das Geschehen.

Tafel 1: Tektonische Geschichte der zentralen Nordschweiz, illustriert anhand schematischer geologischer Profile durch den Nordrand des Permokarbon (nach Diebold 1990, verändert)

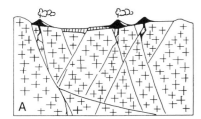

A: Zustand im Oberkarbon
(vor rund 300 Millionen Jahren)
Die Hauptphase der variskischen bildung klang mit Vulkanismus thermaler Tätigkeit ab. Zwis dehnten Seitenverschiebunger Gebiet der Nordschweiz die B Grabens (Nordschweizer Pe trog). Die Grabenfüllung zer Hebungen und Absenkungen Schollen. In den Senken w gungsschutt des Gebirges abg tropischem Klima entstand ein Seenlandschaft mit ufernahen denen sich gebietsweise mächt ablagerungen bildeten.

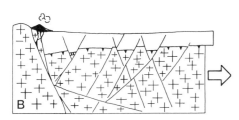

B: Zustand im Unterperm
(vor 280 Millionen Jahren)
Dehnungstektonik im Gebiet führte zu weiterer Absenkung dung von Bruchzonen. Randl fächer wuchsen in den Trog. entstanden grosse Seen, in breitet bituminöse Schiefer wurden.

C: Zustand im Oberperm
(vor 260 Millionen Jahren)
In einer letzten Phase der variskischen Gebirgsbildung (Saalische Phase) wurde die Trogfüllung zusammengedrückt, dabei entstanden Überschiebungen und Falten. Die Trogschultern wurden stark angehoben und Teile der Sedimentserien erodiert. Über der Erosionsfläche (Diskordanz) im Trog wurden hingegen grobe Schuttfächer abgelagert. Bei zunehmend aridem Klima entstand eine wüstenhafte, öde Landschaft.

D: Zustand an der Wende Perm/Trias
(vor 245 Millionen Jahren)
Die Erosion hatte das variskische Gebirge weitgehend eingeebnet. Der abkühlende Gebirgsrumpf begann langsam abzusinken, sonst herrschte weitgehende tektonische Ruhe. Nach ersten Meeresvorstössen zur Triaszeit folgte in der Jurazeit ein langer Zeitraum mit Meeresbedeckung und der Ablagerung mariner Sedimentserien.

E: Zustand an der Wende Kreide/Tertiär
(vor 65 Millionen Jahren)
Auf der absinkenden Erdkruste wurde während des Mesozoikums ein mächtiger Sedimentstapel angehäuft. Bei tektonischer Ruhe entstand eine ungestörte Serie, die vorwiegend aus Mergeln und Kalken bestand.

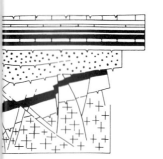

Während der Kreidezeit hatte, im Zusammenhang mit der Entstehung der Alpen, eine grossräumige Hebung im Gebiet Mitteleuropas eingesetzt. Das Jurameer verlandete, und kräftige Erosion trug Teile der mesozoischen Sedimentgesteine wieder ab.

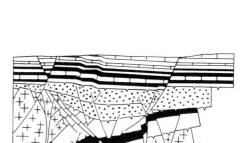

F: Zustand im frühen Miozän
(vor 22 Millionen Jahren)
Vom Eozän zum Oligozän senkte sich über einem embryonalen Riftsystem der Oberrheingraben ein. Dieses Ereignis hatte Auswirkungen in unserer Region, indem alte paläozoische Störungen im Grundgebirge reaktiviert wurden. In den mesozoischen Schichten bildeten sich Bruchzonen und Flexuren (Verbiegungen). In Teilen der nördlichen Schweiz dauerte die Erosion an, während weiter südlich, vor den entstehenden Alpen, die Ablagerung der Molasseformationen begann.

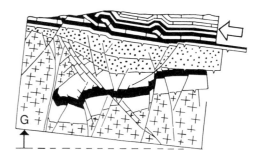

G: Heutiger Zustand
Die jüngste Phase der Alpenbildung führte zur Abscherung des mesozoischen Gesteinspaketes. Auf den verformbaren Gesteinen der mittleren Trias wurde der Gesteinsstapel nach Nordosten geschoben und, im Norden, bei abnehmender Überdeckung verfaltet und überschoben. Die alten reaktivierten Störungszonen wirkten dabei als Schwächezonen, die die Überschiebungen und Falten auslösten.

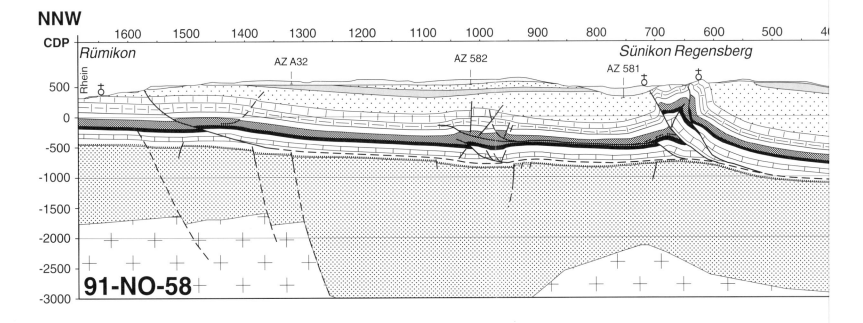

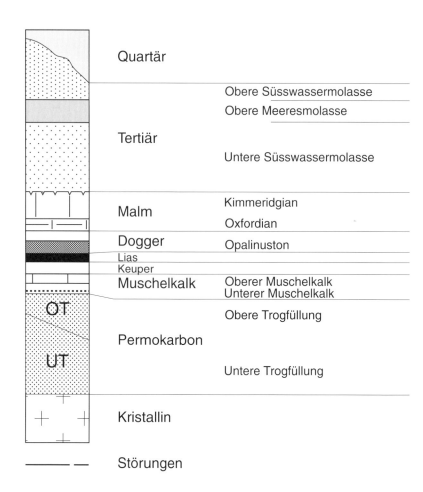

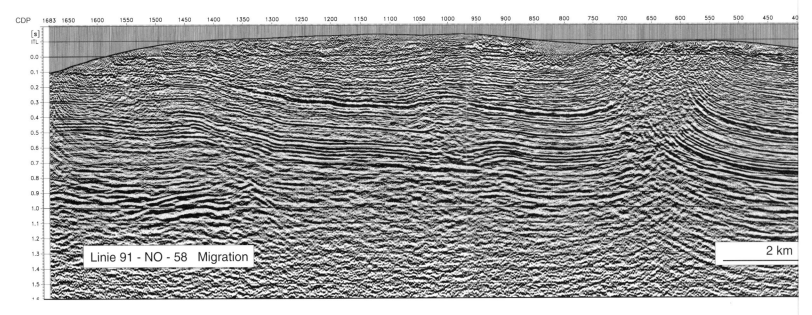

Tafel 2: Reflexionsseismisches Profil von Rümikon nach Buchs und geologische Interpretation

Bei Regensberg schneidet das Profil die Lägernstruktur. Der interne Bau kann auf der Seismik-Linie nicht erkannt werden, er wurde aufgrund von Feldbeobachtungen konstruiert. Im nördlichen Vorland der Lägern erkennt man Überschiebungsstruk[turen,] biegungen und Störungen des Grundgebirgsso[ckels] (aus Naef et al. 1995).

Methodik der seismischen Aufnahmen

Seismische Profile werden gewonnen, indem man an der Erdoberfläche mit Vibratoren oder Sprengladungen seismische Wellen (Erschütterungen) erzeugt. Im Erdinnern werden die Wellen an ausgeprägten Schichtwechseln reflektiert, das heisst zur Erdoberfläche zurückgestrahlt. Mit langen Auslagen von Geophonen wird die Ankunft dieser reflektierten Wellen gemessen und ihre Laufzeit im Erdinnern bestimmt. Raffinierte Auswertungsmethoden führen schliesslich zu anschaulichen Abbildern des Untergrundes, die der Geologe zu geologischen Profilen interpretieren kann.

Das Geschehen im Tertiär: «Es kracht in den alten Fugen»

Die allmählich einsetzende Hebung des Rheinischen Schildes in der Kreidezeit war ein Anzeichen, dass im Untergrund der Nordschweiz allmählich tektonische Kräfte erwachten. Das erste einschneidende Ereignis, das auch in unserer Region Auswirkungen hatte, war die Entstehung des Rheintalgrabens, die im Eozän (vor rund 45 Millionen Jahren) begann. Mitten im Rheinischen Schild senkte sich an steilen Abschiebungen der Graben ein. Die Grabenbildung umfasste einen Zeitraum bis zum Ende des Oligozäns (23,7 Millionen Jahre). Gegen Ende dieser Zeitspanne wurde der östliche Tafeljura in das Geschehen einbezogen, und der Graben von Wölflinswil senkte sich längs Nord–Süd verlaufender Abschiebungen ein. Auch in der südlichen Fortsetzung des Rheintalgrabens kam es zu Absenkungen; die dabei gebildete raurachische Senke kann bis ins Molassebecken verfolgt werden. Sie bildete später, im frühen Miozän, einen Meeresarm, der das Molassemeer mit einem Meer im Rheintalgraben verband. Man vermutet, dass im Zusammenhang mit der Bildung des Rheintalgrabens die Randstörungen des Nordschweizer Permokarbontroges reaktiviert wurden.

Das Klima wurde zur Zeit des Eozäns zunehmend trockener (semiarid), dies wiederspiegeln die mächtigen Kalisalzlager, die im jungen Rheintalgraben entstanden, als dieser eine abflusslose Senke bildete. In unserer Gegend herrschte zu jener Zeit eine intensive Karstverwitterung, die sich in tiefen Karstschloten offenbart, die das Dach der Malmkalke durchziehen. Boluston und Bohnerze als Füllung dieser Karstlöcher sind bei uns die einzigen Zeugen dieser erosiven Phase. Im Süden, vor den jungen Alpen, hatte sich ein schmaler Meeresarm gebildet (Untere Meeresmolasse), der jedoch durch kräftige Hebungen im späten Oligozän verlandete. Im Molassebecken entstand nun bei zunehmend feuchtwarmem, tropischem Klima eine weite Flussebene, in der sich die aus den Schuttfächern der jungen Alpen austretenden Flüsse zu einem grossen Strom vereinigten, der in ein Meer im Osten mündete. Die Ablagerungen dieses Stromsystems werden als Untere Süsswassermolasse bezeichnet. Es handelt sich meist um bunte Mergel, in die Lagen oder Knauer aus Sandsteinen eingebettet sind. Die Sandsteine stellen die Ablagerungen der mäandrierenden Flussläufe dar, die feinkörnigen Mergel wurden bei periodischen Überschwemmungen der Flussauen gebildet.

Etwa ab der Wende Oligozän-Miozän (vor rund 23 Millionen Jahren) intensivierte sich die Hebung des Rheinischen Schildes. Die kräftige Heraushebung des Schwarzwaldes führte dazu, dass die mesozoischen Schichten grösstenteils abgetragen wurden. Der Vulkanismus im Kaiserstuhl (18–16 Millionen Jahre) ist ein weiteres Zeichen der zunehmenden tektonischen Aktivität. Im Zuge der alpinen Gebirgsbildung kam es in den Alpen zu intensiven Hebungen, während sich gleichzeitig im Vorland das Molassebecken absenkte. Diese Absenkung verursachte in der Nordschweiz ein extensives tektonisches Regime mit Zerrungstektonik, dabei wurde das Grundgebirge längs der alten paläozoischen Bruchstrukturen treppenartig verstellt. Die darüber liegenden mesozoischen Deckschichten wurden teilweise zu Flexuren abgebogen, oder an Bruchzonen verstellt (Tafel 1-F). Beispiele solcher Strukturen sind die Flexuren von Siggenthal (Iberig), Endingen und Rekingen, wo über alten Störungen die jüngeren Formationen verbogen wurden (Abb. 2). Diese Flexuren bilden teilweise auch heute noch markante Geländekanten.

Die zunehmende Absenkung des Molassebeckens führte schliesslich dazu, dass im frühen Miozän erneut das Meer die Senke überflutete. Es bildete sich vor den Alpen ein langgezogener Meeresarm, dessen Küsten durch intensive Gezeitenwirkungen gekennzeichnet waren (Obere Meeresmolasse). Das Meer überflutete auch das Gebiet von Baden. Die nördliche Küstenlinie des Molassemeeres hielt sich gebietsweise an die oben erwähnten Flexuren und Abschiebungen. So beobachtete man bei der Endinger Flexur ein eigentliches Felsenkliff, wo das Molassemeer an die Malmkalke des gehobenen Schenkels der Flexur brandete (Bitterli 1998).

Die Hebungen im Schwarzwald führten nach und nach zu einer Kippung des Gebietes der Nordschweiz, die schliesslich etwa einen Wert von vier bis fünf Grad gegen Südost erreichte. Diese Kippung bewirkte eine Reaktivierung der alten Grundgebirgsstrukturen, wie beispielsweise der Vorwald- und der Eggberg-Störungen (Abb. 2). Die Schrägstellung der Schichten führte am Südabfall des Hotzenwaldes dazu, dass die über den fliessfähigen (duktilen) Trias-Evaporiten (Salz, Anhydrit, Gips) liegenden Deckschichten unter ihrem Gewicht zu gleiten begannen. Über einer alten Störung im Grundgebirgssockel wurden sie schliesslich zur komplexen Mettauer Überschiebungsstruktur aufgestapelt (Abb. 2).

Im Spätmiozän (vor etwa zehn Millionen Jahren) – den genauen Zeitpunkt kennt man nicht – begann die Auffaltung des Juragebirges. Sie stellt wohl das einschneidendste Ereignis für die Landschaftsentwicklung der Region Baden dar. Eine vorläufig letzte intensive Bewegungsphase bei der Entstehung der Alpen führte dazu, dass auf den fliessfähigen Evaporithorizonten der mittleren Trias das gesamte darüberliegende Gesteinspaket im Molassebecken nach Nordwesten geschoben wurde. Dieser als Fernschub bezeichnete Vorgang wurde in den vergangenen Jahren durch Beobachtungen in Tiefbohrungen und durch seismische Aufnahmen im Mittelland bestätigt. Bei abnehmender Gesteinsüberdeckung des Abscherhorizontes wurden die mesozoischen Schichten in der Nord- und Westschweiz verfaltet und überschoben. Der Betrag des Zusammenschubs kann meh-

Abb. 2
Tektonische Kartenskizze des Gebietes.
1 Tertiäre Sedimentgesteine; **2** Mesozoische Gesteine des Tafeljuras; **3** Mesozoische Gesteine des Faltenjuras; **4** Gneis und Granit des Schwarzwaldes; **5** Gebiet des Nordschweizer Permokarbontroges; **6** Faltenachse; **7** Flexur; **8** Überschiebungsfront; **9** Störung, Bruchzone; **P–P** Spur des geologisch-seismischen Profils von Tafel 2. **Ha** Jurahauptüberschiebung; **Ma** Mandacher Überschiebung; **Me** Mettauer Überschiebung; **En** Endinger Flexur; **Re** Rekinger Flexur; **Si** Siggenthaler Flexur; **Vo** Vorwald-Störung, **Eg** Eggberg-Störung; **St** Stadel-Falte.

Abb. 3
A: Entwässerung zur Zeit der Entstehung der ältesten Deckenschotter. Der Walensee-Rhein fliesst direkt über den Tafeljura gegen Westen. Das St. Galler Rheintal entwässert zur Donau.
B: Entwässerung zur Zeit der jüngsten Deckenschotter. Ein Bodensee-Rhein führt die Wässer via Bodensee-Senke gegen Westen. In der Rinne des Walensee-Rheins fliesst nun die Ur-Limmat (nach Graf 1993).

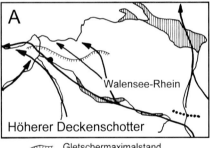

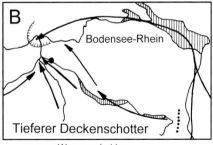

rere Kilometer betragen, er nimmt gegen Osten ab. Bei der Lägern schätzt man ihn auf etwa 1,5 km.

Lange Zeit galt die Stirn des Kettenjuras, die sogenannte Hauptüberschiebung, die von der Lägern bis zur Mont-Terri-Kette verfolgt werden kann, als nördlichste Front des Fernschubes (Abb. 2). Zur Überraschung der Geologen fanden sich nun auf Seismik-Linien Hinweise, dass auch im Vorland der Hauptüberschiebung, im Tafeljura, Überschiebungen und Verbiegungen des Deckgebirges vorliegen. Auf dem Profil von Tafel 2 sind diese Überschiebungen erkennbar, die nördlichste Jura-Überschiebung stösst hier bis zum Rhein bei Rümikon vor. Man hat diese lediglich in abgeschwächtem Ausmass vom Fernschub erfasste Zone als Vorfaltenzone bezeichnet (Naef et al. 1995). Tafel 2 zeigt ein weiteres wichtiges Element der Fernschubtektonik, die Überschiebungen lösen sich nämlich meist bei Störungen oder Verbiegungen des Abscherhorizontes ab. So entwickelte sich die Überschiebung bei Rümikon über der nördlichen Randstörung des tiefen Permokarbontroges. Ein weiteres gutes Beispiel ist die Mandacher Überschiebung, die sich ebenfalls über der nördlichen Randstörung des Permokarbontroges entwickelte (Abb. 2). Bei der Lägernfalte wird ebenfalls ein Zusammenhang mit einer Störung des Permokarbontroges vermutet, doch ist die Seismik hier nicht genügend aussagekräftig. Die ererbten, tertiär reaktivierten paläozoischen Strukturen haben somit auch bei der Platznahme der Falten und Überschiebungen des Juragebirges eine entscheidende Rolle gespielt.

Die Zeitperiode der Jurafaltung ist in unserer Gegend nicht mit Gesteinen dokumentiert. Seit dem Ende der Sedimentation der oberen Süsswassermolasse, vor etwa zwölf Millionen Jahren, herrschte durch die Hebung des Schwarzwaldes Erosion vor. Die Entwässerung, die in der ausklingenden Molassezeit nach Westen in den Rhonegraben erfolgt war, wurde durch Hebungen im westlichen Molassebecken und durch das entstehende Juragebirge nach Osten, zur Donau, umgelenkt. Am Ostende des entstehenden Gebirges konnte diese Ur-Aare mit der Zeit die entstehende Lägernkette durchbrechen, es entstand so ein Flusstal, das erstmalig eine Entwässerung unseres Gebietes nach Norden in den Rheingraben möglich machte.

Die Eiszeiten: Unsere Landschaft erhält den letzten Schliff

Die letzten zwei Millionen Jahre der Erdgeschichte zeichnen sich durch eine drastische Abkühlung aus. Weltweit wuchsen die Gletscher über das Vorland, und grosse Gebiete wurden unter dem Eis begraben. Diese Vorgänge haben Ablagerungen hinterlassen, die zeigen, dass sich in der Schweiz mindestens 15 Eisvorstösse bis ins Mittelland ereigneten.

Die ältesten kaltzeitlichen Ablagerungen in der Region sind die Deckenschotter, die auf den Anhöhen und Talhängen anstehen (zum Beispiel Tüfels-Chäller, Dürn-Gländ). Es handelt sich um nagelfluhartige, meist nicht vollständig verkittete Schotter. Die ältesten Deckenschotter liegen heute als isolierte Erosionsreste auf den Anhöhen der zentralen Nordschweiz, sie sind Zeugen einer einstmals ausgedehnten Gletscherlandschaft, die sich im Vorfeld der Alpen ausgebildet hatte. Gletschernahe Flüsse, eigentliche Wildwasser, schütteten vor den zurückweichenden Gletschern Schotterfluren auf, die beim nächsten Gletschervorstoss wieder überfahren und mit Grundmoränen überdeckt wurden. Dominierendes Gletschersystem war der Walensee-Rhein-Gletscher, der mehrmals bis ins Gebiet des unteren Aaretales vorstiess (Graf 1993). Dicke Bodenbildungen in den glazialen Abfolgen zeigen uns, dass ausgeprägte Warmzeiten diese eiszeitlichen Gletschervorstösse unterbrachen. Pollenanalysen ergaben, dass zeitweise ein mediterranes Klima herrschte!

Das Flussnetz der Warmzeiten des Höheren Deckenschotters war völlig verschieden zum heutigen. Der sogenannte Walensee-Rhein verfrachtete die Wassermassen aus den östlichen Alpen in verschiedenen gegen Nordwesten gerichteten Rinnen in unsere Gegend (Abb. 3). Die südlichste, die Limmatrinne, floss von Baden gegen Mandach und quer durch den Tafeljura weiter gegen Westen. Man vermutet auch, dass eine Reuss-Aare bei Schinznach den Jura durchbrach und ebenfalls gegen Nordwesten floss. Zur Zeit der ältesten Deckenschotter kam es jedoch zu einem einschneidenden Ereignis, die Mandacher Überschiebung wurde offenbar aktiv und das Gebiet gehoben. Der Walensee-Rhein konnte das entstehende Hindernis nicht überwinden und wurde gegen Norden ins Gebiet des späteren Aaretales abgelenkt. Auch der Vorläufer der Aare wurde nach Nordosten gezwungen und mündete in der Gegend von Brugg in den Walensee-Rhein. Erneut hatte damit eine alte, paläozoisch angelegte Struktur die Entwicklung der Landschaft entscheidend beeinflusst.

Der Mittlere Deckenschotter (Graf 1993) kam in einem Talsystem unterhalb der Plateaus des Höheren Deckenschotters zur Ablagerung, es musste demnach zuvor eine intensive Tiefenerosion stattgefunden haben. Man bringt diese mit Bewegungen an der Jura-Hauptüberschiebung in Zusammenhang. Im Gebiet von Baden ereigneten sich zu dieser Zeit dramatische Vorgänge. Der mit der Reuss vereinigte Walensee-Rhein durchbrach bei Baden die junge Lägernfalte und floss nördlich der Lägern gegen Westen bis ins Gebiet von Gebenstorf, um dann nach Norden gegen Tegerfelden abzubiegen. Für einen Bodensee-Rhein zu diesem Zeitpunkt fanden sich bislang keine Hinweise, das St. Galler Rheintal entwässerte zur Donau.

Zur Zeit der Tieferen Deckenschotter müssen die Hebungen an der Lägern-Überschiebung weiter gegangen sein, denn der Walensee-Rhein konnte nun das Hindernis nicht mehr überwinden, er wurde nach Südwesten abgelenkt. Die Wässer zwängten sich fortan durch eine enge Schlucht gegen Dättwil und weiter gegen Westen, wo sie sich mit der Ur-Aare vereinigten. Grosse Gesteinsblöcke in der Rinnenfüllung zeigen, dass die Gletscherstirn zeitweise nahe Baden gelegen haben muss. Wo der neue Durchbruch durch die Lägernstruktur lag, ist unklar, jedenfalls strömten die Wassermassen nördlich der Struktur in engen Rinnen gegen Tegerfelden, wo sie nach Norden abgelenkt wurden. Die jüngsten Schichten des Tieferen Deckenschotters dokumentieren einen Vorstoss des Bodensee-Rhein-Gletschers bis in die Gegend von Leibstadt, womit wohl die zukünftige Rinne des Bodensee-Rheines, das heisst des heutigen Rheinlaufes, vorbereitet wurde (Abb. 3). Nach diesem Vorstoss finden sich erstmals Schottervorkommen, die die Existenz eines Bodensee-Rheines belegen.

Am Ende der Deckenschotter-Eiszeiten lag ein Flussnetz vor, das viele Elemente des heutigen Entwässerungssystems enthielt. Unser Gebiet wurde nun von einem Ereignis betroffen, das die Geologen bis anhin nicht umfassend deuten können. In einem verhältnismässig kurzen Zeitintervall – es endete vor rund 780 000 Jahren – muss eine ausserordentlich kräftige Tiefenerosion geherrscht haben, denn die Flüsse gruben sich bis in die Schichten des Tertiärs und Mesozoikums ein. Als Ursache dieses als «Mittelpleistozäne Wende» bezeichneten Ereignisses (Schlüchter 1987) werden tektonische Vorgänge vermutet, möglicherweise eine letzte intensive Phase des Jura-Fernschubes.

Nach dieser markanten Erosionsphase im Mittelpleistozän kam es zu weiteren Gletschervorstössen bis in unser Gebiet. Die Täler wurden durch Gletschererosion tief ausgeräumt, in einigen Becken beinahe bis auf Meeresniveau! Die tiefste Ausräumung der Täler wurde bis vor wenigen Jahren der Riss-Eiszeit zugeordnet, doch hat sich gezeigt, dass ein weit komplexeres System mehrerer Eisvorstösse vorliegt. Die maximale Tiefenerosion wird heute der sogenannten «Grossen Eiszeit» zugewiesen (Schlüchter 1994). Bei diesem grössten Gletschervorstoss wurde beinahe die ganze Nordschweiz mit einem dicken Eispanzer überzogen. Das Gebiet von Baden lag damals unter einer mehrere hundert Meter mächtigen Eisschicht begraben, nur der Lägernkamm ragte aus dem weiten Eismeer, das sich gegen Westen bis ins Möhliner Feld ausdehnte. Wiederum lief das Geschehen nicht ohne Einfluss der alten ererbten Strukturen ab, denn die Gletscher gruben sich vor allem dort in den Untergrund, wo tektonisch zerrüttetes Gestein ihnen die Arbeit erleichterte. So verwundert es nicht, dass die Erforschung der Felsunterlage der mit eiszeitlichen Schottern gefüllten Talungen meist Hinweise auf Störungszonen liefert. Zahlreiche Täler verlaufen denn auch in Richtung der alten Störungszonen, wie beispielsweise das Surb- und Wehntal vom Aaretal bis zum Ostende der Lägern, als vermutete Fortsetzung der Vorwald-Störung des Südschwarzwaldes (Abb. 2).

Die beiden letzten Gletschervorstösse (Würm-Eiszeit) erreichten knapp unsere Region, die Endmoränenwälle von Mellingen, Killwangen und Schöfflisdorf legen davon Zeugnis ab. Die weiter westlich liegenden Gebiete blieben eisfrei, wilde Gletscherflüsse schütteten in den Talauen Schotterfluren auf, die die Geologen wegen der Lage in den tiefsten Talsohlen als Niederterrassenschotter bezeichnen. Das Flussnetz entsprach nun weitgehend dem heutigen. Der Bodensee-Rhein hatte sich gegenüber dem Walensee-Rhein durchgesetzt, und die Schmelzwässer der östlichen Alpen flossen fortan zum Becken des Bodensees und weiter gegen Westen. Irgendwann in diesem Wechselspiel von Gletschervorstössen und Warmzeiten gelang es der Ur-Limmat, bei Baden die Lägern zu durchbrechen, vermutlich bereits vor der Grossen Eiszeit. Aare, Limmat und Reuss vereinigten sich im sogenannten «Wasserschloss» bei Turgi und strömten fortan durch die Klus bei Lauffohr dem Rhein entgegen.

Mit dem Ausklingen der letzten Eiszeit ist die Landschaftsformung unseres Gebietes weitgehend abgeklungen. Die Eingriffe des Menschen in die natürlichen Flussläufe verhindern heute weitgehend Veränderungen. Was der Mensch allerdings nicht ändern kann, sind die tektonischen Kräfte des Erdinnern. Sie sind weiter am Werk und werden auch in Zukunft unsere Landschaft formen. Allerdings sind die Zeiträume, die dazu nötig sind, jenseits des menschlichen Vorstellungsvermögens. Aber, wie in der Vergangenheit, so werden wohl auch in Zukunft die alten paläozoisch angelegten Strukturen das tektonische Geschehen beeinflussen.

Ein Blick in die Zukunft: Es geht aufwärts mit Baden
Aus den Gesteinsmächtigkeiten gewonnene Absenkdiagramme (Naef et al. 1985) geben uns einen Eindruck von den Hebungen und Senkungen, die unser Untergrund in den vergangenen Jahrmillionen machte. Ausgehend von der Peneplain (Fastebene) zur Zeit des Eozäns ergab sich für die Region Baden im Zeitraum Oligozän-Mittelmiozän (etwa 30–12 Millionen Jahre) eine Absenkung von rund 550 m. Da die Sedimentation mit der Absenkung nicht Schritt hielt, konnte das Molassemeer bis in unsere Gegend vordringen. Seit dem Mittelmiozän dominiert Hebung das Geschehen, sie hat bis heute einen Betrag von rund 700 m erreicht. Dies ergibt einen verschwindend kleinen Wert von nur 0,06 mm pro Jahr. Doch steter Tropfen höhlt den Stein, in einer Million Jahren würde Baden damit 60 m höher liegen! Für den Lägernkamm betrug die Hebung gut 1300 m, was 0,11 mm

pro Jahr entsprechen würde, allerdings fand wohl der Hauptteil dieser Hebung zur Zeit des Jurafernschubes statt.

Wie es mit den Bewegungen des Untergrundes wirklich bestellt ist, werden wir in einigen Jahren genauer wissen. Mit dem «Global Positioning System» (GPS) wurden 1988 unter anderen auch einige Fixpunkte in unserer Region vermessen. Die hohe Präzision dieser Messmethode wird es in einigen Jahren erlauben, allfällige Bewegungen des Untergrundes direkt zu messen. Dann werden wir genauer wissen, ob der Fernschub andauert und uns weiter gegen Norden schiebt. Eines kann man allerdings bereits heute festhalten: Es geht aufwärts mit Baden!

Literaturauswahl

– Bitterli-Dreher, Peter: Die Erdgeschichte des Gebietes von Endingen. In: Weibel, Karl: 1200 Jahre Endingen. Baden 1998.
– Diebold, Peter: Die tektonische Entwicklung der Nordschweiz. In: Nagra informiert 2/1990, 47–54.
– Diebold, Peter; Naef, Heinrich: Der Nordschweizer Permokarbontrog. In: Nagra informiert 2/1990, 29–36.
– Diebold, Peter; Naef, Heinrich; Ammann, Meinrad: Zur Tektonik der zentralen Nordschweiz. Landeshydrologie und -geologie. Bern 1992 (Geologische Berichte Nr. 14).
– Graf, Hans Rudolf: Die Deckenschotter der zentralen Nordschweiz. Diss. Zürich 1993.
– Naef, Heinrich; Diebold, Peter; Schlanke Sigurd: Sedimentation und Tektonik im Tertiär der Nordschweiz. Baden 1985 (Nagra Technischer Bericht 85-14).
– Naef, Heinrich; Birkhäuser, Philipp; Roth, Philipp: Interpretation der Reflexionsseismik im Gebiet nördlich der Lägern-Zürcher Weinland. Wettingen 1995 (Nagra technischer Bericht 94-14).
– Schlüchter, Christian: Talgenese im Quartär – eine Standortbestimmung. In: Geographica Helvetica Nr. 2, 1987, 109–115.
– Schlüchter, Christian: Das Wehntal, eine Schlüsselregion der Eiszeitforschung. In: Jahreshefte des Zürcher Unterländer Museumsvereins 28 (1994) 1–24.

Besonderheiten der Lägernflora
und der Kampf um die Erhaltung der Felsfluren

Fabian Egloff

Mit guten Gründen ist das «Lägerengebiet» in das Bundesinventar der Landschaften und Naturdenkmäler von nationaler Bedeutung aufgenommen worden, handelt es sich doch um eine Landschaft mit vielen Besonderheiten: Geologisch stellt die eigentliche Lägern den Südschenkel des östlichsten Ausläufers des Kettenjuras dar, dessen steil nach Süden abfallende Kalkfelsplatten den Hauptteil des Lägerngrates und mehrere Felsfluren bilden. Geographisch liegt die Lägern in der Nähe der biologischen Institute der Zürcher Hochschulen und von Kantonsschulen der Umgebung, und von hier aus wurden immer wieder Exkursionen unternommen, deren Ergebnisse in Publikationen, Exkursionsberichten und Herbar-Belegen dokumentiert sind. Dadurch kann die jüngste Geschichte der Lägernflora teilweise rekonstruiert werden. Pflanzengeographisch bildet die Lägern – besonders die Gratzone – eine Art Knotenpunkt und Verbreitungsinsel von kälteresistenten alpin-jurassischen Florenelementen einerseits und von trockenheitsertragenden, licht- und wärmebedürftigen Arten andererseits. Mehrere Arten haben im Umkreis vieler Kilometer hier ihr einziges Vorkommen, und die Lägern besitzt für die Aargauer, Zürcher und für die gesamte Schweizer Flora eine herausragende Bedeutung.

Die vorliegende Arbeit, die sich auf die Farn- und Blütenpflanzen beschränkt, soll auf ein paar botanische Sehenswürdigkeiten und gleichzeitig auf aktuelle Probleme aufmerksam machen. Im Vordergrund steht die Pflanzenwelt des Grates und der Felsfluren, dieser für die Lägern ganz besonders charakteristischen und gleichzeitig bedrohtesten Landschaftsteile.

Bemerkenswerte Arten – ein paar Pflanzenporträts
Eröffnet werde diese kleine botanische Galerie mit jener Pflanze, die eine Art Wahrzeichen der Lägern darstellt: mit der *Feuerlilie* (Lilium bulbiferum ssp. croceum). Für Lägernwanderer (gemeint sind immer beide Geschlechter!) bedeutet das Entdecken dieses mit grossen, feuerroten Perigonblättern geschmückten

Liliengewächses im Mai und Juni immer wieder eine Überraschung. Das Erlebnis wird noch grösser, wenn man weiss, dass diese in den Schweizeralpen recht verbreitete Pflanze im ganzen Jura nur an zwei Stellen vorkommt: in der Nähe des Bielersees und eben auf der Lägern – einzig innerhalb Hunderter von Quadatkilometern! (Welten und Sutter 1982.) Hier aber ist sie auf Grat und Fels recht verbreitet. Das isolierte Vorkommen lässt nun allerdings einige Zweifel an der Ursprünglichkeit aufkommen: Es ist nicht ausgeschlossen, dass die Feuerlilien der Lägern Gartenflüchtlinge darstellen oder vor vielen Jahrzehnten angepflanzt wurden.

Gesamtschweizerisch gesehen deutlich seltener ist der *Blaue Lattich* (Lactuca perennis), der seine nächsten Vorkommen erst wieder im Kanton Schaffhausen und im Mitteljura hat. Auch bei diesem im Mai bis Juni auf Grat und Fels immer wieder anzutreffenden Korbblütler mit seinen wundervoll blaulila gefärbten Zungenblüten ahnt man nicht, dass auch diese Art innerhalb vieler Quadratkilometer hier ein isoliertes Vorkommen aufweist. Ähnliches gilt für das in der Schweiz noch viel seltenere *Langblättrige Hasenohr* (Bupleurum longifolium).

Mehr seiner anatomischen Besonderheiten als der Seltenheit wegen verdient der *Trauben-Steinbrech* (Saxifraga paniculata) erwähnt zu werden, der mit der Lägern sein östlichstes Juravorkommen aufweist. Seine grundständigen, in einer Rosette stehenden Blätter – als Knabe glaubte ich, es handle sich um kleine Kakteen! – besitzen am gesägten Rand weisse Kalkschüppchen, unter denen sich kleine Grübchen befinden. Es sind dies Saugvorrichtungen, mit denen Regenwasser direkt in die Blätter aufgenommen werden kann (Kerner von Marilaun 1896). Auch der *Berg-Gamander* (Teucrium montanum) zeigt Anpassungen an diesen Extremstandort: Durch den nach unten gebogenen Rand und die filzig behaarte Unterseite seiner winterharten Blätter wird die Wasserverdunstung herabgesetzt, und mit kräftigen Pfahlwurzeln holt er in Felsspalten das unentbehrliche Wasser aus der Tiefe.

Ausgesprochene Jurapflanzen stellen das *Berg-Täschelkraut* (Thlaspi montanum) und die *Reichstachlige Rose* (Rosa spinosissima = pimpinellifolia) dar, die beide im Alpenraum fehlen. Erstere ist wie die auch im Wallis und Tessin vorkommende *Flaumeiche* (Quercus pubescens) eigenartigerweise nur auf dem Westgrat zu finden – hier aber von Ende März bis Mitte Mai in erstaunlicher Blütenfülle.

Überhaupt ist es bemerkenswert, dass die genannten und noch viele weitere «floristische Rosinen» auf der Lägern in kräftigen Exemplaren und oft in individuenreichen Populationen zu finden sind. Genau das Gegenteil lässt sich beispielsweise von der *Alpen-Hagrose* (Rosa pendulina = alpina) und vom *Grünstieligen Streifenfarn* (Asplenium viride) sagen: Beide sind im Jura und in den Alpen weit

Das «Wahrzeichen» der Lägernflora: die *Feuerlilie* (Lilium bulbiferum ssp. croceum) (alle Bilder Fabian Egloff).

Blauer Lattich (Lactuca perennis): auf dem Lägerngrat verbreitet, in der Schweiz selten.

Der *Gemeine Bergflachs* (Thesium alpinum): ein mögliches Eiszeitrelikt und zugleich eine lokalhistorisch bedeutsame Art.

verbreitet und recht häufig, auf der Lägern sind es Seltenheiten. Beide finden sich ausschliesslich auf der «alpineren» Nordseite der Gratfelsen, der Farn zusätzlich noch an Felsen im Kaltluftsee des Eisloches.

Mit den folgenden Überlegungen soll nun eine Art historische Dimension eröffnet werden, ist es doch eindrücklich, Pflanzen zu begegnen, durch die uns gewissermassen vergangene Jahrzehnte, ja sogar Jahrtausende entgegenblicken! Auch soll versucht werden, die Besiedlungsgeschichte namentlich der Grat- und Felsflora in einem hypothetischen Gesamtbild aufzuzeichnen. Von Florenelementen und Standortansprüchen der Pflanzen auf ihre Einwanderungsgeschichte zu schliessen, wie es hier geschieht, ist nicht ganz unproblematisch, deshalb sei auf folgende Literatur hingewiesen: Naegeli 1925, Ellenberg 1963, Cuny 1983 (Feldarbeiten 1975), Hantke 1978 und 1980, Ehrendorfer 1990, Burga & Perret 1998 und Wassmer 1998.

Während der stärksten Vergletscherung der letzten (= Würm-) Eiszeit, also vor etwa 20 000 bis 18 000 Jahren, befand sich die Lägern in unmittelbarer Nähe der von Ostsüdost vordringenden Eiszungen des Linth/Rhein-Gletschers, war selber aber eisfrei. Es ist anzunehmen, dass die damalige Flora und Vegetation der Lägern derjenigen des heutigen Gletschervorlandes in den Alpen glich. Wahrscheinlich lebten damals einige Arten, die später wieder verschwanden, beispielsweise der *Silberwurz* (Dryas octopetala) und mehrere *Spalierweidenarten.* Von den in der Florengeschichte-Spalte («Fg») der Tabelle (Seite 32–35) mit A bezeichneten, kälteresistenten alpinen Arten kann angenommen werden, dass sie als Eiszeitrelikte (Reliktbegriff weit gefasst) bis in die letzte Eiszeit zurückreichen und seit Jahrtausenden hier überlebt haben. Auch die mehr subalpinen, in der Tabelle mit B gekennzeichneten «Bergpflanzen» (präalpide Arten) existierten hier möglicherweise schon während der letzten Eiszeit.

Mit der zunehmenden Erwärmung und dem allmählichen Gletscherrückzug wanderten weitere Pflanzen- (und Tier-) Arten aus den während der Eiszeiten eisfrei gebliebenen Gebieten Europas über mehrere Einwanderungsachsen (Rhonetal, Rheintal, Donautal, Alpenpässe) in die Schweiz und ins Lägerngebiet ein. Die damals wohl viel ausgedehnteren, der Sonne zugewandten und schwach bewachsenen Lägernfelsen boten wärme- und lichtbedürftigen und zugleich trockenresistenten Pflanzen gute Existenzbedingungen. Für unser Gebiet dürften die Wege von Basel rheintal- und von der Donau (über das Schaffhauserbecken) aare- und limmattalaufwärts besonders wichtig gewesen sein. Es sind die in der Tabelle mit M gekennzeichneten «Mittelmeerpflanzen» (mediterrane und submediterrane Arten) und die mit P bezeichneten «pontischen Arten». Letztere entstammen wahrscheinlich südwestasiatischen Steppengebieten (gr. pontos = Schwarzes Meer).

Längst nicht so weit in die Vergangenheit zurück, dafür um so sicherer und genauer, lässt sich die Geschichte jener Lägernarten rekonstruieren, die dank genauer Angaben seit mehreren Jahrzehnten, vereinzelt bis ins letzte Jahrhundert zurück, von bestimmten Lokalitäten dokumentiert sind und heute noch an diesen Stellen vorkommen! Ich habe diese Pflanzen, die in der Tabelle mit «lokalh.» gekennzeichnet sind, in meiner Lägernarbeit (Egloff 1991) als lokalhistorisch bedeutsame Arten hervorgehoben: Arten, die aus natur- und kulturgeschichtlicher Sicht ganz besonders schützenswert sind.

Folgende Beispiele seien herausgegriffen: Der *Gemeine Bergflachs* (Thesium alpinum), dieses mögliche Eiszeitrelikt, findet sich als eine der seltensten Lägernpflanzen in einer einzigen Population, etwa 15 Meter östlich der Burghornbänklein auf einem Felskopf; und von hier – «beim Burghorn spärlich» – ist sie von Rikli aus dem Jahr 1907 dokumentiert (Rikli 1907). Die optisch durchaus unscheinbare Pflanze ist biologisch recht interessant, handelt es sich doch um einen Halbparasiten: mit den unterirdischen Organen schmarotzt sie auf anderen Pflanzen, oberirdisch ist sie grün und photosynthetisch aktiv. Etwas weiter östlich befinden sich wenige Populationen des *Berg-Baldrians* (Valeriana montana), die Rikli ebenfalls bereits hier vorgefunden hat: «an buschiger Stelle unweit der Kantonsgrenze».

Sogar bis 1836 zurück – als Charles Darwin von seiner Beagle-Reise zurückkehrte! – reicht die lokale Dokumentation von der weissen *Blaugras-Varietät* (Sesleria coerulea var. albicans) bei der Burgruine und von der *Alpen-Gänsekresse* (Arabis alpina) auf der Nordseite der Felsen östlich der Ruine, beide gemäss Rikli von O. Heer entdeckt!

Wie sehr Flora und Vegetation Veränderungen unterworfen sind, zeigt nicht nur der Blick in die geologische Vergangenheit. Schon die letzten Jahrzehnte machen deutlich, dass einige Arten seltener (zum Beispiel die drei *Ginsterarten, die Grundstielige Segge),* andere häufiger als früher *(Lorbeer-Seidelbast, Eibe),* einige sogar neu im Lägerngebiet zu finden sind *(Gemeines Bartgras, Spreizende Steinmispel* = Cotoneaster divaricata, *Mahonie* = Mahonia aquifolium). Auf weitere interessante Arten von beachtenswerten Lokalitäten des Lägerngebietes, auch ausserhalb von Grat und Fels, wird in der Tabelle hingewiesen. Es ist zu befürchten, dass einige von ihnen unmittelbar vor dem Aussterben stehen.

Gratflora und Felsfluren – werden sie verschwinden?
Wer eine Läggerngratwanderung unternimmt, stösst schon etwa acht Minuten nach dem Restaurant Schartenfels auf eine erste von mehreren Auslichtungen, wo nach der Südseite hin auf einer Fläche von jeweils mehreren Aren fast alle Bäume umgesägt wurden. (Die nächste befindet sich beim Tagloch, zusätzliche weiter öst-

lich.) Und naturverbundene Wanderer fragen sich besorgt, warum denn solch schroffe Eingriffe in die Natur vorgenommen werden. Kleine Tafeln geben Hinweise: Es soll die einzigartige Flora und Fauna des Lägerngrates und der südexponierten Felsfluren vor dem Überwachsenwerden durch den Wald geschützt und die Existenz der hier lebenden lichthungrigen und wärmeliebenden Arten gesichert werden.

Tatsächlich ist seit einigen Jahrzehnten ein beschleunigtes Vordringen des Waldes, ein Zusammenschrumpfen und Verbuschen der Felsfluren und ein Zuwachsen der offenen Gratstellen zu beobachten. Die Älteren unter uns erinnern sich sehr wohl an sommerliche Gratwanderungen noch vor zwanzig, dreissig Jahren: Da brannte die Sonne auf langen Strecken heiss herunter, und immer wieder erlaubte der lichtdurchlässige Gratwald eine herrliche Aussicht. «Im Hochsommer bei wolkenlosem Himmel und völliger Windstille wird man in Schweiss gebadet, die Zunge klebt am Gaumen» – so charakterisierte bereits Rikli vor über 90 Jahren die Gratwanderung. Und heute? Die ehemalige «Fast-Alpenwanderung» in felsig-offenem Gelände ist zu einem Wandern im Schatten verkommen, nur an wenigen Stellen noch besteht ein freier Blick ins Tal, und auch aus der Ferne zeigt sich die Lägern nur mehr als bewaldeter Höhenzug.

Mit dem Schwinden der offenen Felsflächen verlieren nun aber die hier lebenden Pflanzen ihre Existenzgrundlage – Arten, welche angepasst sind an eine schwierige Wasserversorgung, an intensive Sonneneinstrahlung mit extremen tages- und jahreszeitlichen Temperaturschwankungen, an ausgeprägte Windeinwirkungen und an magere, oft nur in Felsspalten vorhandene Böden. So sehr sie extremen Bedingungen trotzen können, so sehr sind sie auf viel Licht und Wärme angewiesen und so klar unterliegen sie dem Druck der aufkommenden konkurrenzstärkeren Bäume und Sträucher (vgl. Landolt 1977). Wenn nun aber diese speziellen Pflanzenarten verschwinden, so verlieren auch die mit ihnen unter anderem über die Nahrungskette verbundenen Tierarten, zum Beispiel besondere Schnekken, Käfer, Schmetterlinge, Spinnen, und als Folge davon Eidechsen, Vögel und Kleinsäuger, ihre Lebensgrundlagen.

Drei wichtige Gründe für das Zuwachsen der offenen Felsflächen sind hier zu nennen. Erstens hat die Waldbewirtschaftung teilweise geändert: Bis zum Beginn der industriellen Revolution vor etwa 150 bis 200 Jahren und dann verstärkt wieder während der beiden Weltkriege, stellte der Wald – einschliesslich Gratwald – eine wichtige Ressource für Brennholz dar, und auch das Vieh wurde in den Wald getrieben. Bei Rikli findet sich folgender Hinweis: «Der eigentliche Gratwald wird ungefähr alle 30–35 Jahre hauweise kahl geschlagen und als Wellenholz zu Feuerungszwecken verwendet; er erneuert sich dann durch Wurzelbrut, Stockausschlag

Eine erste Auslichtung, acht Minuten östlich des Restaurants Schartenfels, wurde als Pilotprojekt Anfang April 1992 durchgeführt (11. April 1992, Blick nach Nordosten).

Gleiche Stelle, ein Jahr später. Die zahlreichen neuen Triebe zeugen von der Lebenskraft der zurückgesägten Pflanzen: wohl keine war wegen dieses Eingriffs abgestorben! Die Fläche erhält nun wieder Licht und Wärme (24. April 1993).

Wenige Jahre nach der Auslichtung ist der ehemals so schroff anmutende Eingriff kaum mehr zu sehen! Die lichthungrigen Arten haben sich aber konsolidieren und verbreiten können. Als neues Problem macht sich der florenfremde Götterbaum (Ailanthus altissima) breit (6. Juli 1998).

und natürliche Versamung.» Mit der vermehrten Verwendung von Kohle und Erdöl verlor die Holzfeuerung an Bedeutung. «Niederwälder und Mittelwälder und auch die Waldweiden verschwanden allmählich bis auf kümmerliche Überreste. (...) Der Hagebuchenwald am Lägerngrat ist noch ein Überrest solcher Niederwälder, doch auch er wandelt sich nun langsam in einen Buchen-Hochwald um.» (Cuny 1983; vgl. auch Rossmann 1996.)

Zweitens ist eine zunehmende Düngung aus der Luft durch Stickstoffoxide (NO_x) zu verzeichnen. Durch die (ungewollte) Zufuhr dieser Stoffe wird besonders auch das Wachstum der Holzpflanzen begünstigt, und die Sukzession zur natürlichen Vegetations-Endstufe – in unserem Gebiet ein Laubmischwald – wird beschleunigt (Ellenberg 1985/1988, Kuhn et al. 1987).

Und drittens hat die Konzentration von Kohlendioxid (CO_2) in der Luft im gleichen Zeitraum um etwa ein Drittel zugenommen. Einerseits ist nun CO_2 als Treibhausgas negativ zu werten, andererseits ist es das Nährgas in der Photosynthese, jenem Vorgang, ohne den weder Tiere noch Menschen leben können. Pflanzen bilden nun bei erhöhter CO_2-Aufnahme mehr Kohlenhydrate als Proteine, wodurch Verschiebungen innerhalb der Nahrungskette resultieren. Gleichzeitig entnehmen sie dem Boden weniger Wasser, was zur Folge hat, dass die Regenwurmtätigkeit steigt und trockenheitsliebende Pflanzen verdrängt werden (Körner 1996, Zaller/Arnone 1997).

Aufgrund des floristischen Wandels der Lägernflora während der letzten hundert Jahre muss auf eine «Ozeanisierung» des Klimas geschlossen werden: «Es ist, als ob sich die Flora des Lägerngebietes an ein zunehmend ausgeglicheneres, weniger extremes, ozeanischeres Klima anpassen würde.» (Egloff 1991; vgl. auch Körner 1996.)

Da stellt sich nun die Frage, ob – und wenn ja, wie – dem allmählichen Überwachsenwerden und Verschwinden der Felsfluren entgegengewirkt werden soll und kann. Bezüglich der Frage, ob etwas getan werden soll – schliesslich handelt es sich ja um einen natürlichen Vorgang! –, muss erstens daran erinnert werden, dass das hauptsächlich vom Menschen verursachte weltweite Artensterben, der Verlust der Biodiversität, eines der grössten ökologischen Probleme der Gegenwart darstellt, und zweitens muss der Meinung entgegengetreten werden, dass es für «die Natur» am besten sei, wenn «der Mensch» möglichst nicht eingreift. Würde nach diesem Grundsatz gehandelt, so würden zahlreiche Lebensräume mit ihren Pflanzen und Tieren verschwinden, beispielsweise artenreiche Sumpf- und Trockenwiesen – und eben auch unsere Felsfluren. Erst die unterschiedlichsten naturnahen Bewirtschaftungsformen des Menschen haben zur heutigen landschaftlichen und damit auch biologischen Vielfalt geführt (vgl. Maurer et al. 1986).

Als Antwort auf die Frage, wie dieser Prozess aufgehalten oder doch verlangsamt werden kann, muss zuerst einmal festgehalten werden, dass mit lokalen Massnahmen die oben genannten globalen Einflüsse (NO_x- und CO_2-Düngung, Erwärmung, Ozeanisierung) nicht verhindert, nur ihre negativen Folgen eingeschränkt werden können: durch das Erhalten jener extremen ökologischen Bedingungen, denen diese «Überlebenskünstler» aus dem Pflanzenreich gewachsen sind.

Soll das Lägerngebiet seine Vielgestaltigkeit und Einzigartigkeit bewahren, so darf nicht tatenlos zugesehen werden, wie Grat und Fels mit ihrer Flora und Fauna allmählich überwachsen werden. Die bereits vorgenommenen und noch geplanten Auslichtungen (die ja nichts Neues darstellen, neu ist nur der Handlungsgrund: Naturschutz statt Holznutzung) haben zum Ziel, diese Arten zu erhalten.

Erstaunlich schnell zeigte die als Pilotprojekt durchgeführte Auslichtung östlich des Restaurants Schartenfels überaus erfreuliche Resultate: «Zwischen 1992 und 1993 nahm die Artenzahl in der kahlgeschlagenen Fläche um 57 Prozent von 30 auf 47 Arten zu.» (Pauli 1994.) Und fünf Jahre später: «Erfreulicherweise nahmen bisher die gefährdeten Felsenpflanzen immer noch zu, so z.B. der Berg-Lauch (Allium montanum) oder der Ausdauernde Lattich (Lactuca perennis).» (Burger Sutter in Schelbert/Stapfer 1997.) Zur Entstehungsgeschichte dieser Auslichtungen und über die vom Wettinger Förster Philipp Vock in naturkundlich-ökologisch hervorragender Art geleitete, gelegentlich fast abenteuerliche Art der Durchführung – die Forstwarte mussten sich oft anseilen! – sei auf meinen 1997 erschienen Zeitungsartikel verwiesen.

Nach diesen geradezu verpflichtenden Ergebnissen folgten weitere Auslichtungen: Tagloch (1994/95), zwei Zwischenfluren oberhalb des Bussbergs (Frühjahr 1996), Anfang März 1997 die besonders wichtigen Felsfluren westlich des Wettinger Horns und Mitte März 1998 die wegen Flechten-Dauerbeobachtungsflächen (Liebendörfer et al. 1990) reduzierten Auslichtungen beim Burghorn. Für die kommenden Jahre sind noch einige weitere Auslichtungen geplant, wobei weiterhin alte, imposant gewachsene Baumindividuen geschont werden sollen. Auch entlang des Grates sollte für mehr Licht gesorgt werden: durch gratnahe Auslichtungen auf der Nordseite. Die erfolgten Auslichtungen überwachsen relativ schnell und müssen etwa alle acht bis zehn Jahre wieder erneuert werden.

Im Aargau sind diese Massnahmen Teil der kantonalen «Erfolgskontrolle Felsflora» und werden von wissenschaftlichen Studien begleitet. Die Kosten werden, abgesehen von Eigenleistungen des Forstamtes, von Bund und Kanton getragen. Das pionierartige Pilotprojekt hatte ein erfreuliches Echo und löste andernorts analoge Massnahmen aus: westlich des Schartenfelses (Gemeinde Baden), Säliflue (Aarburg), Ramsflue (Obererlinsbach) und im Kanton Zürich bei der Pfeiferrütifluh (Otelfingen). So besteht die begründete Hoffnung, dass die einzigartige Flora und Fauna der Lägern- und der Jurafelsen auch in Zukunft erhalten bleibt.

90 besonders beachtenswerte Pflanzenarten des Lägerngebietes

Eine Auswahl der über 800 Gefässpflanzenarten der Lägern. Es bedeuten: s.l. (sensu lato) = weitgefasster Artbegriff, ♦ = auf dem Grat anzutreffen. Es sei hier auf die «Flora Helvetica» mit ihren farbigen Abbildungen hingewiesen (Lauber/Wagner 1996).

Die in der Spalte «AG» beigefügten Buchstaben aus der Roten Liste Aargau (Keller/Hartmann 1986) bedeuten: E = sehr stark gefährdete, V = gefährdete, r = seltene Art im Aargau, R = seltene Art in der Schweiz. Die grosse Bedeutung der Lägernflora ist offensichtlich.

In der Spalte «Fg» (Florengeschichte) bedeuten: A = Alpenpflanze (Eiszeitrelikt?), B = Bergpflanze (präalpide Art; Eiszeitrelikt?), M = Mittelmeerpflanze (mediterrane oder submediterrane Art), P = Pontische Pflanze (Steppenpflanze i.w.S.).

Die Spalte «Lägerngebiet» enthält nur für das Lägerngebiet gültige Angaben: ss! = sehr seltene, s! = seltene, verbr. = zerstreute bis verbreitete, hfg. = (lokal) häufige bis sehr häufige, lokalh. = lokalhistorisch bedeutsame, neu! = für das Gebiet neue Art.

Wissensch. Pflanzenname		Deutscher Name	AG	Fg	Lägerngebiet
Allium senescens (montanum, lusitanicum)	♦	Berg-Lauch	E	P	hfg. auf Grat u. Felsfluren
Alyssum montanum		Berg-Steinkraut	R	P/M	lokalh. Nur Pfeiferrütifluh!
Amelanchier ovalis	♦	Felsenmispel	r	B/M	verbr., Grat u. Gratwald
Andropogon ischaemum (Bothriochloa)	♦	Gemeines Bartgras	E	P/M	neu! Felsflur w Schartenf., Bahnlinie Fohrhölzli
Anthericum liliago		Astlose Graslilie	E	M	ss! Nur Pfeiferrütifluh!
Anthericum ramosum	♦	Ästige Graslilie	r	P/M	verbr., Grat, Wegborde
Arabis alpina	♦	Alpen-Gänsekresse		A	s! lokalh.: N-Seite b. Ruine am 5. 2. 94 über 162 Stöcke! Fuss. d. Pfeiferrütifl., Teufelsk.
Arabis turrita	♦	Turm-Gänsekresse		M	verbr. auf Grat u. Felsfl.
Asperula cynanchica	♦	Hügel-Waldmeister	V	M	hfg. auf Grat u. Felsfl., Bopp. Weid.
Asplenium fontanum (halleri)		Quell-Streifenfarn	R	B	s! lokalh.: beim Wett.horn, Pfeiferrütifluh Ostteil
Asplenium viride	(♦)	Grünstieliger Streifenfarn		B	ss! N-Seite Burgh., bei der Ruine, im Eisloch
Aster amellus	♦	Berg-Aster	V	P	verbr. Grat, Bussberg, Bopp. Weid
Bellidiastrum michelii (Aster bellidiastrum)	♦	Alpen-Masslieb	V	A/B	s! Grat, beso. b. Burgh.
Blackstonia perfoliata		Gewöhnlicher Bitterling	ex		hfg., nur Boppelser Weid
Bupleurum longifolium	♦	Langblättriges Hasenohr	R		lokalh., auf Felsgrat verbr.
Campanula cervicaria		Borstige Glockenblume	R		ss! lokalh., nur Str.bord im Baderweggeb.

Wissensch. Pflanzenname	Deutscher Name	AG	Fg	Lägerngebiet
Campanula persicifolia ◆	Pfirsichblättrige Glockenblume	r	P/M	verbr. auf Grat u. Felsfl.
Campanula rotundifolia ◆	Rundblättrige Glockenblume			hfg. auf Grat u. Felsfl.
Cardamine pentaphyllos (Dentaria)	Fingerblättrige Zahnwurz			lokalh., nur Martinsberg
Carduus defloratus s.l. ◆	Langstielige Distel	V	B	verbr., beso. östl. Grat
Carex halleriana	Grundstielige Segge	E	M	ss! lokalh., nur beim Kletterfelsen Hertenstein
Centaurea montana ◆	Berg-Flockenblume	r	B	s! Grat, Burghorn, Gipsgr.
Chrysanthemum corymbosum (Tanacetum) ◆	Straussblütige Margerite	R	P/M	verbr., Felsgrat
Chrysanthemum leucanthemum s.l. ◆	(Berg-)Wiesenmargrite	r	B	ssp. montanum (adustum) verbr. auf Felsgrat
Cotoneaster integerrima ◆	Gewöhnliche Steinmispel	r	M	hfg., Felsgrat, Felsfluren
Cynanchum vincetoxicum (Vincetoxicum hirundinaria) ◆	Schwalbenwurz		P/M	hfg. auf Grat u. Felsfl.
Cytisus sagittalis (Genista sag.)	Flügelginster	V	P/M	ss! lokalh. SW-Rand d. Gmeumeriwaldes, zurückgegangen!
Daphne laureola ◆	Lorbeer-Seidelbast			verbr., beso. Westlägern
Dryopteris robertiana (Lastrea, Gymnocarpium)	Ruprechtsfarn		A/B	s! Pfeiferrütifl., Eisloch, Greppe b. d. Tuffsteinen
Erodium cicutarium s.l.	Gemeiner Reiherschnabel	V	M	s! lokalh., b. Schartenfels
Festuca ovina s.l. ◆	Schaf-Schwingel			hfg. Felsgrat, Felsfluren, Trockenwiesen
Galanthus nivalis ◆	Schneeglöckchen	V	M	lokalh.: Burgh.südflanke u. östl. davon
Galium cruciata (Cruciata laevipes) ◆	Kreuz-Labkraut	V	M	Felsgrat, beso. b. Burghorn u. östl. davon
Galium rotundifolium	Rundblättriges Labkraut			ss! Nur am Baderweg
Genista germanica	Deutscher Ginster		P/M	s! – verbr. aber wenige, lokalh., zurückgegangen
Genista tinctoria	Färber-Ginster	V	P/M	s! – verbr., wenige, lokalh., zurückgegangen
Gentiana asclepiadea	Schwalbenwurz-Enzian	E	B	ss! Nur Bopp. Weid
Gentiana pneumonanthe	Lungen-Enzian	E	B	ss! Nur Bopp. Weid
Geranium sanguineum ◆	Blutroter Storchschnabel	r	P/M	hfg. auf Felsgrat, Felsfl.
Gladiolus paluster	Sumpf-Gladiole	ex	P	ss! Nur Bopp. Weid
Helianthemum nummularium s.l. ◆	Gemeines Sonnenröschen	V	A/M	hfg. auf Felsgrat, Felsfl., Trockenstellen
Hippocrepis comosa ◆	Hufeisenklee	V	M	hfg. auf Felsgrat, Felsfl., Trockenstellen
Hypericum humifusum	Niederliegendes Johanniskraut			ss! Greppe, Baderweg

Wissensch. Pflanzenname	Deutscher Name	AG	Fg	Lägerngebiet
Hypericum montanum	◆ Berg-Johanniskraut		M	verbr. auf Felsgrat, Felsfl.
Hypericum pulchrum	Schönes Johanniskraut	r		ss! lokalh., nur Baderweg
Juniperus communis s.l.	◆ Wacholder			ss! Wild nur je 1 Stock: Felsfl. westl. Wett.horn u. Bopp. Weid
Lactuca perennis	◆ Blauer Lattich	r	M	lokalh., verbr. auf Felsgrat, Felsfl.
Laserpitium latifolium	◆ Breitblättriges Laserkraut	V	B/M	verbr. auf Felsgrat, Felsfl.
Lathyrus niger	Dunkle Platterbse	r	P/M	s! Geissb. Beim Reservoir
Legousia speculum-veneris	Gemeiner Venusspiegel	V	M	ss! Acker b. Bifig
Leucojum vernum	Märzenglöckchen	V	B	s! Fels westl. Eisloch, b. Frey-Denkmal
Lilium bulbiferum ssp. croceum	◆ Feuerlilie	E	B/M	lokalh., verbr. auf Felsgrat, Felsfl.
Lilium martagon	◆ Türkenbund			verbr. im Wald
Melica ciliata	◆ Gewimpertes Perlgras	r	M	hfg. auf Felsgrat, Felsfl.
Melittis melissophyllum	◆ Immenblatt		M	verbr. aber einzeln
Muscari comosum	Schopfartige Bisamhyanzinthe	E	M	ss! Bussberg (ob noch?)
Orchis mascula	◆ Stattliche Orchis	V		verbr., Grat, Wald
Origanum vulgare	◆ Dost		M	hfg. auf Felsgrat, Felsfl.
Peucedanum cervaria	◆ Hirschwurz	r	P/M	s! Felsfl. w. Schartenf., Kletterfels, Gipsgrube
Phyteuma orbiculare	Rundköpfige Rapunzel	VR	B	s! Bussb., Bopp. Weid
Polypodium vulgare s.l.	◆ Gemeiner Tüpfelfarn			hfg. b. Felsgrat, bes. N-Abh. d. Felsköpfe
Polystichum lonchitis	Lanzenfarn	V	A	ss! nur einzeln, Eisloch, ob. Muntelloch, b. Wett.h.
Primula veris s.l.	◆ Frühlings-Schlüsselblume	V	M	hfg. auf Felsgrat, Felsfl.
Pyrola rotundifolia	◆ Rundblättriges Wintergrün			lokalh.: Wegbord w Reg.b.
Quercus pubescens	◆ Flaum-Eiche		M	lokalh., hfg. auf Felsgrat u. Felsfl., nur Westlägern
Rhododendron ferrugineum	Rostblättrige Alpenrose	r	A	ss! lokalh.: Schneisingen
Ribes alpinum	◆ Alpen-Johannisbeere	r	B	ss! lokalh.: Grat b. Ruine
Rosa pendulina (alpina)	◆ Alpen-Hagrose	r	B	ss! lokalh.: Grat-N-Seite oberh. Bussb.
Rosa spinosissima (pimpinellifolia)	◆ Reichstachlige Rose	r	P/M	hfg. auf Felsgrat, Felsfl., lokalh.
Rumex scutatus	◆ Schildblättriger Ampfer	E	B/M	ss! lokalh.: Fels oberh. Landvogteischloss
Satureja acinos (Acinos arvensis)	◆ Steinquendel	V	M	hfg., Felsgrat, Felsfl., Trockenstellen

Wissensch. Pflanzenname	Deutscher Name	AG	Fg	Lägerngebiet
Saxifraga paniculata (aizoon)	◆ Trauben-Steinbrech	r	A/B	s. – verbr., Felsgrat, Felsfl.
Saxifraga tridactylites	◆ Dreifingeriger Steinbrech	r	M	ss! Spärlich b. Burghorn, hfg. auf Gleisschotter
Sedum album	◆ Weisser Mauerpfeffer		B/M	hfg. auf Felsgrat, Felsfl., Mauerkronen
Sedum telephium s.l.	◆ Grosses Fettkraut	r		verbr. auf Felsgrat, Felsfl.
Seseli libanotis	◆ Hirschheil	r		hfg. auf Felsgrat, Felsfl.
Sesleria coerulea (inkl. var. albicans)	◆ Blaugras		A/B	hfg. auf Felsgrat, Felsfl., var. alb. ss! lokalh.: Ruine
Stachys recta	◆ Aufrechter Ziest	V	M	hfg. auf Felsgrat, Felsfl., Trockenstellen
Taxus baccata	Eibe			verbr., häufiger geworden!
Teucrium chamaedrys	◆ Edel-Gamander	r	M	hfg. auf Felsgrat, Felsfl., Trockenstellen
Teucrium montanum	◆ Berg-Gamander	V	M	hfg. auf Felsgrat, Felsfl.
Thalictrum minus	◆ Hügel-Wiesenraute	E		verbr. auf Felsgrat, Felsfl.
Thesium alpinum	◆ Gemeiner Bergflachs	r	A/B	ss! lokalh.: b. Burghorn
Thlaspi montanum	◆ Berg-Täschelkraut		B	hfg. auf Felsgrat, Felsfl., nur Westlägern
Trifolium medium	◆ Mittlerer Klee			hfg. auf Felsgrat, Felsfl.
Tunica prolifera (Petrorhagia)	◆ Sprossende Felsennelke	E	M	ss!. Felsfl. w Schartenf.
Turritis glabra	◆ Turmkraut		M	ss! Burghorn
Valeriana montana	◆ Berg-Baldrian	r	A/B	ss! lokalh.: Grat ö Burgh.
Veronica teucrium	◆ Gamanderartiger Ehrenpreis	V	P	verbr. auf Felsgrat, Felsfl., Trockenstellen
Viola mirabilis	◆ Wunder-Veilchen	V		verbr., Grat, Felsfl., Wald

Literatur

– Binz, A.; Becherer, A.; Heitz, Ch.: Schul- und Exkursionsflora für die Schweiz, mit Berücksichtigung der Grenzgebiete. 17. Aufl. Basel 1980. (Die 17. Aufl. ist massgebend für die hier verwendeten wissenschaftlichen Artnamen.)

– Burga, C. A.; Perret, R.: Vegetation und Klima der Schweiz seit dem jüngeren Eiszeitalter. Thun 1998.

– Burger Sutter, G.: Felsenflora-Bericht in Schelbert/Stapfer, 1997 und 1998.

– Cuny, R.: Die Pflanzengesellschaften der Lägern. In: Mitt. Aarg. Naturf. Ges. 30 (1983) 5–64.

– Egloff, F. G.: Dauer und Wandel der Lägernflora. In: Vjschr. Naturf. Ges. Zürich 136/4 (1991) 207–270.

– Egloff, F. G.: Der Wald bedrängt die Felsflora. In: Aargauer Zeitung, 15.8.1997.

– Eidg. Dep. des Innern: Bundesinventar der Landschaften und Naturdenkmäler von nationaler Bedeutung BLN, Blatt 1011: Lägerengebiet. Eidg. Drucksachen- und Materialzentrale, Bern 1977.

– Ellenberg, H.: Vegetation Mitteleuropas mit den Alpen, in kausaler, dynamischer und historischer Sicht. Stuttgart 1963.

– Ellenberg, H.: Veränderung der Flora Mitteleuropas unter dem Einfluss von Düngung und Immissionen. In: Schweiz. Zeitschr. für das Forstwesen 136 (1985) 19–39.

– Ellenberg, H.: Eutrophierung – Veränderungen der Waldvegetation. In: Schweiz. Zeitschr. für das Forstwesen 139 (1988) 261–282.

– Hantke, R.: Eiszeitalter. Die jüngste Erdgeschichte der Schweiz und ihrer Nachbargebiete. 3 Bde. Thun 1978, 1980, 1983.

– Jäckli, H.: Die Schweiz zur letzten Eiszeit. Tafel 6. In: Atlas der Schweiz. Eidg. Landestopographie. Wabern-Bern 1970.

– Keller, H.; Hartmann, J.: Ausgestorbene, gefährdete und seltene Farn- und Blütenpflanzen im Kanton Aargau: Rote Liste Aargau. In: Mitt. Aarg. Naturf. Ges. 31 (1986) 189–216.

– Kerner von Marilaun, A.: Pflanzenleben. 2 Bde. 2. Aufl. Leipzig, Wien 1896–1898. (Das Werk enthält eine Fülle von Beobachtungen und wird gelegentlich antiquarisch angeboten.)

– Kuhn; Amiet; Hufschmid: Veränderungen in der Waldvegetation der Schweiz infolge Nährstoffanreicherungen aus der Atmosphäre. In: Allg. Forst- u. Jagdzeitung 158 (1987) 77–84.

– Körner, Ch.: Die biotische Komponente im Energiehaushalt: Lokale und globale Aspekte. In: Verhandlungen der Gesellschaft Deutscher Naturforscher und Ärzte, 119. Versammlung. Stuttgart 1996.

– Körner, Ch.: CO_2 beeinflusst die Biodiversität, das Versicherungssystem der Natur. In: Pax Forum 1/1996, 12–15.

– Landolt, E.: Ökologische Zeigerwerte zur Schweizer Flora. In: Veröff. d. Geobot. Inst. ETH. 64 (1977) 1–208.

– Lauber, K.; Wagner, G.: Flora Helvetica. 2 Bde. Bern 1996. (Enthält sämtliche wildwachsenden Farn- und Blütenpflanzen der Schweiz.)

– Liebendörfer, L.; Keller, Ch.; Urech, M.: Dauerbeobachtung von Flechten in Waldgebieten des Kantons Aargau. Untersuchungen 1989. Aarau 1990.

– Maurer, R.; Keller, H.; Stocker, G.: Grundlagen des Natur- und Landschaftsschutzes im Aargau. In: Mitt. Aarg. Naturf. Ges. 31 (1986) 347–437.

– Naegeli, O.: Über die Ausstrahlungen der pontischen (sarmatischen) Florenelemente in der Nordostschweiz. In: Festschrift Carl Schröter. Zürich 1925 (Veröff. Geobot. Inst. Rübel, 3. Heft), 553–567.

– Oberdorfer, E.: Pflanzensoziologische Exkursionsflora. 6. Aufl. Ulmer Verlag 1990.

– Pauli, D.: Es werde Licht! Kahlschlag als mögliche Massnahme zur Erhaltung lichtbedürftiger Pflanzenarten auf Felsköpfen. Diplomarbeit Zürich 1994.

– Rikli, M.: Das Lägerngebiet. In: Ber. Schweiz. Bot. Ges. 17 (1907) 5–83. (Mit Verzeichnis wichtiger Lägern-Literatur.)

– Rossmann, D.: Lebensraumtyp Nieder- und Mittelwälder. Landschaftspflegekonzept Bayern, Band II.13. München 1996.

– Schelbert, S.; Stapfer, A.: Kontrollprogramm Natur und Landschaft Kanton Aargau, Jahresbericht 1996 und 1997. Aarau 1997 und 1998.

– Wassmer, A.: Zur Felsenflora des östlichen Kettenjuras. In: Felsenflora Schlussbericht. Aarau (im Druck, erscheint 1998).

– Welten, M.; Sutter, R.: Verbreitungsatlas der Farn- und Blütenpflanzen der Schweiz. 2 Bde. Basel 1982.

– Zaller, J. G.; Arnone, J. A.: Activity of surface-casting earthworms in a calcareous grassland under elevated atmospheric CO_2. In: Oecologia III. Springer Verlag 1997, 249–254.

– Zimmerli, S.: Das Wald-Naturschutzinventar im Kanton Aargau (WNI), Schlussbericht. Aarau 1994.

Entwicklung der Kulturlandschaft Lägern-Limmattal bis 1940

Historische Karten als wertvolle Dokumente der Landschaftsentwicklung und ihre Auswertung

Peter Stirnemann und Hans-Dietmar Koeppel

Zu diesem Artikel liegt eine Falttafel bei.

Wer in der Landschaft Veränderungen auslösen, Projekte realisieren oder solche beurteilen will, benötigt Verständnis für und Kenntnis über die betroffene Landschaft, soll dies ohne zu grosse Fehler geschehen. Fast alle tragen wir heute aktiv oder passiv zu Veränderungen der Landschaft, unseres Lebensraums, bei. Wir sollten also unsere heutige Landschaft, ihre Entstehung, ihre Geschichte und ihren Sinngehalt erfassen können. Wertvolle Hilfsmittel hierfür sind die Abbilder der Landschaft in historischen und modernen Karten.

Das Lesen in alten Karten gleicht einem virtuellen Spaziergang durch Raum und Zeit. Am Beispiel verschieden alter Karten werden für den Raum um Wettingen die Zusammenhänge von natürlicher Gunst und Ungunst, von gesellschaftlichen Entwicklungen, von Wirren und Nöten mit Landschaftsveränderungen nachvollzogen.

Der Wert historischer Karten

Historische Karten sind Zeitdokumente, wertvoll wie Chroniken, Urkunden und andere Schriften. Sie belegen Wissen, Denken, Werte und Nöte ihrer Zeit. Sie zeigen zudem die geographischen Vorstellungen und den Orientierungsbedarf im Raum, aber auch die Gegebenheiten des Naturraums und den herrschenden Zustand der Landschaft. Sie zeigen als Abbild der Landschaft auch, was von ihr den Menschen wichtig und darstellungswert war.

Auch die Motivation zur Herstellung von Karten ist kennzeichnend. Einmal galt es, das Besitztum detailliert zu erfassen. Beispiel ist die Klosterbannkarte von Wettingen. Zum andern ging es um eine möglichst genaue Wiedergabe der räumlichen und landschaftlichen Situation (Strassen, Bewegungsmöglichkeiten, Hindernisse usw.) zur Orientierung für das Militär. Beispiele für den Aargau sind Dufourkarte und Michaeliskarte.

Zusammen mit den modernen Kartenwerken, dem Topographischen Atlas der Schweiz (Siegfriedatlas) und der Landeskarte der Schweiz, dokumentieren historische Karten Entwicklungszustände der Landschaft. Besonders gut auswertbar sind die modernen Kartenwerke. Im Massstab 1:25 000 sind sie sehr detailgenau. Sie decken seit den Erstausgaben des Siegfriedatlasses (ca. 1880) einen Zeitraum von bald 120 Jahren mit regelmässigen Zwischenständen ab. Studien zur Entwicklung der Landschaft nutzen diese Dokumente, weil sie sich quantitativ und qualitativ auswerten lassen.

In der Landschaft lesen, in der Karte lesen
Natürliche Landschaften sind einem stetigen, mehr oder weniger dynamischen Entwicklungsprozess unterworfen, der von einem beständigen Wandel überlagert wird, verursacht vom Menschen, inzwischen seit einigen Jahrtausenden. Landschaften sind somit Träger und auch Produkt von Prozessen und Entwicklungen, deren Verlauf sich anhand vieler Spuren und Merkmale nachvollziehen lässt.

Wer diese Spuren und Merkmale zu erkennen und auch zu deuten vermag, wird das jeweilige Erscheinungsbild einer Landschaft mit ihrem kulturgeschichtlichen und natürlichen Inhalt lesen können. Er wird unterscheiden können, welche Bedingungen in einer Landschaft von den natürlichen Voraussetzungen her gegeben waren und was der Mensch daraus gemacht hat.

Imhof (1950) unterscheidet zwei Arten des Kartenlesens, jene des Lesens am Schreibtisch und jene des unmittelbaren Vergleichens von Natur und Karte im Gelände. Das Umdeuten eines Kartenbildes in Naturvorstellungen der ersten Lesart setzt Übung in der zweiten voraus. Für historische Karten gilt das natürlich auch, aber es fehlt weitgehend die Möglichkeit des Vergleichens im Feld, weil viele Anhaltspunkte verschwunden sind.

Das Beispiel der Waldveränderungen im Gebiet Tägerhard und Härdli zeigt die Möglichkeiten einer solchen Kartenauswertung: In der Michaeliskarte (1837/43) befindet sich im Härdli ein grosses Waldstück, das bis zur Erstausgabe des Siegfriedatlasses (1881) völlig gerodet ist. Das linke Limmatufer ist waldfrei. Bis 1896 entsteht am Limmatufer ein schmaler Waldsaum, er hält sich dort in seiner Grösse, bis er durch den Einstau der Limmat überflutet wird (1931). Das rechte Limmatufer ist oberhalb der Mündung des Lugibach waldfrei. Im Tägerhard befindet sich von da flussaufwärts und landseitig eine grosse, zusammenhängende Waldfläche. Oberhalb des Lugibachtobels wird gemäss Bächlikarte (1874/75) beidseits der neuen Bahnlinie gegen das Flurstück Alte Rüteten ein grosses Waldstück gerodet, bis 1881 ein weiteres nördlich der Bahn. Bis 1896 wird auch südlich der Bahn gerodet. Dann bleibt der Wald unverändert, erst kurz vor 1931 wird im Süden des Tägerhard eine Waldlichtung gerodet. Die Ausgabe 1940 zeigt noch nicht die Rodung nördlich der Bahn gegen das Flühfeld, die während der Anbau-

Geometrischer Grundriss aller Marken der Gerichtsherrlichkeit des Gotteshauses Wettingen 1693/94, Massstab zirka 1:25 000 (verkleinert).

Bisher unveröffentlichte Karte von Wettingen und Umgebung, 1788, Autor unbekannt. Das Original befindet sich bei der Schweizerischen Landestopographie in Bern. Eine Kopie des ganzen dargestellten Gebietes hängt im Sammlungsraum der Fachabteilung Geografie an der Kantonsschule Wettingen.

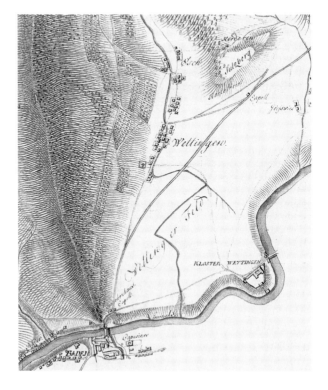

schlacht im Zweiten Weltkrieg vorgenommen wurde. Die Rodung zum Flurstück Neuwiesen ist gemäss Klosterbannkarte (1693/94) vor jener des Flurstücks Alte Rütenen (alte Rodung) geschehen. Der Flurname Alte Wiesen limmataufwärts in Würenlos verdeutlicht, dass ihre Rodung weit vor jener der Neuwiesen passiert sein dürfte.

Die ältesten Karten – von den Anfängen bis zur Michaeliskarte

Wer heute durch das Limmattal fährt, durchquert eine von Menschen völlig überformte Landschaft. Das war nicht immer so. Mit der wachsenden Bevölkerung erfolgte im Mittelalter der Übergang von der Naturlandschaft zur – wie wir sie heute nennen – traditionellen Kulturlandschaft. Ihre Kennzeichen sind kleine, kompakte Siedlungsgebiete, wenig Strassen, Wässermatten, Ackerflächen, abwechselnd mit Weideland, Wiesen, Brachland, Rebbergen, eng verzahnt mit grossen und kleinen Waldflächen. Die Verbindungsstrassen entsprachen etwa dem Zustand eines heutigen Feldweges. Dazwischen gab es Reste von Naturlandschaft; im Limmattal Auen, natürliche Fliessgewässer, Moore, versumpfte und vernässte Gebiete. Die Bewohner im Limmattal waren vorwiegend Bauern (vgl. Klosterbannkarte 1693, Karte von 1788, Michaeliskarte).

Mitte des letzten Jahrhunderts (ab Michaeliskarte) setzten verschiedene Veränderungen ein. Eingeleitet wurden diese durch den Bau der Spanischbrötlibahn von Zürich nach Baden und der Spinnerei und Weberei im Gebiet der Klosterhalbinsel. Das agrarisch genutzte Land nahm zu, Sümpfe wurden entwässert, Hecken, Baumgruppen, Waldstücke verschwanden. Gewässerkorrekturen verschmälerten den Lauf der Fliessgewässer. Industrie-, Wohn- und Verkehrsflächen beanspruchten ständig mehr Platz. Die zunehmende Bevölkerung nahm die Landschaft vollständig in Kultur, um sie mit den damaligen Mitteln maximal zu nutzen.

Der Rebbau

Im folgenden betrachten wir die Entwicklung der vier grössten Rebbaugebiete in der Gemeinde Wettingen: des Lägern-Südhangs, der Rebparzellen im Aesch, am Sulperg-Südhang und in der Bernau.

Zustand gemäss Michaeliskarte: Früher war der Rebbau ein eminent wichtiger Faktor im Wettinger Wirtschaftsleben. Seit Mitte und Ende des 16. Jahrhunderts (vgl. Klosterbannkarte 1693) wurde neben dem Lägern-Südhang auch ein Teil des Sulperg-Südhangs mit Reben bepflanzt. In unmittelbarer Nähe des Klosters unterhielt das Kloster Rebstöcke im «Rebgarten» hinter den Laienhäusern des Klosters an der Limmat und, daran anschliessend, in der Bernau und bis zum Geissgraben. In der zweiten Hälfte des 17. Jahrhunderts (vgl. Klosterbannkarte 1693) betrug die

Rebfläche 136 Jucharten (49 ha). In den folgenden 100 Jahren erweiterte sich der Rebumfang, was aus dem Weinertrag und den Weinzehntrechnungen hervorgeht, auf etwa 200 Jucharten (72 ha) (Haberbosch 1952 und Zehnder 1959).

1841	87,0 ha	
1860	85,3 ha	262 Besitzer (Durchschnitt 0,33 ha/Besitzer)
1881	76,5 ha	
1907	56,4 ha	
1926	35,5 ha	157 Besitzer (Durchschnitt 0,23 ha/Besitzer, 1929)
1937	20,0 ha	
1957	10,2 ha	52 Besitzer (Durchschnitt 0,2 ha/Besitzer)

Veränderungen von 1837/43 bis 1881: Um den Vergleich zwischen dem Zustand gemäss Michaeliskarte (1837/43) und jenem der Erstausgabe des Siegfriedatlasses vorzunehmen, wurde auch das Originalmesstischblatt Nr. 34 (aufgenommen von Bächli 1874/75) beigezogen. Die Rebberge heben sich hier durch den grauen Farbton deutlich von angrenzendem Wald ab. Die Rebfläche hat sich in diesem Zeitraum statistisch um 10,5 ha verkleinert. Dies ist aber aus dem Kartenvergleich kaum ersichtlich. Der Rebberg auf dem Buesberg wird 1874/75 erstmals von Bächli kartiert. Auf der Siegfriedkarte 1896 ist er wieder verschwunden. Aus dem Kartenvergleich ist ersichtlich, dass nach 1837/43 Rebberge aufgegeben und andere neu angelegt wurden.

Veränderungen von 1881 bis 1904: An der Lägern sind geringfügige Veränderungen festzustellen. Vor allem im oberen Teil wurden einzelne Parzellen aufgegeben. Auf der Sulperg-Südseite beginnt sich die zusammenhängende Rebfläche im mittleren Teil aufzulösen und bei den östlichen Sulperg-Reben werden einzelne Parzellen aufgegeben. Wichtige Ursachen für den schon 1870 einsetzenden Rückgang sind schädigende Einflüsse wie Rebkrankheiten, die Einfuhr billiger ausländischer Weine und die Entwicklung der Industrie.

Veränderungen von 1904 bis 1914: Neben der weiteren Aufgabe von Rebparzellen an der Lägern ist die fortschreitende Auflösung der Rebbaufläche in kleine Teilflächen am Sulperg-Südhang zu beobachten. Das Rebgelände besteht nur noch aus einzelnen, nicht mehr zusammenhängenden, schmalen Rebparzellen. Die östlichsten Rebparzellen und der Rebberg auf der Härtern sind verschwunden. Der Grund für den markanten Rückgang der Rebflächen nach der Jahrhundertwende ist in der Verbreitung der Reblaus zu sehen.

Veränderungen von 1914 bis 1931: In der Zeit von 1907 bis 1937 verkleinert sich die Rebfläche von 56,4 auf 20 ha. Am Lägernhang löst sich das zusammenhängende Rebareal auf. Die grösste zusammenhängende Rebfläche befindet sich noch im Gebiet Herrenberg. Die Bernau als idyllisches Ufergebiet mit den Rebbergen fiel 1933 dem Stausee zum Opfer. Am Sulperg sind noch drei kleine Rebparzellen kartiert.

Die Siedlungsentwicklung
Zustand gemäss Michaeliskarte: 1850 zählt die Gemeinde Wettingen 1610 Einwohner. Die Häuser des Dorfes begleiten den Dorfbach. An der Stelle, wo die Märzengasse die Landstrasse trifft, ist ein neuer Siedlungskern entstanden. Wo der Wässergraben die Landstrasse schneidet, stehen neu zwei Häuser. Der Geisshof ist zum Weiler Geisswies herangewachsen. Das Wettinger Feld ist nicht besiedelt. Es wird von der Landstrasse und den beiden Verbindungsstrassen Baden–Kloster–Zürich und Dorf–Kloster durchquert. Bemerkenswert ist, dass die Strassen östlich des Gottesgrabens von Alleen mit markanten Bäumen begleitet werden.

Veränderungen von 1837/43 bis 1881: Die Einwohnerzahl der Gemeinde Wettingen ist bis 1880 auf 1934 Einwohner gestiegen. Die Eisenbahnlinie wurde mit zwei Brücken verkürzt. Sie schneidet neu den Limmatbogen ab. Wettingen erhält dadurch weitab von Dorf – wie häufig in der damaligen Zeit – einen Bahnhof. Die Gebäude der Spinnerei und Weberei mit den zugehörigen Kosthäusern auf der Limmathalbinsel, in der Klosterrüti und in der Damsau sind erste Zeichen des Industriezeitalters. An der Verbindungsstrasse vom Kloster zum Dorf ist 1875 eine Wohnkolonie für die Arbeiter der Spinnerei entstanden. In der Nähe des Lugibachtobels fällt ein alleinstehendes Haus auf. Es handelt sich um den «Henker», das einstige Wohnhaus des Badener Scharfrichters, der wegen seines verfehmten Berufes nicht unter «ehrlichen Leuten» geduldet wurde.

Veränderungen von 1881 bis 1904: 1900 zählt die Gemeinde Wettingen 3128 Einwohner. Der Grund für die explosionsartig wachsende Neusiedlung im Langenstein ist die beginnende BBC-Konjunktur. Entlang der Landstrasse zeichnet sich eine weitere Siedlungsentwicklung ab. 1898 wird das Schulhaus gebaut, und damit wächst das Dorf bis zur Landstrasse.

Veränderungen von 1904 bis 1914: Der Boom der Jahrhundertwende hält an. Kristallisationspunkte der beginnenden Besiedlung des Wettinger Feldes sind die Hauptverbindungen und ihre Parallellinien, nämlich die Landstrasse mit der Schartenstrasse im Norden, die Bahnhofstrasse als Kommunikationsstrang zwischen Dorf und Kloster und die Seminarstrasse im Ausfall gegen Baden hin. Ein neues Wohnquartier entsteht beim Bahnhof. Die Bahnhofstrasse ist vom Bahnübergang bis zur Landstrasse auf der östlichen Seite fast durchgehend bebaut. Zwischen Dorf, Kloster und Langenstein bildet sich ein lockeres Netz von Überbauungen. Die Angestellten liessen sich vornehmlich im Langenstein nieder, die Arbeiter bezogen das Dynamoheim an der Seminarstrasse.

Veränderungen von 1914 bis 1931: Als Folge des grossen Bevölkerungszuwachses – 1930 zählt Wettingen 8505 Einwohner – zeichnet sich eine Siedlungsentwicklung von den peripheren Ortsteilen her gegen die – aus heutiger Sicht – noch ausgesparte Mitte hin ab. Langenstein und Altenburg sind praktisch zusammengewachsen. Die Verbindung vom Langenstein her gegen den Ortskern findet entlang der Scharten- und der Landstrasse statt. Der alte Dorfkern hingegen hat sich wenig verändert. Bemerkenswert ist die Überbauung östlich der Rosenau gegen den Stausee hin. Hier hatte die Firma Brown Boveri eine Einfamilienhaussiedlung erstellt, die in der Bevölkerung «Schöpflihusen» genannt wurde. Wer hier wohnen wollte, musste mindestens drei Kinder haben, in die grösseren Bauten durften nur Familien mit mindestens sechs Kindern einziehen. Jedes Haus besass einen grossen Garten zur Selbstversorgung und einen angebauten Schopf. Das Quartier war damals eingeteilt in die Arbeiterstrasse und die Strasse mit den Häusern der Vorarbeiter. Dies war eine klare geografische und soziale Abgrenzung.

Das Strassen- und Wegnetz

Zustand gemäss Michaeliskarte: Das Strassen- und Wegnetz besteht im wesentlichen aus den Verbindungsstrassen von Baden nach Zürich. Einerseits ist es die Landstrasse über das Wettinger Feld, andererseits die Strasse zur Holzbrücke beim Kloster. Eine weitere Strasse führt linksufrig von Neuenhof nach Baden. Das Kloster ist mit dem Dorf durch eine Allee verbunden. Der Zustand dieser Strasse war aber bedeutend schlechter, wie ein Befund aus dem Jahre 1859 belegt. Über die Limmat führen sowohl in Baden wie beim Kloster je eine Holzbrücke.

Veränderungen bis 1931: Als markanteste Veränderung ist in der Siegfriedkarte 1881 die erwähnte Eisenbahnlinie erkennbar. Am südlichen Rand des Wettinger Feldes kreuzen sich die Bahnlinien Zürich–Basel/Bern und Zürich-Oerlikon–Lenzburg–Zofingen. In den folgenden Ausgaben der Siegfriedkarte ist das alte Trassee der Spanischbrötlibahn noch abgebildet. Die Hauptverkehrsachsen bleiben als Verkehrsträger bestehen und werden ausgebaut. Gleichzeitig mit der Siedlung wächst das Netz der Quartierstrassen. Auf der Siegfriedkarte 1931 erkennen wir die Hochbrücke vom Wettinger Feld nach Baden.

Die Wald-Feld-Verteilung

In der Michaeliskarte lassen sich wegen der unterliegenden Signatur zur Schummerung von steilen Lagen Wald und Rebbau teils schwer unterscheiden. Hilfreich ist hier die farbige Bächlikarte von 1874/75.

Die Verteilung von Feld, Wiesen, anderem Offenland und Wald, die beanspruchte Fläche für Siedlungen, Wege und Strassen geben vielfache Hinweise auf die naturräumliche Qualität. An steilen oder flachgründigen Stellen hat man den Wald belassen oder nach versuchter landwirtschaftlicher Nutzung die Fläche wieder ihm überlassen. So blieb das Tobel des Lugibaches gegen die Limmat bis heute von Wald bestockt.

Auch die etwas weniger steilen Lagen am Lägernhang, Buesberg und Dickern, versuchte man landwirtschaftlich zu nutzen. Nach der Wettinger Ortsgeschichte (Brüschweiler et al. 1978) war im Gebiet Dickern 1816 Jungholz (vorher Feld oder Wiese?) gerodet worden. 1837/43 sind Buesberg und Dickern gerodet, 1881 ist Dickern wieder Wald, im Westen des Buesberg eine kleine Fläche. Dickern, heute Krummorgen, bleibt Wald, am Buesberg nimmt der Wald am Oberhang etwas zu. Im Tägerhard wird der Wald laufend verkleinert (vgl. oben), die Rodung dort 1850 – zwischen Michaeliskarte und Siegfriedatlas – half die Auswanderung «überschüssiger» Bevölkerung zu finanzieren.

Der Wald hat im Gebiet abgenommen, nur einzelne Waldbuchten und -wiesen sind ihm noch überlassen worden. Das gewonnene Feld ging bald an Siedlung und Verkehrsfläche verloren.

Gewässer, Kiesgruben, Steinbrüche

Der Dorfbach Gottesgraben weist im Siegfriedatlas markante gerade Teilabschnitte auf, Hinweise auf Verlegungen. Der Lugibach hingegen behält seinen Lauf über alle Jahre. In der abgebildeten Karte von 1788 und in der Klosterbannkarte (1693) sind wesentlich mehr Bachläufe gezeigt, mit feinen Verästelungen. Diese verweisen nicht auf Quellen, sondern im Gegenteil auf Grabensysteme zur Bewässerung, auf Wässermatten. Dies lässt auch den Schluss zu, dass seinerzeit ein Grossteil des Wettinger Feldes als Wiese und Weide genutzt worden ist. Der Gottesgraben wird bis 1940 in der Altenburg und oberhalb der Landstrasse eingedolt.

Vom Furtbach war gemäss Klosterbannkarte unterhalb Würenlos beidseits je ein Graben abgeleitet. Diese Gräben führten das Bachwasser mit den nährstoffreichen Abwässern aus dem Dorf, denn sie waren die «Kanalisation», zu den Neuwiesen und Alten Wiesen, wo über zahlreiche Abzweigungen das Wasser auf die Fläche verteilt wurde. Spuren dieses Wässermattensystems sind heute noch in Wald und Dorf zu finden (vgl. Foto). Im Übersichtsplan 1918 zum Grundbuch von Würenlos sind beide noch als intakte Gräben eingetragen.

Die heute im Tägerhard dominanten Kiesgruben tauchen erstmals 1881 als zwei kleine Abbaustellen südlich der Kreuzkapelle auf, ebenso zwei Steinbrüche

Im Wald westlich der Autobahnraststätte Würenlos ist ein Abschnitt des künstlichen, wohl weit über 200jährigen Wassergrabens mit Wasserauslässen zu finden (Fotos S. Coradi, Büro Stöckli, Kienast & Koeppel, Wettingen).

Einer der Wasserauslässe ist kunstvoll aus der mächtigen Platte eines Granitfindlings herausgehauen, die wohl unter grosser Mühe dort aufgestellt und versenkt worden ist.

am Haselberg in Würenlos. Bis 1896 kommt westlich Altenburg eine Stelle hinzu, bis 1904 dort zwei weitere sowie im Kreuzfeld eine und an der Strasse nördlich Neuenhof zwei Abbaustellen. Diese und die Steinbrüche wachsen im Laufe der Jahre oder verschwinden, aber sie erreichen bis 1940 nie eine heute gewohnte Grösse.

Landschaftsarchive der Zukunft

Die Darstellungen der Karten sind, wie gezeigt, recht zuverlässig. Es lassen sich somit Daten zum Landschaftswandel aus ihnen beziehen. Auswertung und Interpretation bedingen ein gewisses Hintergrundwissen, sie dürfen nicht übertrieben werden. Die Karten zeigen ein generalisiertes, noch zeichenbares Abbild der Landschaft.

Zusätzliche Informationen beinhalten Luftbilder. Diese neuzeitlichen Dokumente lassen sich mit Hilfsmitteln detailliert auswerten. Landeskarte und Luftbild zusammen geben heute sehr zuverlässige Auskünfte, die auch im Sinne einer nachträglichen Beweissicherung genutzt werden können.

Quellen und Literatur

– Brüschweiler, Roman W. et al.: Geschichte der Gemeinde Wettingen. Baden 1978.
– ETH Zürich: Fallstudie Landschaft im Wandel. Materialien für die Schule. Zürich 1991.
– Ewald, Klaus C.: Der Landschaftswandel. Zur Veränderung schweizerischer Kulturlandschaften im 20. Jahrhundert. Bericht Nr. 191, Eidgenössische Anstalt für das forstliche Versuchswesen Birmensdorf 1978.
– Haberbosch, Paul: Karten der Gerichtsherrschaften des Klosters Wettingen. In: Badener Neujahrsblätter 27 (1952) 18–32.
– Imhof, Eduard: Gelände und Karte. Erlenbach-Zürich 1950.
– Konold, Werner (Hg.): Naturlandschaft – Kulturlandschaft. Die Veränderung der Landschaften nach der Nutzbarmachung durch den Menschen. Landsberg 1996.
– Kyburz-Graber, Regula: Die Landschaft im Wandel. Arbeitshilfe für den Geographie- und Biologieunterricht ab 9. Schuljahr. Basel 1983.
– Roth, Ueli: Chance Baden Nord 2005. Von der Stadtzerstörung zum Stadtumbau. In: Badener Neujahrsblätter 68 (1993) 25–39.
– Wettingen gestern und heute. Festschrift zur Rathauseinweihung 1959. Wettingen 1959.
– Zehnder, Sales: Vom Wettinger Weinberg. In: Badener Neujahrsblätter 34 (1959) 52–62.

Karten

– Topographische Karte des Kantons Aargau von Ernst Heinrich Michaelis 1837–1848 (Michaeliskarte). Blatt IX, Baden, 1837/43. Aargauisches Staatsarchiv, Aarau.
– Topographischer Atlas der Schweiz (Siegfriedatlas). Erstausgabe 1881. Ausgaben 1904/07, 1914/23, 1931/34. Historisches Museum Baden.
– Karte der «Marchen der Gerichts-Herrlichkeit des Klosters Wettingen» 1693/94 (Klosterbannkarte). Kantonsschule Wettingen.
– Karte von 1788. Unbekannter Autor. Schweizerische Landestopografie, Bern.

Landschaftswandel im oberen aargauischen Limmattal 1954 – 1994

Hans-Dietmar Koeppel

Zu diesem Artikel liegt eine Falttafel bei.

Die Landeskarte ist heute als genügend reales Abbild der Landschaft anerkannt und wird für verschiedene Arbeiten über quantitative und qualitative Veränderungen genutzt. Das Forschungsprojekt des Schweizerischen Nationalfonds «Landschaftswandel und Biodiversität – Einfluss der sich verändernden Handlungsmuster in der Landschaft auf die Standortdifferenzierung und die dadurch resultierende Artenvielfalt» basiert ebenfalls auf Auswertungen der Landeskarte. Für die drei Teilgebiete Limmattal, Bünztal und Fricktal werden alle Ausgaben der Landeskarte ausgewertet. Ziel ist es, Art und Ausmass der Landschaftsveränderungen, ihre zeitlichen Schwerpunkte und Verläufe für unterschiedlich geprägte Räume innerhalb einer politischen und wirtschaftlichen Einheit, des Kantons Aargau, zu erfassen und hinsichtlich ihrer Auswirkungen auf Standortvielfalt und Artenvielfalt zu interpretieren. Im vorliegenden Beitrag werden die Auswertungsergebnisse des Teilgebiets Limmattal vorgestellt, anknüpfend an den Artikel von Stirnemann/Koeppel über die «Entwicklung der Kulturlandschaft Lägern-Limmattal bis 1940» (Seiten 37–46).

Die Landeskarte als Abbild der realen Landschaft

Der Topographische Atlas der Schweiz (Siegfriedatlas) 1:25000 mit seiner Erstausgabe von 1881 und Nachführungen bis 1946 für den hier betrachteten Raum (vgl. den Beitrag Stirnemann/Koeppel) wird abgelöst mit Erstausgaben von 1954/55 der Landeskarte der Schweiz 1:25000. Die Landeskarte ist ein modernes Kartenwerk, das die reale Landschaft mit fein differenzierten Signaturen sehr genau darstellt. Seit 1970 erfolgen die Nachführungen alle sechs Jahre. Grundlage dafür bilden Luftbilder, die stereoskopisch ausgewertet werden. Das Jahr der Flugaufnahme gilt als Nachführungsjahr. Zu kaufen sind neue Ausgaben meist erst drei Jahre später, weil die Auswertung der Luftbilder und weiterer Grundlagen, die sich anschliessende Verifizierung im Gelände durch Topographen und die Bearbeitung der definitiven Druckvorlagen durch die Kartographie viel Zeit beanspruchen.

Ewald (1978) verschaffte der Landeskarte 1:25 000 mit seiner umfassenden Arbeit zum Landschaftswandel der Schweiz auf ihrer Grundlage Anerkennung als genügend genaues Mittel für Studien über die Veränderung der Landschaft. Nachdem Koeppel et al. (1991) für die langfristig angelegte Raumbeobachtung des Bundesamtes für Raumplanung die Auswertung der Landeskarte auf die Materialien, die bei der Bearbeitung neuer Ausgaben entstehen, ausweiten und damit vereinfachen konnte, basieren inzwischen verschiedene Arbeiten zu Landschaftsveränderungen auf der Landeskarte als realitätsnahes Abbild der Landschaft.

Wesentliche Landschaftsveränderungen zwischen Siegfriedatlas und Landeskarte

Für das Blatt 39 Baden des Siegfriedatlasses liegt eine letzte Nachführung von 1940/46 vor. Diese zeigt nur wenige Veränderungen gegenüber der bei Stirnemann/Koeppel besprochenen Nachführung von 1931/34, so dass ein direkter Vergleich des dort abgebildeten Kartenausschnittes mit jenem der ersten Landeskarte von 1955 statthaft ist. Beim Vergleich fällt – zunächst erschwerend – auf, dass die Landeskarte zusätzliche, verfeinerte Signaturen aufweist, zum Beispiel Obstbäume, Hecken, Strassen- und Wegklassierungen.

Auffällig ist die starke Zunahme der Siedlungsfläche, insbesondere von Wohnbauten. Nach der Stagnation zwischen 1934 und 1946, die wirtschaftlich und vor allem kriegsbedingt war, kommt es in einem sehr kurzen Zeitraum – den ersten zehn Jahren nach dem Zweiten Weltkrieg – zur Verdopplung der Siedlungsfläche. Der Raum westlich der Wettinger Bahnhofstrasse ist mit Ausnahme des Chlosterbrüel nahezu vollständig überbaut. Entlang der Landstrasse verdichten sich die Geschäftshäuser zu einer Zeilenbebauung, nördlich davon ziehen sich dichte Baugebiete bis in die Rebberge des Lägernhangs, eingebettet in Obstwiesen. Der bis 1946 noch deutlich erkennbare alte Dorfkern löst sich in der Bebauungsstruktur auf und fliesst nach aussen. Kompakt dehnt sich das Baugebiet auch östlich der Bahnhofstrasse in das Klosterfeld aus, während am Sulperg nur einzelne Bauten entstanden sind. Industrie- und Gewerbebauten entstehen nördlich des Bahnhofs und im Forhölzli.

Markant ist auch die Ausdehnung des Baugebiets in Neuenhof, vor allem im Gebiet Althof-Chrüzstein, während der Dorfkern noch wenig verändert in Obstwiesen eingebettet bleibt. Auf die Entwicklung auf dem Gebiet der Stadt Baden im vergleichbaren Zeitraum geht Roth (1993) ein.

Das Strassen- und Wegnetz erfährt eine Verdichtung und einen Ausbau im Zusammenhang mit den neuen Überbauungen. Der Ausbau der neuen Otelfingerstrasse mit Knoten an der Landstrasse ist die einzige Veränderung am überörtlichen Strassennetz. Er erfolgte vor 1946, wohl während der Kriegsjahre.

Auch während des Kriegs, im Rahmen der Anbauschlacht und wegen des grossen Holzbedarfs, wurden zwei grosse Waldstücke im Tägerhard gerodet, nördlich der Bahn gegen das Flüefeld, wo auch eine Industriebaute auftaucht, und an der Limmat westlich der Chlosterschür. Sonst sind nur unwesentliche Veränderungen in der Verteilung von Wald und Feld zu verzeichnen.

Der Rebbau geht am Lägernhang zurück, wird ersetzt durch Obstbau oder verdrängt durch Wohnbauten. Der Gottesgraben wird im Dorfkern, an der Landstrasse und in der Altenburg auf weiteren kurzen Abschnitten eingedolt. Die vielen kleinen Kies- und Sandgruben verschwinden, aus zwei von ihnen entstehen grosse Gruben, im Bifang nördlich Neuenhof und im Wettinger Gebiet Maiächer-Geisswis.

Erfassung und Gesamtbild des Landschaftswandels

Die in den folgenden Kapiteln dargestellten und erläuterten Ergebnisse beziehen sich auf das Testgebiet Limmattal der eingangs genannten Nationalfonds-Studie. Der Perimeter umfasst die Gebiete der Gemeinden Wettingen, Würenlos, Neuenhof, Killwangen und Spreitenbach. Das Gebiet der Stadt Baden wurde aus methodischen Gründen (Naturraum, Rütihof, Dättwil usw.) vollständig ausgeklammert.

Von den der Untersuchung zugrundeliegenden Ausgaben der Landeskarten 1954–1994 werden nur Ausschnitte des Blattes 1070 Baden (siehe Beilage) dargestellt, um den Massstab 1:25 000 einzuhalten und den Vergleich mit den Kartenausschnitten im Beitrag Stirnemann/Koeppel zu gewährleisten.

Auswertungsmethode Signaturänderungen: Innerhalb des Perimeters werden geänderte, eliminierte und neue Signaturen einer Folgeausgabe gegenüber der vorherigen Ausgabe des entsprechenden Kartenblattes markiert, der Identifikationsnummer der zutreffenden Veränderung zugeordnet und digitalisiert. Unterschieden werden generell flächenhafte, lineare und punktuelle Veränderungen. Für weitere Auswertungs- und Interpretationsschritte können die gespeicherten Daten dann auf verschiedene Fragestellungen hin berechnet (Fläche, Länge, Anzahl usw.), gruppiert und dargestellt werden.

Diese Auswertungen sind zunächst quantitativ, mit statistischem Aussagewert. Um den Veränderungsprozess in der Landschaft auch qualitativ zu erfassen, werden die Signaturänderungen mit über 150 verschiedenen Kategorien sehr stark differenziert. So werden allein 14 Veränderungen an der Waldfläche unterschieden. Denn es ist qualitativ ein Unterschied, ob eine Waldfläche als ganze oder eine Teilfläche gerodet wird, ob eine Waldwiese aufgeforstet wird oder ein ganz neues Waldstück in der Landschaft entstanden ist. Es ist weiter ein Unterschied, ob Wald infolge eines natürlichen Prozesses verschwindet wie beim Felsrutsch an der Lägern oder auf einer Brachfläche herangewachsen ist.

Die feine Unterscheidung ermöglicht Hinweise auf die Verursachung, auf die Aufgabe, Intensivierung oder Änderung bisheriger Nutzungen, auf die Trennung oder die Vermischung von Nutzungen. Diese ermöglichen schliesslich Rückschlüsse auf die Zunahme oder Verluste von bestimmten Qualitäten eines Standortes und damit auch eines Lebensraumes der wildlebenden Pflanzen und Tiere. Dies neben der Erfassung direkter Verluste oder Zunahmen von Lebensräumen wie Hecken, Feuchtgebieten, Gewässern, Bachläufen oder Wald. Aus rein statistischen Ergebnissen wie der Zunahme von Flur- und Waldwegen pro Quadratkilometer lassen sich Rückschlüsse ziehen auf verbesserte Zugänglichkeit, Nutzungsintensivierung und vermehrte Störungen durch Erholungsuchende.

Gesamtbild der Landschaftsveränderungen 1954–1976: Einen optischen Eindruck über die Menge und die räumliche Verteilung der Veränderungen sollen die Abbildungen 1–3 vermitteln, die das gesamte Testgebiet Limmattal darstellen (eine farbige Wiedergabe oder gar transparente Überlagerung mit den Kartenausschnitten im Rückenumschlag war drucktechnisch nicht möglich).

Im Zeitraum 1955/54–1966/62 (Kartenblätter 1070/1090) liegt der Schwerpunkt der Veränderungen (Abb. 1) in Wettingen, im Norden von Neuenhof, abgeschwächt um das Dorfgebiet von Würenlos und auf der Achse der alten Kantonsstrasse in Spreitenbach. Es handelt sich vorwiegend um neue Flächennutzungen (Überbauungen) und neue Strassenabschnitte. Im Südosten von Spreitenbach wird die bisherige Flächennutzung mit Obstwiesen aufgehoben und im Tägerhard Wald gerodet, im Tägerhardwald entsteht zudem ein dichtes Wegnetz.

Ganz anders ist das Bild der Landschaftsveränderungen im Zeitraum 1966/62–1970 (Abb. 2). Es wird geprägt von neuen linearen Signaturen. Auffällig das Band der Nationalstrasse mit den Anschlüssen von Neuenhof und Wettingen (hiermit ist die Waldrodung im Tägerhard erklärt) sowie Querverbindungen. Aufhebung und Neubau von Hochspannungsleitungen im gleichen Raum werden auch durch die N1 ausgelöst. Ebenfalls markant sind Häufungen von neuen Wegen im Waldgebiet am Osthang des Heitersbergs. Ungewöhnlich gross sind neue Flächennutzungen in Spreitenbach (Industrie- und Gewerbegebiete). Im Osten von Spreitenbach fällt die Aufhebung linearer Signaturen (Flurwege, ein Bachlauf) auf, dafür kommt eine neue, langgestreckte Flächennutzung, der Baubeginn des neuen Güterbahnhofs. Ihm mussten die Wege weichen. In Wettingen gibt es deutlich weniger neue Flächennutzungen, sogar etwa gleichviel Nutzungsaufgaben (Obstwiesen), die Vorstufe neuer Überbauungen? Die beiden Aufhebungen von Flächennutzungen (Waldrodungen) im Lugibachtal sind bereits Hinweis auf die neue Otelfingerstrasse als Autobahnzubringer. Im Raum Geisswis-Tägerhard tauchen neu grossflächige Nutzungen auf: Kiesgruben, in zuvor nicht gekannten Aus-

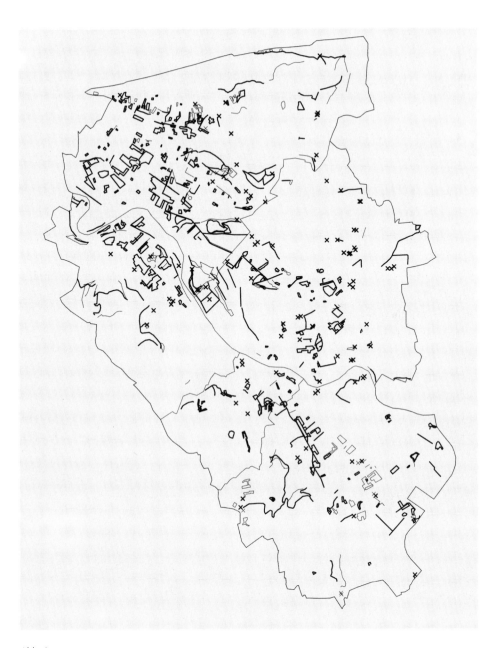

Abb. 1
Signaturänderungen der Landeskarte im Testgebiet Limmattal 1955–1966, südlicher Teil 1954–1962 (hier nur schwarzweiss, 1:25 000 verkleinert).

Fette Striche = neue Signatur = Nutzung/Struktur/Element neu. Schmale Striche = Signatur eliminiert = Nutzung/Struktur/Element aufgehoben (alle Abb.: Stöckli, Kienast & Koeppel, Landschaftsarchitekten, Wettingen).

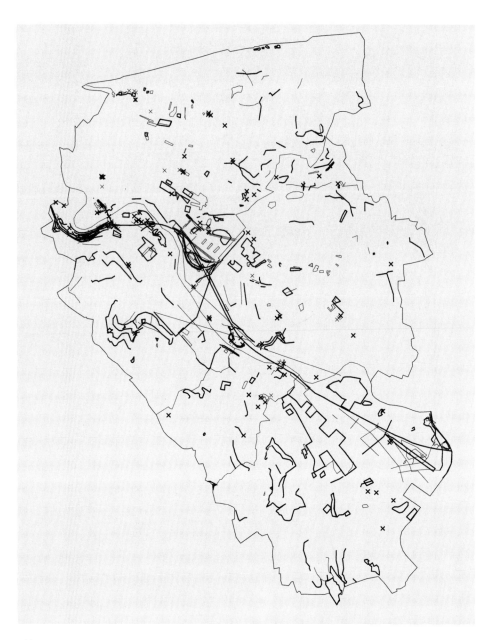

Abb. 2
Signaturänderungen der Landeskarte im Testgebiet Limmattal 1966–1970, südlicher Teil 1962–1970.

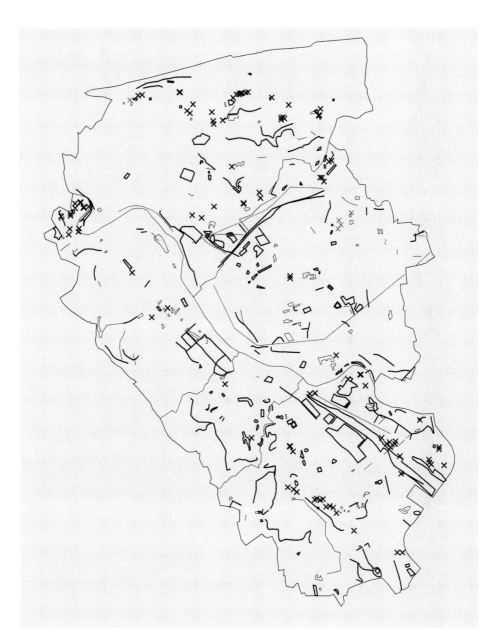

Abb. 3
Signaturänderungen der
Landeskarte im Testgebiet
Limmattal 1970–1976.

dehnungen, im Hard bei Neuenhof ebenfalls. Ganz im Norden vier kleine neue Flächennutzungen: am Lägerngrat sind offene Felspartien von Wald eingewachsen (Verlust seltener Lebensräume).

Das Bild der Veränderungen zwischen 1970 und 1976 (Abb. 3) erscheint wie eine logische Folge des Vorangegangenen. Der Autobahnzubringer nach Otelfingen wird fertig gebaut, dort wird eine Hochspannungsleitung verlegt. Ebenfalls im Raum Tägerhard werden die grossen Kiesgruben erweitert, zwei kleine Flächen sind aufgefüllt, ebenso die Grube von Neuenhof. In Wettingen kommt es nur noch zu drei grösseren neuen Siedlungsflächen, unter anderem zum Sportzentrum Tägerhard. In Würenlos werden mehrere Flächen neu überbaut (wie Folgeblätter zeigen, der Beginn des lokalen Baubooms). Am Bareggtunnel kommt es zu neuen Waldflächen und Einzelbauten. Obstwiesen werden im Süden von Neuenhof und im Westen von Würenlos gerodet. Im Wald wird das Wegnetz an verschiedenen Orten ausgebaut. Neue, aber kleine Waldflächen entstehen westlich Killwangen und Spreitenbach (Ersatzaufforstungen für die Nationalstrasse?). Im Osten von Spreitenbach häufen sich erneut die Veränderungen. Der Güterbahnhof wird weiter ausgebaut, der Dorfbach kanalisiert dem Areal entlang geführt. Weitere Siedlungsflächen werden überbaut, Kiesgruben erweitert. An der Südgrenze von Spreitenbach entsteht ein neuer Weiher.

Die Landschaftsveränderungen im Limmattal zwischen 1954 und 1994

Summe der Flächenveränderungen: Im Betrachtungszeitraum sind insgesamt 654 ha von 936 einzelnen Nutzungsveränderungen betroffen. In wenigen Fällen werden Flächen zwei- oder mehrmals verändert, zum Beispiel wenn eine Obstwiese gerodet wird, eine Kiesgrube geöffnet und anschliessend rekultiviert wird und eine Überbauung oder Obstwiese folgt. Pro Jahr sind dies 24 Veränderungen mit einer Fläche von 16,75 ha, oder von jedem Quadratkilometer des Gebietes sind 17 Prozent in der Nutzung verändert worden.

Von insgesamt 34 vorkommenden Arten an Flächenveränderungen sind daran neue Siedlungsflächen mit 296 ha beteiligt, Friedhöfe mit 5 ha, Plätze mit 12 ha, Sportanlagen mit 10 ha, Gleisanlagen mit 61 ha, neuer Wald mit 43 ha, gerodeter Wald mit 26 ha, neues Gebüsch mit 5,5 ha, gerodete Obstbaumflächen mit 74 ha, neue Rebflächen mit 7 ha, gerodete Rebflächen mit 10 ha, neue Kiesgruben mit 26 ha, Grubenerweiterungen mit 21 ha und aufgefüllte Kiesgruben mit 30 ha.

Summe der Veränderungen linearer Elemente: In den betrachteten 39 Jahren sind total 375 km lineare Elemente neu gebaut, eliminiert oder verändert worden, im Durchschnitt in jedem Quadratkilometer fast 9 km. Pro Jahr gab es 40 Eingriffe mit einer Gesamtlänge von 9,6 km.

Mit Abstand waren hier neue oder ausgebaute überörtliche Strassen sowie neue lokale Strassen wie Quartierstrassen, Flur- und Waldwege beteiligt. Nicht unerheblich ist auch der Anteil an eliminierten Flurwegen im Zusammenhang mit neuen Flächennutzungen. 9,1 km neue Böschungen, Dämme oder Einschnitte sind mit dem Bau der Nationalstrasse und ihren Anschlüssen entstanden. Total 7,4 km gerodeten Reihen von Hochstamm-Obstbäumen stehen erfreuliche 6,4 km neue Hecken gegenüber; nur 0,4 km Hecken wurden in dieser Zeit gerodet. 24 neue Hecken mit einer Gesamtlänge von 3,6 km allein in der Periode 1982–1988 lassen den Erfolg des Jahres der Hecken 1979 für die Landschaft spürbar werden.

Summe der Veränderungen von Einzelelementen: Mit total 622 Veränderungen an Einzelelementen sind pro Jahr 16 aufgehoben oder neu gebaut/geschaffen worden. 295 darin enthaltene neue, einzeln stehende Gebäude weisen auf eine Zersiedlung hin. Davon sind 195 bis 1976 entstanden, das heisst vor der Zeit von Baugesetz und Raumplanungsgesetz. 63 abgebrochene Gebäude stehen im Zusammenhang mit grossen Neuüberbauungen und mit dem Strassenbau. Insgesamt sind deutlich mehr Einzelbäume neu gepflanzt als gerodet worden.

Gesamtsumme der Veränderungen: Rechnet man die Veränderungen von Flächen, linearen und Einzelelementen zusammen, so ergibt sich mit 3140 einzelnen Veränderungen eine zunächst unvorstellbare Menge. Hier gilt zu beachten, dass dies nur die gemäss dem Abbild der Landeskarte erfassbaren Veränderungen sind. Daneben gibt es noch eine Vielzahl an kleinen, nicht darstellbaren Veränderungen wie Gewässerausbauten sowie Prozesse der Nutzungsintensivierungen zum Beispiel in der Landwirtschaft oder im Wald, die sich dem Kartenbild entziehen.

Siedlungsflächen: Die Bebauung, insbesondere mit den Siedlungsflächen, war der Hauptverursacher des Landschaftswandels im Testgebiet Limmattal (Abb. 4). Bemerkenswert ist die enorme Zunahme im Zeitraum von 1962/66–1970, die hier dreimal so gross ist wie in den anderen Perioden. Auch Einzelgebäude zeigen diese Tendenz. Wobei zu vermerken ist, dass in der gleichen Periode auch die meisten Einzelgebäude abgebrochen worden sind (Platz für grosse Überbauungen). Aufhebungen von Bebauungsflächen sind marginal. Die gleichmässige Zunahme der Bebauung während der 3. bis 5. Periode bricht in der 6. Periode ab. Der Rückgang auf ein Drittel dürfte der Rezession und den Korrekturen im Immobilienmarkt zuzuschreiben sein, aber auch die Verknappung von Bauland durch griffige Bauzonenplanungen dürfte hier Wirkung zeigen.

Waldflächen: Die Veränderungen an der Waldfläche zeigen einen anderen Verlauf (Abb. 5), aber auch einen Zusammenhang mit der Entwicklung der Bebauung. Während der ersten zwei Perioden sind Zu- und Abnahme etwa gleich (Wirkung der Pflicht zur Ersatzaufforstung), allerdings sind die Veränderungen in der

2. Periode fast um das Vierfache grösser. Hier ist auch der Anteil von ganzen Waldstücken, die gerodet wurden, sehr hoch. In den weiteren Perioden ist eine deutliche Zunahme der Waldfläche festzustellen. Rodungen und damit Verschiebungen des Waldareals im Raum (Veränderungen des Landschaftsbildes und von Standortqualitäten) sind deutlich zurückgegangen. Die Arten der Waldzunahme lassen den Schluss zu, dass sich verschiedene Flächen über Verbuschung und Vorwaldstadium zu Wald entwickeln konnten.

Kiesgruben: Wenn die Kiesgrubenareale nicht das Ausmass der Siedlungsflächen erreichen (Abb. 6), so ist Ihre Entwicklung kennzeichnend für die Dynamik, die ab ca. 1950 im Landschaftswandel zu verzeichnen ist. Während bis 1946 nur in sehr kleinen Gruben abgebaut worden ist, vergrössern sich die einzelnen Abbaugebiete sehr stark, mit einem grossen Schub von neuen Gruben und Gebietserweiterungen während der 2. Periode. Bemerkenswert ist, dass in der Folge nur neue Gruben, dann beides und zuletzt nur noch Erweiterungen bestehender Gruben entstehen. Bezüglich der Wiederauffüllung, die auch während der 2. Periode einen Höhepunkt hatte (Hinweis auf den Bauboom, vgl. Siedlungsfläche und Strassen und Wege), lässt sich ein allmähliches Aufholen in der Bilanz feststellen (restriktive Bewilligungspraxis).

Hochstamm-Obstflächen: Die Entwicklung der Flächen mit Hochstamm-Obstbäumen zeichnet das Bild der zuvor erläuterten Flächenveränderungen nach (Abb. 7), allerdings auf der Verlustseite zugunsten von Siedlung, Wald und Kiesabbau. Bei wenigen neuen Flächen ist die Abnahme in der 2. Periode am grössten. Die geringe Abnahme während der 4. Periode könnte ein Erfolg von Schutzkampagnen seitens der Vogelschutzorganisationen sein (Jahr der Hecken usw.). Der erneut grosse Verlust in der 5. Periode steht möglicherweise auch mit der Zunahme der Rebflächen im Zusammenhang. Er erstaunt, da nach den grossen Verlusten nur noch geringe Bestände vorhanden sind. Die Abnahme müsste schon deshalb kleiner werden.

Rebflächen: Die Abnahme von Rebflächen ist während der 1. und 2. Periode sehr gross (Abb. 8). Die besonnten Hanglagen wurden später durchwegs überbaut. Die anschliessende Zunahme dürfte auf Kosten von Hochstamm-Obstflächen oder Wald (Flächen im Rebkataster) geschehen sein. Der Anteil der Rebflächen insgesamt bleibt aber im Testgebiet gering.

Strassen- und Wegnetz: Verlauf und Ausmass an Veränderungen der Strassen und Wege (Abb. 9), insbesondere der Neubauten, sind jenem der Bebauung gleichzusetzen. Unter Berücksichtigung der eliminierten Strassen- und Wegtypen lässt sich für den betrachteten Zeitraum von 39 Jahren eine enorme Verdichtung des Netzes leistungsfähiger überörtlicher und lokaler Verbindungsstrassen feststellen,

Abb. 4
Veränderung der Bebauung
1954–1994. Flächen: ha pro
km² und Jahr; Einzelobjekte:
Anzahl pro km² und Jahr.

Die Diagramme vermitteln
Ausmass und Verlauf der Veränderungen nach den sechs
untersuchten Perioden, die
Hauptnutzungen zusammenfassend, und verdeutlichen so
die Tendenzen in der Landschaftsentwicklung.

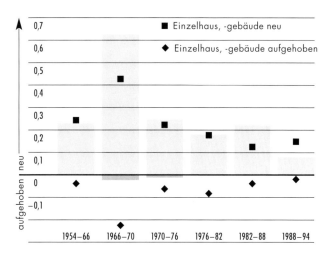

Abb. 5
Veränderung der Waldfläche
1954–1994. Ha pro km²
und Jahr.

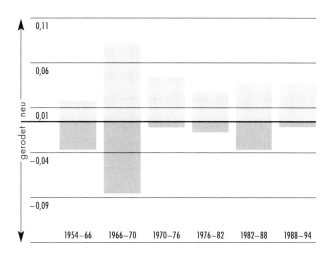

Abb. 6
Veränderung der Abbauflächen (Kiesgruben)
1954–1994. Ha pro km²
und Jahr.

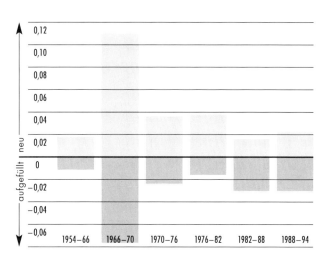

mit einem entsprechenden Flächenverbrauch. Die Erschliessung von Feld und Wald hat ebenfalls deutlich zugenommen. Die damit ermöglichte Zugänglichkeit des Raumes lässt kaum mehr Ruhegebiete für wildlebende Tiere oder auch für ruhesuchende Menschen übrig.

Zusammenfassung: Der Landschaftswandel im betrachteten Zeitraum von 39 Jahren zwischen 1954 und 1994 ist im Limmattal sehr tiefgreifend gewesen. Insgesamt ist es zu einer Verknappung von offenen Flächen gekommen, die zum grossen Teil von intensiver Landwirtschaft oder Kiesgruben belegt sind. Das Ausmass der belegten oder zugänglichen Flächen ist heute derart gross, dass neue, griffige Konzepte zur Freihaltung der Reste noch einigermassen naturnaher Kulturlandschaft, das heisst wenig nachhaltig veränderter Landschaftsräume dringend erforderlich werden.

Die weitere Auswertung und Verwendung der Ergebnisse in der Nationalfonds-Studie

Die zuvor dargestellten Ergebnisse werden als ein Teil der Grundlagen im Rahmen der Nationalfonds-Studie «Landschaftswandel und Biodiversität» ausführlich interpretiert. Auf ihnen aufbauend werden Szenarien für die Entwicklung von Landschaften mit unterschiedlicher naturräumlicher Ausstattung formuliert. Ziel ist es, zu Aussagen zu kommen, die helfen sollen, den Entwicklungsprozess zugunsten einer vielfältigen Landschaft und damit der Sicherung der Biodiversität zu steuern.

Die Studie soll verdeutlichen, dass Landschaftswandel die Biodiversität entscheidend beeinflusst. Begründet ist dies auf unseren Erfahrungen über den Umgang der Gesellschaft mit Landschaft, über dessen Hintergründe und Beeinflussbarkeit. Sie stammen aus der direkten Mitwirkung an Prozessen der Landschaftsveränderung. Sie lehren uns auch, Biodiversität weit zu fassen. Wir schliessen daher in den Forschungsgegenstand Biodiversität die Vielfalt von Aktionen, Einflüssen, Prozessen und auch Zufällen ein, die von Menschen, Mitlebewesen und der unbelebten Natur ausgehen und unter anderem zu einer Differenzierung oder Nivellierung von Standortqualitäten führen.

Landschaft muss endlich begriffen werden als Trägerin aller Systeme und Prozesse. Sie bestimmt die Standorteigenschaften: Standortqualitäten sind entscheidend für Biodiversität. Standortveränderungen beeinflussen Biodiversität. Standorte werden je nach Nutzungsfähigkeit durch Interessen und Handlungsfähigkeit der Gesellschaft bestimmt. Standortqualitäten und ihre Veränderbarkeit bestimmen die Wertschätzung und die Handlungsspielräume der Interessenvertreter, Investoren und Nutzer.

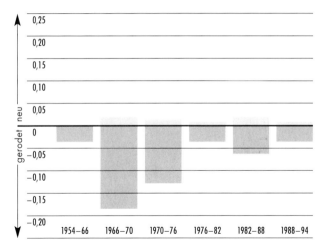

Abb. 7
Veränderung der Hochstamm-Obstflächen 1954–1994.
Flächen: ha pro km² und Jahr.

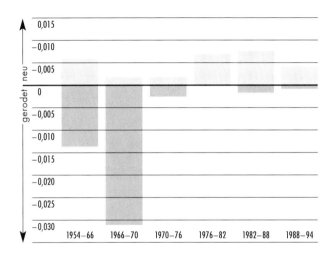

Abb. 8
Veränderung der Rebflächen 1954–1994. Flächen: ha pro km² und Jahr.

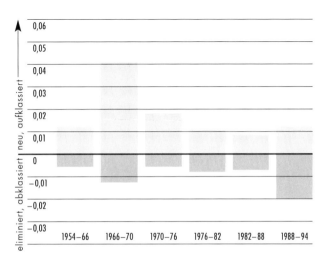

Abb. 9
Veränderung der Strassen und Wege 1954–1994.
Linienelemente: km pro km² und Jahr.

Quellen und Literatur

– Bundesamt für Raumplanung und Bundesamt für Umwelt, Wald und Landschaft BUWAL (Hg.): Landschaft unter Druck, Fortschreibung. Zahlen und Zusammenhänge über Veränderungen in der Landschaft Schweiz, Beobachtungsperiode 1978–1989. Bern 1994.

– Ewald, Klaus C.: Der Landschaftswandel. Zur Veränderung schweizerischer Kulturlandschaften im 20. Jahrhundert. Birmensdorf 1978 (Eidgenössische Anstalt für das forstliche Versuchswesen, Bericht Nr. 191).

– Koeppel, Hans-Dietmar et al.: Landschaft unter Druck. Zahlen und Zusammenhänge über Veränderungen in der Landschaft Schweiz. Bundesamt für Raumplanung und Bundesamt für Umwelt, Wald und Landschaft (Hg.), Bern 1991.

– Konold, Werner (Hg.): Naturlandschaft – Kulturlandschaft. Die Veränderung der Landschaften nach der Nutzbarmachung durch den Menschen. Landsberg 1996.

– Roth, Ueli: Chance Baden Nord 2005. Von der Stadtzerstörung zum Stadtumbau. In: Badener Neujahrsblätter 68 (1993) 25–39.

– Rudolf, Max: Die Gegend von Birmenstorf auf alten Landkarten und Dorfplänen. Birmenstorf 1995 (Berichte zur Heimatkunde 4).

– Straumann, Lukas: Limmattal im Wandel. Revue Schweiz, Heft 2, 1998.

Schloss Stein – eine Ruinenlandschaft

Beat Stöckli

«Wir wollen endlich diesen denkwürdigen Punkt näher ins Auge fassen.» David Hess, kenntnisreicher Badenfahrer und routinierter Fussgänger, macht sich auf den Weg. «Im Tal und von allen umliegenden Höhen sehen wir fast immer den Schlossberg vor uns stehen, auf dessen Kalksteinschichten die Trümmer der alten Burg ruhen.»

Hess geht schnell. Auf der St. Niklausstiege, zwischen Buschwerk und Gestein, verlieren wir ihn aus den Augen. Die Kalksteinschichten hier sind wirklich markant. Steil, mit einer Neigung von fast 40 Grad, fallen sie gegen Süden ein. In den abweisenden Felsplatten sind Spalten kaum vorhanden, Absätze nur wenige. Hier ist das Reich der Felspflanzen, des prächtigen Berg-Lauchs und seiner farbenfrohen, sonnenliebenden Begleiter:

Berg-Lauch	Gamander-Ehrenpreis
Aufrechter Ziest	Nickendes Leimkraut
Edel-Gamander	Turm-Gänsekresse
Frühlings-Fingerkraut	Weisser Mauerpfeffer

Auf der Kante des Grates hingegen und erst recht auf seiner Nordseite ist die Situation ganz anders. Weil hier die Schichten treppenförmig aufgebrochen und die Schichtfugen der Witterung voll ausgesetzt sind, bieten sich den Pflanzenwurzeln deutlich günstigere Bedingungen an. Insbesondere im Sommer ist in den Felsen noch so viel Feuchtigkeit verfügbar, dass sich ein artenreiches Strauchwerk halten kann. Wo der Wurzelraum doch zu knapp wird, reicht es immer noch für angepasste Gräser und Stauden. Gelb leuchtet das Wald-Habichtskraut, blau und violettblau die drei Glockenblumenarten mit ihren so unterschiedlich geformten Blättern.

Nesselblättrige Glockenblume	Berberitze
Pfirsichblättrige Glockenblume	Gemeiner Kreuzdorn
Rundblättrige Glockenblume	Schlehdorn
Schafschwingel	Stachelbeere
Wald-Habichtskraut	Wilder Apfelbaum

Der Schlossberg gehört zum Pflanzenreich der Lägern. Seine Pflanzengemeinschaften sind aber nur ein Abglanz jener erstaunlichen Fülle, die Fabian Egloff beschreibt (siehe Seiten 23–36). Ein Grundstock an typischen Arten des Läderngrates – Berg-Lauch, Gamander-Ehrenpreis, Aufrechter Ziest – kommt auch auf dem Stein vor; der Artenreichtum jedoch und die Highlights fehlen. Das mag an der geringen Ausdehnung der offenen Felsstandorte und ihrer niederen Meereshöhe liegen, bestimmt auch an der seit der Riss-Eiszeit isolierten Lage des Schlossbergs. Ebenso folgenreich waren aber die verschiedenen Etappen seiner Nutzung: der Bau der ersten Burg, die Erweiterung zur Festung, die Schleifung von 1712 und der lange Dornröschenschlaf als Ruine.

David Hess stieg wohl öfters auf den Schlossberg. Da sass er dann irgendwo auf den Überresten der südlichen Bastion: «Lebhaft erwachte unter diesen Trümmern der Vergangenheit in meiner aufgeregten Einbildungskraft die Erinnerung an alle Fehden, die hier stattgefunden.» Damit sich das lesende Publikum ein Bild machen konnte, rückte er in die Erstausgabe seiner «Badenfahrt» zwei Kupferstiche ein, die das alte Schloss kurz vor und dann nach der Zerstörung zeigen.

Was Hess mittels zweier Sequenzen als traurige Geschichte der Burg vorführt, lässt sich als Vegetationsgeschichte des Burgareals lesen. Auf der Suche nach früheren Standorten, wo sonnenliebende Lägernpflanzen hätten wachsen können, erkennen wir, dass auf der Südseite fast alle natürlichen Felsaufschlüsse von Festungsbauten belegt waren. Mit Ausnahme der Felsplatten am Fuss der Stadtmauer gab es also kaum mehr geeignete Stellen zum Wachsen, es sei denn, Felspflanzen hätten auf die Kronen der Rebmauern ausweichen können. Neuen Platz sowie ganz neue Standorte schufen erst die Badener Bürger, die nach der Kapitulation von 1712 das stolze Schloss schleifen mussten. Nachdem alle guten Mauersteine und die Balken abtransportiert waren, blieben oben Mauerstümpfe, Abraum und Mörtelschutt zurück. Wo vorher Gebäude standen, lagen wieder blanke Felsen. «Das Moos der Jahre begann die Trümmer des Steins von Baden zu bekleiden.» Doch war es nur Moos, was David Hess sah?

Im Jahr 1862 erschien im Bulletin der französischen botanischen Gesellschaft eine Arbeit, die den Pflanzen alter Schlösser im Elsass und in den Vogesen gewidmet war. Gut hundert Jahre später, der Artenschwund ist voll im Gange, titelt eine

Ruine Stein um 1830. Die verwaldete Bastion vor der St. Niklauskapelle ist ausgelichtet, der Weg seitlich mit Ziersträuchern bepflanzt. Über die neu erstellte Treppe lässt sich nun bequem zur höchsten Stelle der Ruine aufsteigen (Johann Baptist Isenring, Historisches Museum Baden).

Das alte Schloss Baden.
L'ancien château de Bade.

einschlägige Publikation bereits mit dem programmatischen Satz: «Burgruinen bereichern die Flora». In den letzten Jahren wurden 30 weitere Burgstellen floristisch untersucht; sie liegen zur Hälfte im Harzgebiet, zur anderen Hälfte längs einer Linie, die sich quer durch Europa zieht. Es bestätigte sich, dass Burgruinen in den meisten Fällen eine spezifische Flora besitzen und die Vegetation ihres Umfeldes nachhaltig verändern. Ihre nährstoffreichen Halden von Mauerschutt und Mörtelresten, lateinisch *rúdera*, standen ja auch der heute fast etwas trendigen «Ruderalflur» Pate. Weil viele verlassene Burgstellen sich über Jahrhunderte fast ungestört entwickeln konnten, sind sie als Referenzobjekte für Arealkunde und Sukzessionsstudien von wissenschaftlichem Interesse.

Sie haben sogar praktischen Nutzen. Wen Warzen plagen, steige einfach von der Altstadt zum Stein hoch. Schon vor der Kapelle wächst das Heilkraut: Chelidonium, das Schöllkraut, eine Art aus der Familie der Mohngewächse, dessen unverwechselbarer orangeroter Saft seit jeher in der Volksapotheke genutzt wird. Die Pflanze ist ein klassischer Siedlungsbegleiter; auf sämtlichen untersuchten Burgen in Europa ist sie anzutreffen. Dass am Stein, nicht allzu weit von den Hausgärten, auch Flieder blüht und Immergrün, verwundert auf den ersten Blick kaum. Doch das Vorkommen hat Methode. Verwilderter Flieder wird in gewissen Regionen Deutschlands gehäuft auf alten Umfassungsmauern von Burgen und Städten gefunden. Und die dichten Teppiche des Immergrün fallen nicht nur hier auf, sondern auch bei den Ruinen Schenkenberg (Thalheim) und Urgiz (Densbüren), die weit weg von den Dörfern mitten im Wald liegen. Es scheint eine Gruppe von Pflanzen zu geben, die Burgstellen geradezu charakterisieren. Eibe, Stachelbeere und Efeu, alle auch am Stein, gehören dazu.

Der Stein hat also Verwandtschaft. Nicht von gleicher Abstammung, aber doch in Statur und Habitus verblüffend ähnlich: Schenkenberg und Urgiz bezüglich Pflanzenkleid, Aarburg und Bellinzona bezüglich Lage. Sie stehen quer in der Landschaft; quer zum Fluss, quer zur Strasse, quer zur Bahn, alle drei durchtunnelt: Aarburgs Festung, Badens Stein und Bellinzonas Castelgrande. Ihre Bergrücken folgen so genau den Breitengraden, dass sich ihre Flanken in Südseite und Nordseite, in Vorne und Hinten scheiden.

Die Hinterseite des Steins beginnt bereits beim Martinsberg. Von dort bis zum Schlossberg schwingt sich, über Bureguet, St. Ursus und Schlossrain, eine mehr oder weniger geneigte grüne Flanke, auf der sich Wald und Wiesen den Raum teilen. Beim Bureguet, wo sich die Flanke zurücklehnt, ist genügend Platz für beide; wo sie sich hingegen aufrichtet, reicht er nur für jeweils eines: Am Schlossrain noch steile Wiesen, unter dem Schloss felsiger Wald, beim Stadttor schliesslich bare, schattige Felswand. Durch einen Tunnel, und sei es nur das Stadttor, muss durch,

Ruine Stein um 1873, flankiert von der St. Niklauskapelle rechts und vom Rosenreben-Häuschen neben dem Halsgraben links. Schon damals wuchsen Efeuspaliere an den südlichen Bastionsmauern (Scherer/Füllemann 1979, 136).

wer auf die Vorderseite will. Sie empfängt unspektakulär. Doch schon beim Hochsteigen fallen die Strukturen hinter den Altstadthäusern auf, terrassierte Gärten, mit Bruchsteinmauern gestützt, Felsplatten mit eingehauenen Trittstufen, Schlehdorngestrüpp, Frühlings-Fingerkraut. Das geübte Auge liest aus Pflanzen und Pflanzengesellschaften, die Alltagserfahrung verlässt sich auf die Kulturlandschaft. Offensichtlich gab es am Schlossberg früher Reben: gibt es einen eindeutigeren Hinweis auf die Lage eines Ortes? Hier ist des Schlossbergs Vorderseite.

Die grössten Rebberge auf Badener Gebiet lagen zwar anderswo. Alte Photos zeigen am Schlossberg dennoch beeindruckende Rebflächen, die sich in drei Lagen unterteilten: die Burghaldenreben westlich des Schlossbergwegs, vom Belvédère den ganzen Hang hinunter; die Rosenreben östlich davon, eine kleinere Fläche, durch die Hügelkuppe, den ehemaligen Halsgraben und den alten Hauptzugang zum Schloss begrenzt; schliesslich dann die dritte Lage, die Schlossbergreben, auf dem Hang unterhalb des Schlosses bis hinter die Altstadt. Da die westliche Hälfte dieses Rebbergs lange Zeit nur zwei Familien gehörte, die östliche, die steilere hingegen vielen Kleinbesitzern aus den Häusern der Altstadt, hatten sich deutlich unterschiedliche Strukturen herausgebildet. Auch bei geänderter Nutzung sind sie noch heute zu erkennen: Geräumige Landschaftsgärten am Schlossbergweg; kleine, verschachtelte und gestufte Hinterhofgärtchen an der Oberen Gasse. Früher Rebparzellen wie Handtücher, oft zusätzlich mit Gemüse bepflanzt, bequem nahe beim Haus. Werkzeug und Bindematerial waren schnell aus dem Keller geholt oder dorthin versorgt. Die hablicheren Besitzer der Schlossberg-, der Rosen- und der Burghaldenreben hingegen wohnten weiter weg. Gute Dienste leisteten da die Rebhäuschen, die es in jeder der drei Reblagen gab. Die beiden in der oberen Burghalde und in den Rosenreben, auf Franz Schmids Ansicht von Baden um 1845 deutlich zu erkennen, sind heute verschwunden; jenes am Schlossbergweg ist noch erhalten, aber längst anders genutzt. Die freundlichen, zweistöckigen Häuschen bargen nicht nur das Arbeitsgerät, sondern ermöglichten auch, als bescheidene «Campagne», vergnügliche Sonntage mit Familie und Freunden.

Auch oben auf dem Stein war Betrieb. Anders als zu David Hess' Zeiten wurde jetzt, Mitte des 19. Jahrhunderts, eifrig spaziert und die gesunde Luft inhaliert, wie es die neu lancierte Terrainkur vorschrieb. Weil für die Herrschaften in ihrer Gesellschaftskleidung Steine als Sitzgelegenheit oder Wege durch Ruinengestrüpp denkbar schlecht geeignet waren, hatte sich der Verschönerungsverein der Sache angenommen. Zwischen 1825 und 1830 liess er das Ruinengelände aufräumen und zu einer «hübschen Anlage» gestalten. «Innerhalb seiner alten Ringmauern finden sich artige Pflanzungen und bequeme Ruhepunkte, welche eine reizende Aussicht darbieten», vermerkt Gabriel Rüesch in seinem 1842 erschienenen

Das Rebhäuschen in den oberen Burghaldereben unterhalb des Belvédère, 1926 gezeichnet von Hans Buchstätter (Privatbesitz).

Das Gelände der Rosenreben im heutigen Zustand. Links die Einfassungsmauer, im Hintergrund der höchste Punkt der Ruine (Beat Stöckli).

Fremdenführer. Ganz wie es einem Park eigen ist, erlebte das Publikum nicht nur die artigen Pflanzungen als Arrangement, sondern auch die reizende Aussicht, als wäre diese gekonnt um die bequemen Ruhepunkte herum drapiert. Welche Szenerie tat sich den Kurgästen erst auf, wenn sie nicht bloss auf einer Bank, auch nicht auf einem bequemen Ruhepunkt, sondern im Schatten eines eleganten achteckigen Pavillons, zum Beispiel auf dem Martinsberg, Platz nehmen konnten: Endlich angekommen, wie daheim. Wie man sitzt, so sieht man. Ganz klar, dass ein Micheli du Crest, der während 16 Jahren zur Aussicht von der Aarburg verurteilt war, etwas anderes vor Augen hatte. In dieser Festung war der aufrührerische Genfer Patriot und Wissenschafter von 1749 bis 1765 inhaftiert. Von seinem Kerker aus gelang es ihm mittels einer genialen Methode, die Ausgangshöhe von Aarburg und darauf aufbauend die Meereshöhen all jener Alpengipfel zu bestimmen, die ihm bis zu seinem Tod oft zum Greifen nah, aber immer unerreichbar fern am südlichen Horizont schimmerten.

Wäre die Festung Stein wie die Aarburg ganz geblieben, hätte sie vielleicht auch als Gefängnis geendet oder als Erziehungsanstalt. Dank der unfreiwilligen Abbrucharbeit der Badener Bürgerschaft wurde der lebensfrohen Stadt ein negatives Image erspart und ein pittoreskes Wahrzeichen geschenkt, das sich nach entsprechenden Gestaltungsarbeiten gut ins Kurangebot des Badeorts integrieren liess. Wie alte Fotos zeigen, wurden um 1830 italienische Säulenpappeln gepflanzt und wahrscheinlich auch Rosskastanien, die sich ihrer Blütenpracht wegen grosser Beliebtheit erfreuten. Gegen die Jahrhundertwende hatten die Pappeln ihr Alter erreicht; die hübsche Anlage mit Rabatten wandelte sich zu einem kleinen Platz mit Schattenbäumen. Für die Kanzel neben der St. Niklauskapelle wählte man eine Scheinakazie, einen Baum mit transparenter Krone, starkem Duft und so keimfähigen Samen, dass die aufgelaufenen jungen Bäume, heute Robinien genannt, inzwischen auf dem ganzen Südhang vorkommen.

Auf meinem Schlossberg, ein «grosser Stein, der die Gletscher überlebt hat», will ich solchen Dschungel garantiert nicht, sagte sich der Architekt Aurelio Galfetti, der das alte Castelgrande auf seinem Felsen mitten in Bellinzona neu zu gestalten hatte. Er definierte das ganze Gelände als Park. Wer sich ihm von Norden, von der Rückseite her nähert, trifft auf tektonische Wucht: Roher, nackter Fels, der hart aus der Piazza del Sole aufsteigt. Mit Axt und Schaufel wurde er sämtlicher Vegetation «entkleidet». Unüberwindbar und abweisend zwar, aber dennoch über Textur und Farbe des Gneis mit dem Pflaster, den Mauern und Dächern der Stadt verbunden. Dominiert hier das Material, der Stein, so entfaltet sich auf der Südseite des Burgfelsens die geordnete Struktur, die Landschaft. Gärten und Rebberge ziehen sich von der Altstadt hinauf bis an den Rand der Felskuppe, wo sich, eingefasst von Mauern und restaurierten Gebäuden, eine weite Parkwiese dem Licht und der Bevölkerung Bellinzonas öffnet.

Was will Baden mit seinem Schloss? Den Stein entschieden in die Stadt und ihre Nutzung zurückholen wie Bellinzona oder sich, wie Aarburg, einer unverwüstlichen Festung unterordnen? Ein kurzer Blick hinauf zum Stein könnte dies glauben machen. Dort flattert die rot-weisse Fahne, als wäre der Stein, trotz gravierender Risse im Turm, die feste Burg im Strudel der Zeit. Doch längst hat die wachsende Stadt den handfesten Nutzen ihres Burghügels erkannt: Hoch gelegen, mitten in der Siedlung. 1897 wurde auf dem Schlossberg das erste Reservoir gebaut; es versteckt sich verschämt im Halsgraben, und seine in neugotischem Stil gestaltete Tür tut so, als wäre sie der erhalten gebliebene Kellereingang des geschleiften Schlosses. Als ein weiteres zentrales Wasserreservoir nötig und 1954 unterhalb des Belvédère, im Areal der ehemaligen Burghaldenreben, ausgehoben wurde, war solche Einpassung längst überflüssig. Das alte Rebhäuschen, das gut 100 Jahre dort an prominenter Lage gestanden hatte, musste weichen. Nachdem zuerst der gesamte unten liegende Rebberg, später auch die Schlossbergreben ausgestockt und überbaut waren und in den Rosenreben nur noch Gemüse geerntet wurde, schien sein Abriss fast logisch. Sein Pendant, das Häuschen in den Rosenreben, fiel schon früher. Vom schlanken, mit Schindeln verkleideten und einer Wetterfahne gekrönten Gebäude, vor dem sich noch 1917 die Besitzerfamilie Reisse ablichten liess, finden wir heute nur noch Reste des Fundaments und eine auffällige Plattform. Und wo keine Reben mehr sind, hat auch Bacchus nichts mehr verloren: Die von Hans Trudel geschaffene Plastik – sie hatte lange Zeit auf einer Mauer an der Burghaldenstrasse ausgeharrt – wurde in den Kurpark ins Exil geschickt. Den besten Platz auf dem Schlossberg erhielt dafür eine Fernsehantenne. Was auf den Dächern der Altstadt verpönt war, wurde der Ruine ruhig zugemutet.

Badens Verhältnis zum Schlossberg ist zwiespältig. Castelgrande lädt ein mit festlichen Räumen, Ausstellung und Restaurant; auf den Aarburger Schlossberg gehen die Leute am Sonntag zur Predigt. Vom Badener Stein läutet auch eine Glocke; sie ruft aber nicht zum Gottesdienst – die Kapelle ist praktisch immer geschlossen –, sondern gehört als Sound-Element zur Inszenierung dieser Ruine. Diese Inszenierung begann in der Biedermeierzeit mit den hübschen Anlagen und reizenden Aussichten, erhielt 1894 mit dem Bau von «Schloss Schartenfels» vis-à-vis zusätzlichen Auftrieb und wird heute von den Städtischen Werken mit der gehissten Schweizer Fahne und den hell angestrahlten, nächtlichen Mauern fortgeführt. Es war ja auch diese zur Schau gestellte Wehrhaftigkeit, welche die reformierten Orte bekanntlich dermassen provozierte, dass sie auf diesen Popanz losgingen und dann erstaunt waren, wie schnell er umfiel. Die Burg ist verschwunden; geblieben sind der Burghügel und Badens Wunsch, ihn irgendwie in Szene zu setzen.

Verschiedene Personnagen, verschiedene Szenerien stehen für den Schlossberg zur Auswahl: Die freie Natur, von Stadt umstellt; die kleine Lägern, vom mütterlichen Berg bloss abgeschnitten; das Ruinengelände, wo Mauern zerfallen und Ruderalflur aufwächst; die vergangene Kulturlandschaft, mit Reben, Rebhäuschen und einfachen Vergnügen; die romantische Ruine nach bekanntem Muster oder das Pärkli für die Mittagspause, mit Bänken im Schatten und grossen Abfallkörben. Die Freiraumplanung, vom Verschönerungsverein an die Stadt übergegangen, wird solche Szenerien überprüfen, einzelne belassen oder zurückstufen, andere verdeutlichen und bewusst einander gegenüber stellen. Die restaurierten Mauern, das gerodete Gestrüpp, die aufgelichteten Felsen sind dann Mittel zum Zweck; sie dienen dazu, uns draussen frische Augenweiden, wenig begangene Gedankenspaziergänge und neue Bilderwelten aufzutun.

Bis es soweit ist, schliessen Sie die Augen. In den Rosenreben stehen die Rebstöcke voll im Laub. Es muss heiss sein hinter den hohen Mauern, die den Weinberg umgeben. Noch höher die Mauern der Bastion weiter rechts; bisher waren sie völlig von Gesträuch verdeckt. Neue Reben auch an der St. Niklausstiege, darunter die vertrauten kleinen Gärten und Lauben. Das Muster der Altstadtdächer verschiebt sich nach oben in das wieder sichtbare Muster der Stützmauern und Rebzeilen. Wie abgehoben über allem die Ruine: Wahrhaftig steinig, glatte Felsplatten, Schutt, nachts im Dunkeln. Welch ein Kontrast hingegen der weithin sichtbare neue Pavillon – oder ist's ein Rebhäuschen? – jenseits des Halsgrabens. Er nimmt es mit der Ruine auf, stellt dem alten Gemäuer eine neue Form entgegen. Etwas versteckt, vor ihm die Reben, entspannt sich Trudels Bacchus, endlich zurückgekehrt in sein Element.

Quellen und Literatur

– Rickenbacher, Martin: Das Alpenpanorama von Micheli du Crest. Frucht eines Versuches zur Vermessung der Schweiz im Jahre 1754. In: Cartographica Helvetica, Januar 1995, Heft 11, 21–34.
– Loidl-Reisch, Cordula: Der Hang zur Verwilderung. Die Anziehungskraft der Verwilderung und ihre Bedeutung als Träger illusionistischer Freirauminszenierungen. Wien 1986.
– Galfetti, Aurelio: Der Park des Castelgrande. In: Topos 8 (1994) 118–122.

– Lohmeyer, Wilhelm: Rheinische Höhenburgen als Refugium für nitrophile Pflanzen. In: Natur und Landschaft 50 (1975) 311–318.
– Brandes, Dietmar: Burgruinen als Habitatinseln. Ihre Flora und Vegetation sowie die Bedeutung für Sukzessionsforschung und Naturschutz dargestellt unter besonderer Berücksichtigung der Burgruinen des Harzgebietes. In: Braunschweiger Naturkundliche Schriften 5 (1996) 125–163.
– Siegl, Ankea: Flora und Vegetation mittelalterlicher Burgruinen. In: Kowarik, Ingo; Schmidt, Erika; Sigel, Brigitt: Naturschutz und Denkmal-

pflege. Wege zu einem Dialog im Garten. Zürich 1998 (Veröffentlichungen des Instituts für Denkmalpflege an der ETH Zürich, Bd. 18), 193–202.
– Egloff, Fabian G.: Dauer und Wandel der Lägernflora. In: Vierteljahrsschrift der Naturforschenden Gesellschaft in Zürich 136/4 (1991) 207–270.
– Gesellschaft für Schweizerische Kunstgeschichte: INSA Inventar der neueren Schweizer Architektur 1850–1920. Bd. 1: Aarau, Altdorf, Appenzell, Baden. Zürich 1984.
– Hess, David: Die Badenfahrt. Neudruck Baden 1969, 168.
– Scherer, Walter; Zander, Edi: Badener Album. Alte Photographien. Baden 1976.
– Scherer, Walter; Füllemann, Verena: Baden um die Jahrhundertwende. Baden, Aarau 1979.
– Rüesch, Gabriel: Baden im Kanton Aargau, historisch, topographisch, medizinisch beschrieben. St. Gallen 1842, 106–107.

Herzlichen Dank an Herrn Uli Münzel, der wertvolle Informationen und Bildmaterial zu den Rebhäuschen beisteuerte.

Die Entdeckung der Landschaft um Baden
Ausflugsziele der Badener Kurgäste im 19. Jahrhundert

Uli Münzel

Bis etwa 1800 gingen die alten Badeschriften und Reiseberichte über Baden kaum auf die nähere oder weitere Umgebung Badens ein.

Das Bäderquartier war eine geschlossene Siedlung für sich und nur politisch mit der Altstadt verbunden, und wenn man sich während der Kur von ihr entfernte, so wählte man in erster Linie die von ihr ein Kilometer weit entfernte Altstadt als Ausflugsziel. Diese Doppelsiedlung Baden wurde deshalb in alten Reiseschilderungen immer ganz besonders hervorgehoben. In erster Linie besuchte man die Altstadt wegen der «Baderkomödie» im Schützenhaustheater, nach 1714 auch wegen der reformierten Gottesdienste in der neu erbauten reformierten Kirche. (Die Katholiken hatten ein eigenes Gotteshaus in der Dreikönigskirche im Bäderquartier selbst.) Ein kunsthistorisches Interesse an der Altstadt war kaum vorhanden. Neben der Altstadt fand auch das Kloster Wettingen einiges Interesse, im späten 18. Jahrhundert auch wegen der berühmten Holzbrücke von Hans Ulrich Grubenmann.

Erst am Anfang des 19. Jahrhunderts begann man sich auch für die nähere und später auch für die weitere Umgebung Badens zu interessieren. Pionier war wie auch auf andern Gebieten der vielseitige David Hess mit seiner «Badenfahrt» von 1818. Er war es, der zum ersten Mal auch die Umgebung Badens in seine Betrachtungen über den Kurort miteinbezog. Damit begann eine neue Epoche in der Gestaltung eines Kuraufenthaltes. Kein gedruckter Fremdenführer konnte fortan auf eine kleinere oder ausführlichere Schilderung der Umgebung verzichten, und vielfach wurde diesen Führern auch eine Exkursionskarte beigeheftet.

Eine Geschichte der Spaziergänge und Ausflüge im Kurort Baden müsste erst noch geschrieben werden. Ich beschränke mich hier auf eine Übersicht über die Gepflogenheiten im 19. Jahrhundert, als in erster Linie Kurgäste die Ausflugsziele ins Auge fassten. Im 20. Jahrhundert gesellten sich auch die Einheimischen hinzu. Die Organisation der Wanderwege wurde dann professionell an die Hand genommen.

Neben den Verfassern der Texte und den Kartographen nahmen sich auch die Künstler der Sache an. Die Souvenirs des 19. Jahrhunderts sind vor allem durch die Panoramen und die gruppierten Ansichten gekennzeichnet. Auch kamen neue graphische Verfahren in Anwendung: der Aquatintastich, die Lithographie und die Xylographie. Die letztgenannte eignete sich vor der Erfindung des Zinkklischees besonders für die Wiedergabe von Photographien. Im letzten hier genannten Führer um 1900 wurde bereits ausschliesslich die Photographie verwendet. Die Darlegung der Druckgraphik ist aber nicht Gegenstand der vorliegenden Studie.

Westlich von Baden: vom Stein zum Gebenstorfer Horn

Das Schloss Stein: Man müsste besser sagen: die Ruine des Schlosses Stein. Sie war vollständig überwachsen und bescherte den romantischen Gefühlen des beginnenden 19. Jahrhunderts reiche Nahrung. *Hess* kennt es noch als Wildnis, doch waren bereits zwei Zugänge vorhanden. Schon wenige Jahre später wird es von *J. B. Isenring* um 1830 als gepflegte Anlage mit Treppen, Geländer und Fusswegen bei seiner gruppierten Ansicht abgebildet. *Rüesch* wünscht sich «eine Sommerwirtschaft an dieser klassischen Stätte, denn sie würde nicht wenig beitragen, ihren Genuss zu erhöhen». Dieser Wunsch ist nie in Erfüllung gegangen. In der Folge wird in allen Führern das Schloss Stein nie ausser acht gelassen.

Das Bauerngut: Es wurde nach dem Besitzer auch Baldingergut genannt. Es befand sich – und befindet sich immer noch – am Rank der Martinsbergstrasse und der Wiesenstrasse. *Hess* schreibt, dass Baldinger eine «Allee von Fruchtbäumen mit Ruhebänken» für die Kurgäste angelegt hat. Man konnte auch eine Molkenkur machen. Das Bauerngut wird auch noch bei *Rüesch* und bei *Minnich* erwähnt, nachher aber verschwindet es aus dem Verzeichnis der Ausflugsziele.

Die Einsiedelei und der Kappelerhof: Hess widmet der «Einsiedeley» ein eigenes Kapitel und schildert die hinter der Kapelle Maria Wil gelegenen Hütte, wo man in der daneben angelegten Laube eine kleine Erfrischung einnehmen konnte. Aber schon zu seiner Zeit war kein Waldbruder mehr vorhanden. *Rüesch* meldet sie als «zerfallene romantische Anlage». *Minnich* kennt sie nicht mehr.

Das Belvedere: Es wird erstmals bei *Diebold* erwähnt: «Eine erst vor vier Jahren (1857) neu gegründete Sommerwirthschaft – Belvédère – über und ganz in der Nähe dieser klassischen Stätte (Schloss Stein) im Berner Oberländerstyle gebaut, zu der man durch eine jüngst neu angelegte Strasse (Rütistrasse) zu Fuss und zu Wagen bequem gelangen kann, gewährt eine weit gedehntere Aussicht als auf dem etwas niederen Schlossberge und ist vorzugsweise bestimmt nebst dem Hochgenusse, den die schöne Natur hier verschafft, des steigenden Wanderers lechzenden Gaumen zu durchfeuchten.» *Fricker I* schildert das Belvedere wie folgt: «Hinter dem Schlosse liegt die hübsche Wirthschaft zum ‹Belvédère›, in der man nach einem Spaziergange sich gerne bei einem Glase Wein oder Bier wieder erfrischt. Sie pflegt besonders an Sonn- und Feiertagen von Einheimischen und Fremden stark besucht zu sein; auf den geschlossenen oder offenen Altanen oder im Freien ergötzen sie sich bei Café und Strübeli. Wer Lust hat, macht eine Kegelpartie, und die Kinder vergnügen sich auf der Schauckel».

Der Österliwald: Er wird erstmals bei *Hess,* ohne dass er diesen Namen nennt, erwähnt. «ein hoher lichter Buchenwald, in welchem man auf einige schöne breite Alleen stösst, wo noch Spuren von Kegelbahnen und Lustplätzen anzutreffen sind, auf welchen die Schuljugend von Baden fröhliche Feste feierte, mit Wurst, Kuchen und Wein bewirtet ward, und silberne Denkmünzen als Prämie für ihren Fleiss erhielt, welche Übung leider wie so manches andere Volksfest seit der Revolution eingegangen ist.» *Minnich, Diebold* und *Fricker I* und andere erwähnen Ruheplätze mit Bänken.

Der Martinsberg: Wiederum ist *Hess* der erste, der ihn und seine Aussicht schildert. Er bezeichnet ihn auch als «Schäfli- oder Wylerberg». *Rüesch* schreibt, «dass hier vor wenig Jahren eine geschmackvolle Rondelle gesetzt wurde», also wohl etwa 1840. Wahrscheinlich handelte es sich um einen kleinen runden Platz, denn *Diebold* schreibt: «In dieser Höhe wurde vor einigen Jahren (1857) ein mit Ruhebänken versehener Pavillon gebaut», also das jetzt noch beliebte «Martinsbergchänzeli».

Die Baldegg: Fast bei jedem Ausflugsziel kann man feststellen, dass *Hess* zuerst darauf aufmerksam gemacht hat. *Stoffelberg* war die erste Bezeichnung von Münzlishausen; *Hess* kennt beide Namen. *Balketbühl* oder *Auf dem Buck* hiess die Stelle, wo die Baldegg steht. Er bewundert die Aussicht: «Von den östlichen Appenzeller- und Toggenburgergebirgen zur Linken schweift der Blick ... über die ganze Alpenkette fort bis rechts, wo man südwestlich an dem äussersten Ende derselben die fernen Spitzen der Diablerets entdeckt.» *Rüesch* ist der nächste Augenzeuge: «Hier liegt auf einer Bergwiese ein neues (1837 erbautes) einsames Wirtshaus, das Gelegenheit zu Erfrischungen darbietet. Man findet daselbst einen artigen Garten, ein Caroussell, Schaukel und Kegelbahn. Was aber dem Ort besonders Zuspruch verschafft, ist die ausserordentliche Fernsicht auf dem Aussichtsturm.» Er nennt die Stelle bereits Baldegg; es scheint, dass der Name mit der Erbauung des Gasthauses aufgekommen ist. Sie wird auf einem kleinen Stich in der gruppierten Ansicht von *Siegfried/Pupikofer* dargestellt, wohl um etwa 1845. Etwa zur gleichen Zeit schuf *David Alois Schmid* das grosse Rundpanorama in Aquatintatechnik von 180 cm Länge und 19,5 cm Höhe (mit Papierrand). Später wurden noch mehrmals kleinere Panoramen gezeichnet. (Um 1920 malte Hans

Buchstätter ein grosses, mehrere Meter langes Panorama, das leider verschollen ist.) Selbstverständlich findet die Baldegg in allen späteren Führern die gebührende Aufmerksamkeit mit entsprechenden Abbildungen auch der Aussicht.

Der Petersberg und der Schwabenberg: Trotz der schönen Aussicht in den westlich liegenden Jura und auf die Habsburg werden diese beiden Punkte in den Fremdenführern kaum erwähnt, es sei denn kurz mit der Bittersalzquelle (Birmo) unterhalb des Petersberges.

Das Gebenstorfer Horn: Minnich kennt zwar die Gegend, wo Aare, Reuss und Limmat zusammenströmen, aber er besuchte sie nur in der Ebene. Die Aussicht vom darüber liegenden Gebenstorfer Horn aus scheint ihm entgangen zu sein. Zum ersten Mal kommt *Fricker I* auf diesen Aussichtspunkt zu sprechen. Er schreibt: «Die (Ex-)Kaiserin Eugénie von Frankreich rief entzückt, als sie im Sommer 1873 das Horn besuchte: Das ist der zweitschönste Punkt, den ich in meinem Leben gesehen habe.» In der Tat ist die Aussicht auf das «Wasserschloss» der Schweiz ausserordentlich.

Die Anzfluh und die Fluhmatt: Von diesen beiden Punkten aus hat man Aussicht ins Siggenthal. Die Anzfluh ist eine Nagelfluh-, die Fluhmatt ein Kalksteinfelsen (zur Jurafalte Geissberg-Martinsberg gehörend). Der *Eibenwald* am Anzfluhweg wird von der Forstabteilung der ETHZ betreut und ist in seiner Art einzigartig.

Südlich von Baden: durch den Teufelskeller über den Egelsee zum Hasenberg

Der Kreuzliberg: Wenn *Hess* nicht wäre, so wäre der Kreuzliberg sicher erst viel später ins Gesichtsfeld gekommen. Er rühmt die schöne Aussicht auf die Stadt und ins Limmattal. *Rüesch* weiss folgendes zu berichten: Am Fuss des Kreuzlibergs «wird man eine, vom Verschönerungsverein angelegte, Wellentreppe gewahr, welche zu steilen mit Ruheplätzen besetzten Waldwegen führt, über die man auf die freie Höhe des Berges gelangt». Um 1845 schufen *Siegfried/Pupikofer* eine gruppierte Ansicht von Baden, die auch ein Panorama vom Kreuzliberg aus aufweist. Der Aussichtspunkt ist von einem Geländer begrenzt; biedermeierliche Damen und Herren betrachten die schöne Aussicht auf die Stadt und das Wettingerfeld. *Diebold* schreibt: «Oben steht ein hölzerner Pavillon.» (Ich selbst habe in den 1920er Jahren den aus Birkenstämmen errichteten Pavillon gesehen.)

Zürieich: Auf gleicher Höhe wie der Kreuzliberg, in südlicher Richtung, kam man an den Aussichtspunkt Zürieich, so genannt, weil er von Eichen umgeben war mit Aussicht nach Zürich. *Diebold:* «In südlicher Richtung des Bergrückens führt ein schattiger Waldweg auf eine freie mit Ruhesitz, Geländer und Eichen umgebene Stelle». *Fricker I:* «Jetzt ist nur noch eine Bank von eichernen Laden auf zwei steinernen Pfosten vorhanden.» *Vögtlin* erwähnt eine Waldhütte (die ich auch noch gesehen habe).

Der Teufelskeller: Er war entschieden eines der attraktivsten Ausflugziele. Die aus einem prähistorischen Bergrutsch stammenden, wild zerstreuten grossen und kleinen zum Teil übereinander gelagerten «Nagelfluhfelsen» bieten ein romantisches Ensemble, das natürlich dem romantischen Gemüt von *Hess* besonders zusagte, so dass er ausführlich darüber berichtet. Eine Abbildung in seiner «Badenfahrt» betrifft die sogenannte «Teufelskanzel»; die Umgebung ist noch sehr wenig bewaldet. *Minnich* weiss mehr: «Die Damenkarawanen zu Esel und die Felsen erklimmenden Gefahren wagenden Kurgäste bilden einen seltsamen Kontrast zu der Wildnis, in welcher man sich in Amerikas menschenleere Waldungen versetzt glaubt.» *Fricker II* bietet eine xylographierte Ansicht des andern hohen Felsens, den man später «Zuckerstock» nannte. Damals aber hiess er «Hohe Promenade», «deren Rücken man vom Tobel aus auf mehr als hundert Stufen erreicht. Man schwebt hier auf einem schwindelnd einsamen, schmalen Grate, über den ringsumgebenden Wald weit erhaben.» Ein Geländer schützte vor dem Absturz, und eine Stange mit einer Fahne krönte den Aussichtspunkt. Für die Rückkehr empfielt *Rüesch* die Westseite nach Dättwil, «wo an der Strasse ein anständiges Wirtshaus gebaut wurde *(Täfern,* ca. 1840), das ohne Zweifel von den Kurgästen auch öfteren Zuspruch erhalten wird», während *Minnich* den Abstieg auf der Ostseite bevorzugt: «Das zunächst liegende Landgut heisst *Liebenfels;* es bietet Ruhe und Erquikung mit Milch dem müden Wanderer aus dem Teufelskeller.»

Der Heitersberg: Dem ganzen Höhenzug zwischen dem uralten Pilgerpass «Baregg» (mit der Meinrad-Herzog-Hütte) und dem Mutschellenpass nennt man Heitersberg. Hier finden sich verschiedene Ausflugpunkte. Da ist zunächst einmal der *Rüsler,* den *Fricker I* als «Rüsslerhof» kennt, mit einem Gasthaus. Er liegt oberhalb Neuenhof auf der Seite des Limmattals. Ihm folgt der langgestreckte *Sennenberg,* der noch heute eine Jungviehweide beherbergt. Hier befand sich einst ein Sommerhaus des Klosters Wettingen, dessen barock bemaltes Getäfer sich im Historischen Museum Baden befindet. Auf den Sennenberg folgt der kleine Weiler *Heitersberg,* ebenfalls nach *Fricker I* mit einem «einfachen reinlichen Bergwirtehaus». Beim Weitergehen auf der langen Krete sieht *Fricker I* den «düstern» *Egelsee,* der aber doch ein Idyll inmitten des Waldes bildet, bekannt duch Sage und Gedicht. Den wundervollen Aussichtspunkt *Hasenberg* kennt Fricker nicht, obwohl schon 1834 *J. Caspar Koller* ein lithographiertes Panorama von 190 cm Länge und 12 cm Höhe (mit Papierrand) geschaffen hat. Die Rückkehr nach Baden auf der Seite des Reusstals wird nirgends beschrieben, obwohl es dort so wundervolle Aussichten vom *Sennhof* und vom Waldrand des *Rohrdorferberges* gibt.

Die Baldegg. Aquatinta, gezeichnet von Pupikofer, gestochen von Siegfried, um 1840.

Hohe Promenade (später Zuckerstock genannt) im Teufelskeller. Xylographie von L. Weber in Bartholomäus Fricker: Baden in der Schweiz. Zürich 1880.

Nördlich von Baden: an der Goldwand und am Siggenberg

Rieden, Müsegg, Goldwand: Wie bei den andern Himmelsrichtungen steht auch hier *Hess* am Anfang: «Wenn man von der untern Matte den ... schmalen Fussweg längs der Limmat hingeht so weit er führt, so kann man sich nach dem Dörfchen *Rieden* hinüberschiffen lassen, das, an der Siggenthaler Strasse in Bäumen versteckt, sich an den Hertenstein anlehnt. Dort klebt ein strohbedecktes Hüttchen an einem Fels (= *Müsegg,* der westlichste und unterste Teil des Geissberges) das in malerischer Hinsicht nicht übergangen werden darf. Dieser kleine Spaziergang ist sehr empfehlenswert.» *J. B. Isenring* hat ein Bildchen seiner gruppierten Ansicht von Baden um 1830 diesem Flussübergang und dem jetzt noch stehenden Fischerhaus gewidmet. Das Gasthaus *Goldwand* wird erstmals bei *Rüesch* erwähnt: «Wandert man von den Kleinen Bädern auf der Strasse ins Siggenthal, so kommt man bald zu einer neu (also wohl um 1840) errichteten angenehmen Wirtschaft.» *Fricker I* kennt sie ebenfalls: «In der Pintenwirtschaft ‹Peter Karli›, hundert Schritte unterhalb der Oederlin'schen Metallfabrik, findet man immer zu seiner Erfrischung ein gutes, reelles Glas Badener oder Siggenthaler.»

Russenschanze und Hertenstein: Hess und *Rüesch* kennen nur die reizende Aussicht vom *Hertenstein* aus. *Minnich* hingegen erwähnt bereits die Russenschanze, den Felsen oberhalb der Fabrik Oederlin, «wo die Russen unter Suwarow ein verschanztes Lager hatten». Erst *Fricker I* erwähnt wieder die Russenschanze und oberhalb das «ärmlich aussehnde Dörfchen Hertenstein», wo das heutige Gasthaus *Jägerhaus* noch nicht vorhanden war. Auch das Gasthaus *Hertenstein* stand noch nicht. Es wurde wohl um 1895 errichtet und mehrmals umgebaut. Es wurde bald zu einem beliebten Ausflugsziel mit einer jetzt von Bäumen behinderten Aussicht auf den Talkessel von Baden.

Der Geissberg: Er ist eine Lägern en miniature; ein leicht begehbarer Grat erstreckt sich ins Höhtal. Er wird eigentlich erst bei *Vögtlin* erwähnt: «Dem Martinsberg gegenüber steht ein anderer Wächter des Tales auf der Hut, die Geissfluh.» Er kennt bereits das *Geissbergchänzeli* mit dem «Pavillon, vor dem die Fluh jäh abstürzt». Der Pavillon wurde vermutlich um 1897 erbaut, ging dann wieder ein, worauf später eine Eisenkonstruktion errichtet wurde. Auch diese verrostete mit der Zeit, so dass 1994 ein solides neues Chänzeli an seine Stelle trat. Die wirklich einzigartige Aussicht wurde auch für das Titelblatt des «Badener Fremdenblattes» gemalt.

Die Hochebene zwischen Dorf Hertenstein und Würenlingen, Siggenthal und Surbtal: Von ihr nehmen die Fremdenführer kaum Notiz, obwohl die ausgedehnten Wälder wundervoll sind und mehrere Aussichtspunkte der Mühe wert wären. Nur *Fricker I* erwähnt die *«Ebene* mit einer lohnenden Fernsicht nach Süden und

Westen». Um ein Gasthaus zu erreichen, muss man schon bis zum *Steinenbühl* wandern. Lohnend ist die Aussicht von der *Ifluh* (Eibenfluh) oberhalb der Station Siggenthal ins Aaretal. Schliesslich kommt man zum *Mühlibuck* oberhalb Würenlingen. (Erst die modernen Wanderbücher gehen auf diese Hochebene ein.)

Östlich von Baden: die furchteinflössende Lägern

Der Scharten: Der Felskopf Scharten war viel mächtiger, denn 1899 rutschte infolge Steinbrucharbeiten ein Teil der Schichten ab. Vor der Erbauung des Schlosses Schartenfels war er ein Ausflugsziel, von dem aus mehrere Panoramen gezeichnet wurden. *Hess* weiss, dass «auf der südwestlichen Senkung des Lägernberges, dem Schlossberg gegenüber, sonst eine Hochwacht *(Signal)* stand, die aber seit der Revolution in Trümmern liegt». *Fricker I und II* widmet dem Scharten ein dreiseitiges Kapitel «Zum Signal auf der Lägern», in welchem er die Aussicht auf Baden ausführlich beschreibt.

Das Schloss Schartenfels: Etwas weiter oben als das Signal wurde 1881 das Schloss Schartenfels erbaut. Zuerst war es ein einfacher Kubus mit einem Turm, später wurde es wesentlich erweitert. Der grosse Turm aber musste infolge unsicheren Untergrundes später wieder abgetragen werden. Das Schloss war von Anfang an infolge des Restaurationsbetriebes und der schönen Aussicht ein beliebtes Ausflugsziel. Merkwürdigerweise widmet *Vögtlin* ihm keine Abbildung, obwohl es bereits auf vielen Postkarten ein beliebtes Sujet war.

Das Fährlileh und der Sulzberg: Das *Fährlileh* liegt am schönen Höhenweg oberhalb der Wettinger Rebberge. Vögtlin schreibt darüber: «Ausserhalb des Talkessels liegen das Fährlilehn (Lehen des Klosters Fahr) mit einfacher Wirtschaft (1891–1940), 10 Minuten von der Wettinger Kirche an sonniger Rebhalde, ihm gegenüber auf dem *Sulzberg* eine kleine Wallfahrtskapelle, zu der am Hügel die Leidensstationen des Herrn den Weg weisen.»

Die Lägern: Die Literatur über die Lägern ist so reichhaltig, dass sie den Stoff für ein ganzes Buch liefern könnte. Wir müssen uns aber auf die Nennung einiger Aussichtspunkte beschränken. Früher galt sie als unzugänglich. Auch *Hess* ist von der Furcht vor diesem Berg eingenommen: «Man behauptet, es habe vor Alters ein, nirgends unterbrochener Fusspfad über den ganzen Rücken des Lägernberges bis an die Regensberger Hochwacht geführt; das kann aber, seit wenigstens hundert Jahren, nicht mehr der Fall sein, indem der eigentliche, zum Teil ganz kahle Grat an mehreren Orten, und zwar immer eine bedeutende Strecke weit, so scharf und an den Seitenwänden, besonders gegen Nordwesten, so schroff wird, dass nur der kühnste, jeder Anwandlung von Schwindel trotzende Gemsjäger das Wagstück unternehmen dürfte, sich über solche Stellen rittlings fortzuschieben.» War es ihm unbekannt, dass schon im «Helvetischen Kalender 1797», Seite 47–56, *Franz Xaver Bronner* eine «Kleine Reise über den Lägernberg von Baden nach Regensberg im Sommer 1794» beschrieben hat?

Rüesch geht gar nicht, *Minnich* nur kurz, *Diebold* nur auf die Aussicht von der Hochwacht ein. Um so mehr weiss *Fricker I* in einem fünf Seiten umfassenden Kapitel «Aufs Burghorn, Hochwacht» zu erzählen. Er rühmt besonders die Aussicht: «Der grossartigste Aussichtspunkt neben der Baldegg ist das Burghorn, der höchste Punkt der Lägern, mit einem ringsum freien, weiten Panorama, 862 m über Meer, 290 m höher als seine Nebenbuhlerin, die Baldegg.» Fricker scheint das 1868 von *Rudolf Ringger* als Stahlstich gearbeitete Panorama von 130 cm Länge und 12,5 cm Höhe (mit Papierrand) nicht gekannt zu haben. Das Gasthaus auf der Hochwacht wurde 1895 erbaut und später erweitert.

Die Dörfer rings um Baden

Auch sie waren beliebte Ausflugsziele, wenn auch nicht im gleichen Masse wie die Aussichtspunkte. Sie hatten den Vorteil, dass sie in der Ebene lagen und nicht erstiegen werden mussten. Ausserdem wiesen sie bekannte Wirtschaften auf. Nachfolgend werden die Dörfer im Uhrzeigersinn, beginnend im Süden von Baden, aufgeführt, ohne die Autoren der gedruckten Fremdenführer zu erwähnen.

Neuenhof (Posthorn: «Eine nette und reinliche Wirtschaft mit einheimischen und fremden Weinen, Café und Strübli») – *Fislisbach* (Linde) – *Rohrdorf* (Löwen) – *Birmenstorf* (Adler und Bären; zu nennen sind noch die gotischen Fresken im Chor der alten Kirche, ebenfalls die Bittersalzquelle «Birmo») – *Gebenstorf* – *Turgi* – *Untersiggingen* (Löwen) – *Obersiggingen* (Bären) – *Kirchdorf* (Hirschen) – *Nussbaumen* (Sternen, in diesem kehrte gerne Jacob Burckhardt bei seinen Spaziergängen ein) – *Freienwil* (Weisser Wind) – die «Judendörfer» *Lengnau* und *Endingen* (mit den beiden Synagogen und dem dazwischenliegenden einzigartigen israelitischen Waldfriedhof) – *Ehrendingen* (mit den oberhalb am Nordhang der Lägern gelegenen geologisch berühmten Gipsgruben) – *Wettingen Dorf* («Gute Wettingerweine in der Pintenwirtschaft Egloff und im Gasthaus Sonne») – *Wettingen-Kloster* (Sternen, natürlich auch das Kloster) – *Würenlos* (Rössli, ferner die schon in der Römerzeit benützen Muschelsandsteinbrüche).

Weiter entfernte Ziele mussten mit der Postkutsche oder der Eisenbahn erreicht werden. Ebenfalls im Uhrzeigersinn im Süden beginnend: Mellingen, Bremgarten, Lenzburg, Kestenberg (mit den Schlössern Brunegg und Wildegg), Wülpelsberg (mit Schloss Habsburg), Eitenberg, Brugg, Windisch (Amphitheater, Kloster Königsfelden), Stilli, Villigen, Villiger Geissberg (Ruine Besserstein), Schneisingen (mit den Alpenrosen im Bowald), Regensberg, Altberg, Fahr.

Baden als Terrainkurort

Der Arzt *Moritz Wagner* veröffentlichte 1884 seine Studie «Baden in der Schweiz als Terrainkurort», nicht um den Kurgästen die Ausflugsziele beliebt zu machen, sondern um sie durch genau ausgedachte und beschriebene Spaziergänge und Wanderungen mit entsprechenden Steigerungen körperlich zu kräftigen. Je mehr man diese Abhandlung studiert, um so mehr wächst die Hochachtung vor dieser grossen wissenschaftlichen Leistung und der Kenntnis der näheren und weiteren Umgebung Badens. Wagners Leistung kann nicht hoch genug eingeschätzt werden (ausführliche Würdigung im nachstehenden Artikel von Hansjörg Frank).

Literaturnachweis

– Hess, David: Die Badenfahrt. 586 Seiten, 26 Abbildungen (Kupferstiche, Radierungen), 1 kleine Exkursionskarte, 1 Bäderplan. Orell, Füssli & Cie., Zürich 1818.

– Mousson, Albert: Geologische Skizze der Umgebung von Baden im Canton Aargau. 122 Seiten, 4 Falttafeln, 1 Karte (Lithographien). Orell, Füssli & Cie., Zürich 1840.

– Rüesch, Gabriel, Dr. med.: Baden im Kanton Aargau, historisch, topographisch, medizinisch beschrieben. 112 Seiten. Scheitlin & Zollikofer, St. Gallen 1842.

Minnich, Johann Alois, Dr. med.: Baden in der Schweiz und seine warmen Heilquellen in medizinischer, naturhistorischer und geschichtlicher Hinsicht. 316 Seiten, 6 Abbildungen, 1 Karte (Lithographien). Höhr & Langbein, Baden und Zürich 1844. 2. Aufl., 256 Seiten, keine Abbildungen.

– Johannes Zehnder, Baden 1871. Auch französisch.

– Diebold, Carl, Dr. med.: Baden in der Schweiz. 235 Seiten. Gustav Lücke, Winterthur 1861.

– Stutz, Ulrich: Über die Lägern. Neujahrsblatt der Naturforschenden Gesellschaft Zürich. 38 Seiten, 2 Falttafeln, 1 Karte (Lithographien). Zürich 1864.

– Fricker, Bartholomäus (I): Fremdenführer für die Stadt und Bäder zu Baden in der Schweiz. 110 Seiten, 10 Abbildungen, 1 Karte (Lithographien). Johannes Zehnder, Baden 1875.

– Fricker, Bartholomäus (II): Baden in der Schweiz. 40 Seiten, 26 Abbildungen (Xylographien), 1 Karte. In der Serie Europäische Wanderbilder. Orell, Füssli & Cie., Zürich 1880.

– Fricker, Bartholomäus (III) (vermutlich): Führer durch Baden in der Schweiz. 14 Seiten, 1 Karte. In der Serie der Woerls Reisehandbücher. Würzburg und Wien, ca. 1890.

– Vögtlin, Adolf: Der Thermalkurort Baden (Schweiz) und seine Umgebung. 64 Seiten, 27 Abbildungen (Photographien), 1 Karte. A. Trüb & Cie, Aarau ca. 1900. 2. Aufl., 68 Seiten, 27 Abbildungen, 1 Karte. Ca. 1910.

– Wagner, Moritz, Dr. med.: Baden in der Schweiz als Terrainkurort. 40 Seiten, 4 Falttafeln, 1 Karte. Josef Jäger, Baden 1886.

Ein erlesener Ausblick ...

Hansjörg Frank

«Der Fuss wird in leicht gebeugter Haltung mit der ganzen Fläche der Fusssohle aufgesetzt, bei fortschreitender Bewegung weder im Knieegelenk vollständig gestreckt, noch im Fussgelenk stärker als in der Steigung des Weges entspricht, gebeugt, hierauf wieder mit der gleichen Beugung mit ganzer Sohle, ohne jede Benutzung der Fussgelenke, erhoben und niedergesetzt.»[1]

Eine Tanzanleitung? Choreographen haben einen internationalen und eigenständigen Code zur Beschreibung von Bewegungen entwickelt. Der Effekt der Umsetzung der obigen Anleitung ist jedoch ein viel zu banaler, die Form der Anleitung viel zu kompliziert, als dass sie für die Beschreibung eines Tanzes taugen würde. Vielleicht ein Jane-Fonda-Zitat! Ein hilfloser Versuch eines Textes, der Dynamik menschlicher Bewegung zu folgen.

Die Bewegungen einer Gliederpuppe kann heute synthetisiert und digitalisiert werden, würde als Computeranimation in einem Film eingesetzt. Die Puppe ginge computergestützt durch eine virtuelle Landschaft. Scheinbar ohne Anstrengung spürt sie auf dem Bildschirm nichts von dem, was ein Mensch bei fortschreitender Bewegung empfindet. Allerdings fasziniert uns die Puppe vor allem dann, wenn sie uns besonders ähnlich, eine möglichst perfekte Kopie unserer selbst ist. Auch hierbei würde das Wort in Konkurrenz zum Bild verlieren.

Wer dennoch in Momenten des Unbeobachtetseins die holprig beschriebene Bewegung selber ausführt, wird feststellen, dass er bergauf geht. Hinauf, hinauf, es strebe der Mensch nach Höherem. Die Beugung des Kniegelenkes passt sich der Steigung des Weges an. Allein, es bedarf der Kraft, um der nicht spürbaren, aber ständig vorhandenen Gravitation nicht zu erliegen. Das Blut und die Atmung geraten in Erregung. Es pocht in den Schläfen. Kein Lohn wird einem für diese Anstrengung in Aussicht gestellt, es sei denn die Genugtuung, dass das eigene Gehen mit der Theorie übereinstimmt: «Auf jeden Schritt hat ein Act der Respiration, auf den einen eine Einathmung, auf den andern eine Ausathmung zu treffen und beide müssen gleichmässig begrenzt werden. Es darf weder die Ein- und Ausathmung über den Schritt, auf den sie fällt, hinaus ausgedehnt, noch früher beendet werden, als bis dieser ausgeführt ist.»[2] Glück gehabt, der eigene Körper ist noch in der Lage, dem Imperativ des Textes zu genügen. Bleibt die Hoffnung, dass die Respiration auch ohne Begleitung des Grosshirns richtig funktioniert! Am Ende finden wir uns auf dem Berg, dem Zauberberg, dem Steinhof, dem Rosenberg … Gefragt nach dem Warum der ganzen Anstrengung, welche uns in einen Zustand zwischen Wachen und Träumen versetzt, fühlen wir uns wie in Ludwig Hohls «Bergfahrt» bestenfalls dem Gefängnis entronnen.

Professor Oertel hat in seiner Schrift «Über Terrain-Kurorte» (1886) die Theorie aufgestellt, dass Herz-Kreislauf- und Lungenkranke, aber auch Patienten, die an Rheumatismus oder Fettsucht leiden, durch dosierte aber fordernde Bewegung in geeignetem Gelände therapiert werden können. Diese Theorie wurde vom damaligen Badener Kurarzt Dr. Moritz Wagner aufgegriffen und auf die Badener Verhältnisse übertragen. Luftdruck, Durchschnittstemperatur, Luftfeuchtigkeit, vor allem die Beschaffenheit des Geländes und die Verfügbarkeit des erforderlichen Wegnetzes waren wichtige Voraussetzungen für einen Terrain-Kurort. All diese Voraussetzungen sah Wagner in Baden gegeben. Die Badegäste konnten sehr rasch vom Bäderquartier ins eigentliche Therapiegebiet gelangen. Die Lägern, das Höhtal, Hertenstein, Geiss- und Martinsberg, der Kreuzliberg mit dem Teufelskeller boten nebst den landschaftlichen Reizen ideale Voraussetzungen für das mechanische Heilmittel des Bergsteigens: «So günstige Bedingungen werden überaus selten angetroffen, mancherorts muss der Kranke ¼ – ¾ Stunden auf ebenen oder sanft ansteigenden Wegen zurücklegen, bis das eigentliche Steigen beginnen kann, und dann sind die Kräfte oft schon aufgebraucht.»[3] Die umgebenden Gebirgszüge und Taleinschnitte wurden von Wagner in acht «Excursionsgebiete» eingeteilt. Die landschaftlich abwechslungsreichen Wegstrecken, die reiche Vegetation, welche es nicht an «O» (Sauerstoff) fehlen lässt, der Zustand der Wege schienen Baden zum idealen Terrain-Kurort werden zu lassen. Die Wege in den beschriebenen Excursionsgebieten waren markiert. Allerdings fehlten Distanzangaben zum Ziel der Wanderung, wie wir diese gewohnt sind. Vielmehr wurden Markierungen in Abhängigkeit zur Topographie angebracht: jede nächste Markierung sollte vom Bergsteiger innerhalb einer Viertelstunde erreicht werden. War das Gelände flach, lagen die Markierungen weiter auseinander. War das Gelände steil und somit die Wanderung anstrengender, lagen die Markierungen distanzmässig näher beieinander. Obwohl diese vorhanden waren, riet der Arzt den Patienten vor zu häufiger Benutzung der Ruhebänke ab. Man solle sich besser im Stehen ausruhen. Nur nach der Ersteigung grösserer Höhen und Berge sollte den Berggängern ein Ruhe- und Aussichtspunkt vergönnt sein. Im Zuge des Ausbaus Badens als Therapiekurort wurden bei den Aussichtspunkten rund um Baden Ruheorte, ja sogar kleine Pavillons, Chänzelis eingerichtet. Nebst demjenigen auf dem Martinsberg findet sich auch ein kürzlich wieder neu aufgebauter Pavillon auf dem Geissberg.[4] Ein anderer Aussichtspunkt befand sich auf dem Kreuzliberg und bei der sogenannten «Russenschanze» oberhalb der Fabrik Oederlin, ein Name der auf ein Lager der Russen von 1799 zurückgehen soll. Die Restaurants Schartenfels, Baldegg und Belvédère sind ebenfalls Teil dieses Ausbaus Badens zum «Höhenkurort».

Die im 19. Jahrhundert sich ausbreitende Turnerbewegung, der Tourismus in den Alpen und der Zuwachs medizinischer Kenntnisse führten einerseits zu einem Wandel bisheriger Therapien in den etablierten Kurorten, liessen andererseits gerade in mittelländischen Kurorten wie Baden eine Konkurrenzsituation zum Therapieangebot in den alpinen Kurorten entstehen. Es war deshalb wirtschaftlich von Nöten, nebst dem herkömmlichen Badebetrieb ein alternatives Kurangebot anzubieten und zu etablieren. Therapien wurden nun offensichtlich nicht mehr nur in der Intimität von Krankensälen und Kuranstalten betrieben, sondern wurden mit dem Bergsteigen in die freie Natur verlegt. Für wie bedrohlich man die Natur jedoch noch hielt, zeigen die minutiösen Kleiderempfehlungen von Oertel und Wagner: «Ich empfehle besonders die wollenen Tricothemden (sogen. Jäger-Hemden), welche den Schweiss leicht absorbiren und verdunsten lassen, ohne dass es zu einer schädlichen Abkühlung der meist stark congestionirten Haut kommt […]. Oertel empfiehlt als Stoff für Mäntel den ‹Erlinger Loden›; sowohl in Bezug auf Schnitt, wie auf Stoff scheinen mir die Mäntel, welche seit einiger Zeit einzelne Touristen und Gemsjäger tragen, den hygienischen Anforderungen zu entsprechen.» Bei der Besteigung des Martinsberges sind die Wanderer wohl kaum auf dürftig gekleidete Bettler getroffen, welche – wollte man dem Ziel der Wanderung Rechnung tragen – es nötig gemacht hätten, den teuren Lodenmantel aus christlicher Barmherzigkeit entzwei zu schneiden. Die Bergsteigerei bot den Kurgästen die Möglichkeit, ihre Freizeitgarderobe zu zeigen. Dem lokalen Bekleidungsgewerbe dürfte die neue Kundschaft willkommen gewesen sein, auch wenn es nicht einfach gewesen sein dürfte, mit den Erlinger Loden zu konkurrieren.

Die Attraktivität des Terrain-Kurangebotes hing auch von der Ausgestaltung der Ruheorte ab. Hatte man als Wanderer einen solchen erreicht, konnte man einerseits die Aussicht geniessen, andererseits seinem Stolz über die überwundenen Höhenmeter Ausdruck geben und gegenseitig den Erfolg der Kur erwägen.

Ein oktogonaler gedeckter und beinahe japanisch anmutender Pavillon, der wahrscheinlich auch noch einen Tisch in der Mitte hatte, wurde hierfür auf dem Martinsberg gebaut. Auf einer Stufe auf der vom Martinsberg hochführenden

Treppe findet sich die Jahreszahl 1897. Es ist aber anzunehmen, dass das Chänzeli älter ist, da bereits eine Reisebeschreibung aus dem Jahre 1842 von einer vor mehreren Jahren erbauten «geschmackvollen Rondelle»[6] berichtet. Von diesem Aussichtspunkt hat man einen schönen Blick Richtung Süden in Limmattal, auf die Lägern, das Höhtal und die Stadt Baden. Wie ein Horst liegt das Chänzeli auf einer steil abbrechenden Felsnase unter der sich damals das noch weitgehend unbebaute Gebiet des heutigen Baden Nord befand. Die Bruggerstrasse, der Friedhof, die Bahnlinie und der Bahnhof Baden waren zu sehen. Das Bergsteigen steht im eigentümlichen Kontrast zu der durch die Eisenbahn neu gewonnenen Mobilität. Die BBC hatte auf dem Feld unterhalb des Martinsbergs die ersten Fabrikbauten errichtet und beschäftigte 1895 bereits 400 Leute. Im Südosten, hinter der Stadt Baden, das damals weitgehend unbebaute Wettinger Feld. Je nach Witterung sind die Gipfel der Alpen zu sehen.

Trotz der spartanischen Auflagen Prof. Oertels wurde für die Patienten mit dem Chänzeli ein Begegnungsort geschaffen, welcher seiner Form nach dem Täfeli im Bäderquartier sehr nahe kam. Die Geselligkeit und der rege Austausch von Nachrichten und Gerüchten galt offenbar auch in der Vertikal-Kur als wichtig. Die Konkurrenz mit den alpinen Kurorten erzwang wohl auch die Schaffung von Ruheorten, deren Aussicht dem Betrachter einen grossen Eindruck machen und die einem Alpenpanorama ebenbürtig sein sollte. Wagners Beschreibung der Excursionsrouten verspricht denn auch solch starke Eindrücke. Die Wege dahin scheinen aber durch einen gefährlichen Dschungel zu führen, ihre Begehung gemahnt an Entdeckungsreisen: «Weg IId tritt schon vor dem Schützenstand dicht hinter Belvédère von den beiden erstgenannten Strassen dieses Excursionsgebietes ab, steigt direct, sich nach rechts wendend, zum Oesterliwald, um durch denselben die vorspringende Felskuppe des Martinsberges zu erreichen, von wo er auf einem kürzeren (Osten) und einem längeren (Westen) Zickzackwege die Strasse Ia erreicht.»[7]

Kurgäste dürften am Ziel ihrer Wanderung ein ähnliches Gefühl von Erhabenheit empfunden haben wie in den Alpen. Die Welt lag einem zu Füssen. Auf diesen war man ihr auf römisch und arabisch bezeichneten Wegen entronnen, hatte sie in einem schweisstreibenden Aufstieg unter sich gelassen. Gefühle der Erhabenheit waren im Zeitalter der Nationalstaaten gefragt. Da die Schweiz ein solcher nie war, bedurfte es anderer Formen der Ausbildung nationaler Identität als im Ausland. 1891 wurde der 1. August als Nationalfeiertag erstmals begangen. Stätten wie die Rütliwiese, die Tellsplatte oder die Schlachtenkapellen bei Morgarten und Sempach wurden Orte nationalen Gedenkens. Möglicherweise vermittelte das Chänzeli auf dem Martinsberg ähnlich patriotische Gefühle. Zu bestaunen war hier vielleicht weniger eine Wiege der Freiheit als das Gefühl, den im Tal sich abzeichnenden Fortschritt von Eisenbahn und Industrie im Griff zu haben. Schliesslich hatte man auf ärztlichen Rat den Aufstieg unternommen, um danach körperlich und geistig für die Erfordernisse der Moderne gerüstet zu sein.

Der Erfolg des ganzen Unternehmens konnte allenfalls in Frage gestellt werden, wenn man seine Gedanken auf dem Gipfel allzu weit schweifen liess oder – wie dies ein anderer Berggänger tat – ein Buch dabei hatte. Dieser las nämlich auf dem Gipfel eines Berges in seinem mitgetragenen Buch folgende Zeilen: «Und es gehen die Menschen, bestaunen die Gipfel der Berge und die ungeheuren Fluten des Meeres und die weit dahinfliessenden Ströme und den Umkreis des Ozeans und die Bahnen der Sterne, vergessen sich aber selbst darob.»[8] Der Wanderer schloss das Buch, hatte wahrhaftig genug vom Berg gesehen, wandte den Blick vom Äusseren auf sein Inneres und sprach von dieser Stunde an kein Wort mehr, bis er unten ankam.

Anmerkungen

[1] Wagner, Moritz: Baden in der Schweiz als Terrainkurort. Baden 1886, 29.
[2] Ebenda.
[3] Ebenda, 7.
[4] Vgl. dazu: Wildi, Fredi; Steigmeier, Andreas: Das Chänzeli auf dem Geissberg. Neujahrsblatt 1995 der Gemeinde Ennetbaden.
[5] Wagner, Terrainkurort, 31.
[6] Ebenda.
[7] Ebenda, 34.
[8] Francesco Petrarca hatte am 26. April 1336 den Mont Ventoux bestiegen und auf dem Gipfel obige Zeilen aus den Confessiones des Heiligen Augustinus gelesen. Francesco Petrarca, Brief an Francesco Diongi in Paris. Le Familiari, IV, 1, hg. von Vitorio Rossi, Bd. I, 1933, 153ff. Aus dem Lateinischen nach der Übersetzung bei Hans Nachod und Paul Stern, Briefe des Francesco Petrarca, 1931, 40ff.

Exotische Gehölze in Badener Gärten

Jörg Villiger

Einleitung

«Exotische Gehölze» ist eigentlich kein geeigneter Begriff, er ist lediglich weit verbreitet und wird deshalb auch hier verwendet. «Exotisch» heisst nach Duden «fremdländisch, überseeisch». Es handelt sich also eher um einen politischen Begriff, weil fremdländisch «ausserhalb der Grenzen des eigenen Landes» bedeutet. Für Pflanzen ist das kein gültiges Kriterium. Pflanzengesellschaften richten sich nicht nach Landesgrenzen, sondern nach Umweltfaktoren wie Licht, Temperatur, Bodenbeschaffenheit etc. Richtiger wäre es, von «Gastgehölzarten» zu sprechen. Die Fachliteratur unterscheidet folgende Begriffe: «Standortfremde Baumart»: Baumart, die von Natur aus nicht auf dem Standort wächst. «Standortheimische Baumart»: Baumart, die von Natur aus auf einem Standort vorkommt. «Standorttaugliche Baumart»: Standortheimische bzw. standortfremde Baumart, die bis zu einem gewissen Bestockungsanteil auf einem Standort gedeiht, ohne diesen zu schädigen. «Gastbaumart»: Standortfremde, aber standorttaugliche Baumart.

In Anlehnung an diese Definitionen können wir bei den nachstehend beschriebenen Gehölzen von Gastgehölzarten sprechen und damit bekräftigen, dass diese Gehölze zwar nicht standortheimisch sind, aber hier, aufgrund der erreichten üppigen Ausmasse, durchaus als standorttauglich bezeichnet werden können.

Die Einfuhr von Gastgehölzarten aus dem Ausland nahm mit der Kolonialisierung ihren Anfang und setzte sich während der Industrialisierung fort. Viele ferne Länder wurden neu bereist und erobert, und der Handel begann zu blühen. Mancher Reisende lernte neuartige Gebräuche und Lebensweisen, aber auch neue Pflanzen kennen und schätzen. Aufs Alter hin lag der Wunsch nahe, bei der Rückkehr als reicher Mann ins Heimatland Erinnerungsstücke mitzunehmen. Über jene Zeit liegen uns reiche Zeugnisse vor. Bücher berichten ausgedehnt über die Erlebnisse solcher Auswanderer und Abenteurer. Mit den heimgebrachten Schätzen entstanden Museen sowie zoologische und botanische Gärten. Kenntnisse über fremde Kulturen, über Pflanzen und Tiere wurden Teil des Allgemeinwissens und konnten jederzeit in botanischen und zoologischen Gärten besichtigt und nachgeprüft werden.

In der anschliessenden Zeit der Industrialisierung wurden grosse Villen mit entsprechenden Gartenanlagen sichtbare Zeichen des Erfolgs. Mehrere Badener Geschlechter kamen in dieser Zeit zu Rang und Namen, und ihre Behausungen legen noch heute Zeugnis ab von Reichtum und grandioser Lebensweise. Leider sind auch verschiedene dieser Anlagen wieder verschwunden und neueren Bauten gewichen.

Da die meisten der Villen privat sind und nicht öffentlich zugänglich, schlage ich einen Rundgang durch die Strassen Badens vor. Die erwähnten Gehölze sind von der Strasse aus zu erkennen. Interessant ist, dass dieser Beitrag nicht der erste botanische Rundgang in Baden ist. Bereits in den allerersten Neujahrsblättern von 1925 und 1926 haben Jean Frei und Paul Haberbosch solche Aufzeichnungen gemacht. Wo wir Pflanzen treffen, die damals schon erwähnt wurden, werde ich speziell darauf hinweisen. Der Rundgang umfasst nur einen kleinen Teil der Stadt und nennt nur auffällige Exemplare und jeweils einen Standort derselben Gehölzart. Von verschiedenen Bäumen und Sträuchern gibt es andere grandiose Exemplare entlang derselben Route, die hier nicht erwähnt sind. Beim Rundgang kann der im Buchhandel erhältliche Stadtplan im Massstab 1:5000 von 1992 gute Dienste leisten, weil die einzelnen Häuser mit Nummern versehen sind.

Die gewöhnlichen deutschen Pflanzennamen können sich von Region zu Region für ganz verschiedene Pflanzen wiederholen. Sie sind deshalb für Beschreibungen ungeeignet. Die botanische Systematik, wie sie der Schwede Carl von Linnée (1707–1778) begründete, ist hingegen eindeutig und weltweit gesichert. Deshalb sind in Klammern die botanischen Namen erwähnt. Anhand der Systematik lässt sich eine Pflanze vom groben ins feine Merkmal verfolgen und bestimmen, über Familie, Gattung und Art.

Rundgang
Für den Rundgang fahren wir mit dem Bus Nr. 3 oder 7 zum Kantonsspital. Von dort führt der Weg über den Segelhof durch den Wald ins Meierhofquartier, ins Kreuzlibergquartier und hinauf zur Allmend bis zur Bushaltestelle Belvédère.

Am Spitaleingang vorbei gehen wir in den sogenannten Südgarten. Dieser wurde vom Künstler Albert Siegenthaler mitgestaltet. Siegenthaler hat auch den Skulpturengarten kreiert und damit den Lebenslauf symbolisiert: vom Geburtsbrunnen über den Bach, vorbei an der Sonnenuhr und der Rosenkapelle, bis zum Niedergang über die Schalen und zum Verschwinden des Baches im Boden, das heisst zum Tod. An der Rosenkapelle, dem ersten der Kunstwerke, sehen wir mit den Rosen auch Glyzinien (Wisteria sinensis) hinaufwachsen. Wie der botanische Artname andeutet, stammt diese im Mai blau blühende Schlingpflanze ursprünglich aus China. Die Stämme dieser Pflanzen weisen bereits eine beachtliche Dicke auf. Wer die Pflanze an der Hauswand verwenden will, muss für Schlinghilfen sorgen. Einfach den Dachablauf dafür zu verwenden kann sich am Ende als falsch erweisen, denn mit zunehmendem Dickenwachstum entwickelt die Pflanze eine immense Zug- und Würgkraft.

Gehen wir nun über den Bach Richtung Wald, so kommen wir um den zentralen Hügel herum. Nach der Sonnenuhr begegnen wir zuerst zwei grossen Kobushi-Magnolien (Magnolia kobus), die ursprünglich aus Japan stammen. Diese Magnolienart ist eng verwandt mit den bei uns häufiger vorkommenden Sternmagnolien. Die Blüten sind ein klein wenig grösser, genauso reinweiss und erscheinen ebenfalls im April vor den Blättern. So heben sie sich vom dunklen Waldhintergrund ab. Bevor die Blüten erscheinen, sehen wir die Knospen, die seidig behaart sind. Das Holz der Zweige soll, wenn aufgeschnitten, nach Eucalyptus duften! Die Gattung Magnolie hat keine Verwandten in Europa, sie kommt aus Nord- und Zentralamerika und von der asiatischen Ostküste.

Ein paar Schritte weiter, dem Hügel entlang auf der Waldseite, finden wir zwei Sitzplätzchen. Das erste ist eingerahmt von drei Blumeneschen (Fraxinus ornus) und von Ahorn. Die Blumeneschen sind mit unseren einheimischen Eschen zwar nah verwandt, unterscheiden sich aber durch einen kleineren Wuchs, braune statt schwarze Knospen und, wie der Name sagt, durch die wunderschönen, breiten, weissen und duftenden Blütenrispen im Mai.

Gehen wir von hier um das Spital herum, gelangen wir zwischen den Werkbauten hindurch, vorbei am grossen Nussbaum, von hinten auf den Friedhofhügel. Dort treffen wir drei grosse Nadelhölzer, zwei Scheinzypressen und einen Lebensbaum. Es ist die eine Scheinzypresse, die uns hier besonders interessiert, und zwar jene, die man vom Dorf her am besten sieht. Es handelt sich um eine Hängende Nootka-Scheinzypresse (Chamaecyparis nootkatensis ‹Pendula›). Dieser Baum ist nicht mehr ganz vital, und doch hat er bis jetzt allen Stürmen getrotzt. Die Scheinzypressenarten stammen alle aus den Küstenregionen des westlichen Nordamerikas und des östlichen Asiens. Ein so grosses Exemplar wie dieses hier dürfte weiterum einzigartig sein und ist mit dem typischen unregelmässigen Wuchs und den schlaff herabhängenden Zweigen eine auffällige Landmarke auf dem Friedhofhügel. Diese Art zeichnet sich weiter aus durch grüne Schuppen ohne weisse Linien und Flecken. Bisweilen könnte man Scheinzypressen mit Wacholdern verwechseln, die ausser der Nadelform ebenfalls Schuppen aufweisen. Regelmässig gehören die Nadeln zur Jugend- und die Schuppen zur Altersform dieses

Baumes. Von weitem aber lassen sich Scheinzypresse und Wacholder dadurch unterscheiden, dass Scheinzypressen einen geneigten, leicht überhängenden Wipfel haben.

Von hier wenden wir uns über die Autobahn dem Segelhof zu und wandern durch das Segelhofquartier hinauf zum Waldrand. Dort nehmen wir den Weg rechts Richtung Kehl, und unterhalb des Altersheims gehen wir die Strasse «Im Kehl» hinauf und am Ende durch das kleine Waldstückchen hinunter in die Obere Kehlstrasse.

An der Oberen Kehlstrasse 17 finden wir eine besonders schön gewachsene Hemlockstanne (Tsuga canadensis) mit den zweizeilig und regelmässig stehenden Nadeln an den Zweigen. Besonders dekorativ wirkt die Rückseite der Zweige, weil jede der Nadeln über zwei weisse Stomatalinien verfügt.

Etwas weiter vorne, an der Oberen Kehlstrasse 8, gegen den Wald hinauf gesehen, finden wir eine Libanonzeder (Cedrus libani). Es kommen bei uns ausser dieser noch zwei weitere Zedernarten vor: die Atlaszeder und die Himalayazeder, beides ebenfalls sehr stattliche Bäume. Die Libanonzeder aber fällt durch ihren unregelmässigen, weit ausladenden Wuchs mit waagrecht vom Stamm abstehenden Ästen auf. Ein eigenwilliger und charaktervoller Baum, der im Alter immer malerischer wirkt, aber auch seinen Platz erheischt.

Am Anfang der Meierhofstrasse gehen wir über den Bahnübergang und setzen den Rundgang an der Bernerstrasse fort. Bei Nr. 3 finden wir einen Hibalebensbaum (Thujopsis dolobrata). Dies ist ein wunderschöner Vertreter dieser Familie der Zypressengewächse, sowohl was sein allgemeiner Wuchs betrifft als auch die Regelmässigkeit der einzelnen beschuppten Zweige, und hier vor allem die Unterseite mit den weissen Stomatalinien – richtiggehend dekorativ!

Beim Parkplatz oberhalb der Kaufmännischen Berufsschule steht in der Mittelrabatte ein prächtiges, älteres Exemplar der Blasenesche (Koelreuteria paniculata var. apiculata), ursprünglich aus China. Dieser Baum ist einer der wenigen hier vorkommenden Vertreter der sonst tropischen Seifenbaumgewächse. Die Blasenesche kommt bei uns als grosser Strauch vor. Seine prächtigen gelben Blütenrispen werden im Juli/August bis zu 35 cm lang, und ebenso eindrücklich sind die langen, unpaarig gefiederten Blätter.

Am Fuss der Treppe, beim KV-Brunnen, treffen wir entlang dem Böschungsfuss drei schöne Exemplare von Silberahorn (Acer saccharinum). Der Name Silberahorn ist deshalb sehr treffend gewählt, weil die Unterseite der tiefeingeschnittenen Blätter silbrig weiss leuchtet. Dieser Umstand ist wichtig zu merken, denn selbst in Fachkreisen kommt es vor, dass Acer saccharinum fälschlicherweise als Zuckerahorn (Acer sacharum) bezeichnet wird. Der Zuckerahorn hat aber eine

Kobushi-Magnolie (Magnolia kobus), unter anderem beim Kantonsspital. Alle Zeichnungen vom Autor.

Blasenesche (Koelreuteria paniculata), Kaufmännische Berufsschule.

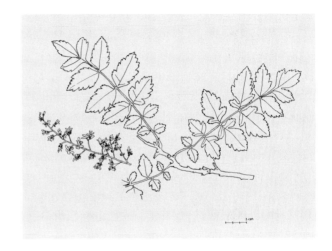

Bitternuss (Carya ovata), Ländliweg 9.

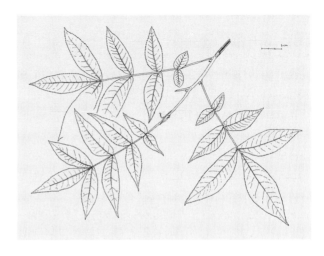

andere Blattform, ist unterseits nicht silbrig und ist meines Wissens als Baum bei uns nördlich der Alpen nicht zu finden.

Nun überqueren wir die SBB-Geleise über die Passerelle. Von der Passerelle geradeaus gesehen, an der Oberstadtstrasse 9, finden wir eine Blaue Atlaszeder (Cedrus atlantica ‹Glauca›), die bereits in den Neujahrsblättern von 1925 erwähnt ist. Dieser markante Baum mit der speziellen, blauen Farbe ist von vielen erhöhten Standpunkten der Stadt aus sichtbar. Der aufstrebende Wuchs ist typisch für die Atlaszeder. Blaue Atlaszedern sind bei uns eigentlich der Normalfall. Auch wenn es bei den übrigen Zedernarten ebenfalls blaue Arten gibt, sind diese bei uns wenig bekannt und kaum anzutreffen.

Drehen wir uns nochmals um, so sehen wir hinter uns an der Stirnseite des Bahnhofgebäudes Oberstadt zwei prächtige Amerikanische Linden (Tilia americana). Diese sind leicht zu erkennen an den für Linden überaus grossen Blättern, welche zudem auf der Blattunterseite keinerlei Behaarung aufweisen.

Vor den zusammengebauten Büro- und Wohnhäusern an der Zürcherstrasse steht eine Reihe von Schnurbäumen (Sophora japonica), die zur Familie der Schmetterlingsblütler gehören und entfernt den Robinien gleichen. Der eigenartige Name stammt daher, dass ihre Hülsenfrüchte perlschnurartig gegliedert sind. Der Baum stammt aus China und Korea. Bei uns wurde er aber auch schon in der Vergangenheit häufig gepflanzt. Er kann bis zu 20 m hoch werden.

Unter der Neuenhoferstrasse hindurch erreichen wir den Ländliweg. Bei Nr. 15 finden wir einen Riesenlebensbaum (Thuja plicata). Dies ist die am höchsten wachsende Thuja-Art. Im Gegensatz zum Abenländischen und Morgenländischen Lebensbaum haben die Schuppen des Riesenlebensbaums auf der Unterseite feine, weisse Stomatalinien. Bei uns kann der Baum bis zu 20 m hoch werden, in seiner Heimat an der Westküste Nordamerikas gar bis zu 60 m hoch. Seine auffällig rotbraune Rinde gab ihm dort den Namen «Western Red Cedar». Dieser Umstand zeigt, wie ungeeignet die Volksnamen für botanische Bezeichnungen sind, denn der Baum ist verwandtschaftlich von den Zedern weit entfernt. Das Holz des Riesenlebensbaums findet wegen seiner Dauerhaftigkeit und gradlinigen Struktur nicht erst heute weite Verwendung. Die Indianer benutzten es für ihre Häuser, Totempfähle und Holzkanus.

Vor dem Eingang zum Haus Ländliweg 9 (ehemals Villa Müller) steht eine Art Nussbaum. Soviel ist wahrscheinlich für jedermann an den unpaarig gefiederten Blättern zu erkennen. Würden wir nun einen Zweig der Länge nach aufschneiden, so würde das für Nussbäume typische gefächerte Mark fehlen. Was ist es nun? Es ist ein amerikanischer Hickorynussbaum, und die auffallend goldgelben Knospen weisen ihn als Bitternuss aus (Carya cordiformis). Die Bitternuss ist die nächste

Verwandte zur in Nordamerika weiter südlich vorkommenden Pekannuss, nur ist die Bitternuss nicht essbar.

Richtung Schulhausplatz, wenn wir beim Treppenabgang des Parkhauses links vor dem Bezirksgebäude entlang zur Neuenhoferstrasse gehen, finden wir unter den Rosskastanien einen Nordamerikanischen Zürgelbaum (Celtis occidentalis). Dies ist in verschiedener Hinsicht ein bemerkenswerter Baum. Er ist bereits in den Neujahrsblättern von 1925 erwähnt und soll dannzumal bereits ein schönes Exemplar gewesen sein. In den letzten ein bis zwei Jahrzehnten hatte man den Eindruck, er leide unter dem intensiven Schatten der Rosskastanien, sein Wuchs war ziemlich schütter. Heute aber macht er wieder einen entschieden besseren Eindruck und wird anscheinend auch von den städtischen Gärtnern wohlwollend beobachtet und betreut. Wer würde vermuten, dass es sich beim Zürgelbaum um einen Vertreter der Ulmengewächse handelt? Wenn man aber die Blätter etwas genauer betrachtet, sieht man bald, dass auch sie den charakteristisch schiefen Blattspreitenansatz am Blattstiel aufweisen und die feingliedrigen Zweige von Knospe zu Knospe eine leichte Zickzackbewegung machen. Die dunkelpurpurnen Steinfrüchte schmecken allerdings nicht.

Weiter Richtung Stadt, am Schulhausplatz vis-à-vis der Trudelfiguren, steht ein Tulpenbaum (Liriodendron tulipifera), der hier im Rahmen der Schulhausplatzsanierung gepflanzt wurde. Dies ist ein nordamerikanischer Baum aus der Familie der Magnoliengewächse. Der Tulpenbaum ist normalerweise ein raschwachsender Baum, weshalb er in Nordamerika den Namen «Yellow Poplar» (Gelbe Pappel) trägt. Verschiedene Merkmale sind speziell und weisen darauf hin, dass der Name «Tulpenbaum» treffend gewählt wurde. Schon die Blätter mit der eingebuchteten Spitze haben grob gesehen die Form einer Tulpe. Und die gelblich-grünen Blüten, die im Mai/Juni erscheinen, haben ebenfalls Tulpenform, genau wie die anschliessend sich bildenden, verholzenden Früchte, die allerdings eher einer geschlossenen Tulpe ähneln. Prächtig ist auch die intensiv goldene Herbstfärbung dieses Baumes.

Nun unterqueren wir die Schulhausplatzkreuzung und steigen, diagonal gegenüber, langsam den Schlossbergweg hinan. Geradeaus, vor der grossen Natursteinmauer zu Nr. 4, begrüsst uns ein Judasbaum (Cercis siliquastrum). Da seine Blätter verhältnismässig spät austreiben, finden wir seine intensiv dunkelrosafarbenen Blüten zuerst. Ein wahres Blütenmeer im Mai. Ein etwas jüngerer Kollege dieses Baumes steht in der Pflanzenrabatte vor der Post am Schulhausplatz. Es ist immer spannend, die zwei Exemplare während ihrer Blütenzeit zu vergleichen. Etwas rätselhaft ist der Name Judasbaum, der nichts mit dem Jesusjünger zu tun hat, sondern mit dem Herkunftsort Judäa. Der Judasbaum gehört in die Familie der Schmetterlingsblütler. Nicht verwechseln sollte man ihn mit dem Judasbaumblatt, oder besser benannt, dem Katsurabaum. Dieser hat genau gleich geformte Blätter, die aber gegenständig am Zweig stehen und nicht wechselständig wie beim Judasbaum. (Ein Katsurabaum steht im Kurpark vor dem ehemaligen Gärtnerhaus.)

Nehmen wir weiter oben den Mannsbergweg und begeben wir uns auf den kleinen Parkplatz der Musikschule Villa Burghalde. Dort stehen insgesamt sechs Rosskastanien. Es handelt sich hier um die Rote Rosskastanie (Aesculus x carnea ‹Briotii›), welche durch ihren kleineren Wuchs besticht, der hier im richtigen Grössenverhältnis zum Pavillon steht. Zur Blütezeit im Mai sind die Bäume mit grossen, roten Blütenrispen übersät. Es lässt sich feststellen, dass zwei der Stämme rauhrissig verschieden sind, während die anderen vier glattrindig sind. Interessant ist der erste Baum Richtung Stadt. Er besteht nämlich zur Hälfte noch aus der gewöhnlichen Rosskastanie (Aesculus hippocastanum) und blüht an diesen Ästen weiss.

Zurück Richtung Mannsbergweg steht, 20 Schritte entfernt, ein Kolchischer Ahorn (Acer cappadocicum). Wie der Name andeutet, stammt der Baum ursprünglich aus dem Kaukasus. Besonders schön sind die spitzgelappten, ganzrandigen Blätter.

An der Umfassungsmauer zur Villa Burghalde, wenige Schritte vom Ahorn, wächst ein Kolchischer Efeu (Hedera colchica). Das Besondere an dieser Pflanze ist, dass die Blätter bedeutend grösser wachsen als bei unserem einheimischen Efeu, aber auch die Blüten und Fruchtstände sind eindeutig grösser.

Weiter geht es die Burghaldenstrasse hinauf, entlang der Rütistrasse bis zur Abzweigung Allmendstrasse. In der kleinen Wiese in der Gabelung steht ein Südlicher Zürgelbaum (Celtis australis). Dieser unterscheidet sich vom Nordamerikanischen Zürgelbaum, den wir beim Bezirksgebäude getroffen haben, durch eine glatte Rinde und die lang zugespitzten Blätter, die unterseits behaart sind. Die Früchte des Südlichen Zürgelbaums sind essbar.

Wir folgen nun der Allmendstrasse bis zum «Chrättli»-Laden und weiter bis zum kleinen Spielplatz rechts der Strasse. Beim Fussgängerstreifen steht ein gedrungener Strassenbaum mit kräftigem Stamm. Wir stehen vor einer Japanischen Blütenkirsche (Prunus serrulata). Die Japanischen Blütenkirschen sind bei uns vor allem ihrer Blütenpracht im April/Mai wegen sehr geschätzt. Die etwa 45 verschiedenen Sorten reichen in den Blütenfarben von grünlich über weiss bis zu tiefrosa.

Entlang der Allmendstrasse sehen wir weitere interessante Gehölze. Unter anderem hat es hier verschiedene Scheinzypressenarten, die aber nur schlecht zu bestimmen sind, da die massgebenden Zweige oft unerreichbar sind. Bei älteren Exemplaren tragen die unteren Äste oft untypische Merkmale, infolge Schatten-

Nordamerikanischer Zürgelbaum (Celtis occidentalis), Schulhausplatz.

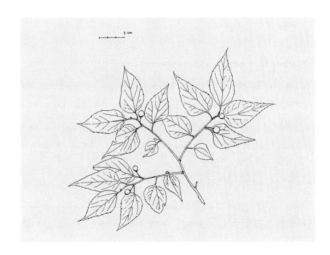

Judasbaum (Cercis siliquastrum), Schlossbergweg 4.

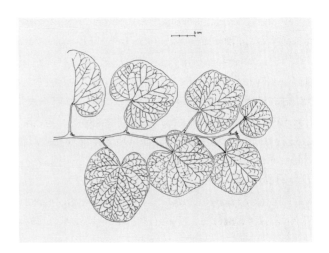

Lavalles Weissdorn (Crataegus x lavallei), Hägelerstrasse 30.

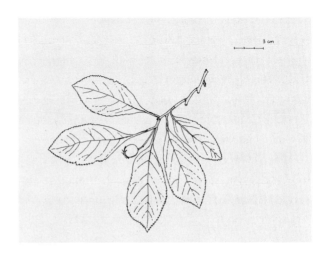

wurfs fehlen dann zum Beispiel die an Wachstumsästen klar erkennbaren Stomatalinien auf Schuppen oder Nadeln. So müssen viele durchaus respektable und prächtige exotische Gehölze unerwähnt bleiben.

Von der Allmendstrasse gehen wir nun durch den Föhrenweg. Bei Nr. 11 finden wir eine riesige Tränenkiefer (Pinus wallichiana, früher P. griffithii). Dieser Baum zeichnet sich durch lange, feine Nadeln aus, die in Büscheln zu fünf stehen. Die Zapfen sind länglich und duften herrlich, wenn man sie in den Wohnräumen auslegt.

Gegenüber, in der Strassenecke des Gartens von Hägelerstrasse 38, stehen zwei auffallend grosse Lawsons Scheinzypressen (Chamaecyparis lawsoniana). Dies ist die bekannteste bei uns gepflanzte Scheinzypressenart. Sie ist allerdings in unzählige Unterarten unterteilt, nur lässt sich hier wegen der oben genannten Gründen nichts genaueres darüber sagen.

Wenn wir uns umdrehen, erkennen wir neben der Garage des Hauses Hägelerstrasse 47 einen grossen Geschlitztblättrigen Silberahorn (Acer saccharinum ‹Wieri›). Die Herkunft dieses Baumes ist Nordamerika. Sehr typisch sind die stark eingeschnittenen Blätter mit auffallend weisser Unterseite, die dem Baum bei Wind ein lebhaftes Spiel verleihen.

Wir gehen nun in der Verlängerung des Föhrenwegs dem Waldrand entlang weiter und biegen in die Rehhalde ein. Bei Nr. 3 steht mitten im Garten ein Losbaum (Clerodendrum trichotomum). Der Losbaum gehört in die Familie der Eisenkrautgewächse (Verbenaceae). Sehr dekorativ sind die weissen Blüten, die im August in grossen, rot-blau gestielten Dolden erscheinen. Sie duften sehr gut, und je nach Windverhältnissen ist der kleine Baum dann schon von weitem wahrnehmbar. Nicht minder spektakulär sind die folgenden Früchte, eine blaue, beerenartige Scheinfrucht, welche auf einem roten Kelch sitzt.

An der Hägelerstrasse 30, bei der Abzweigung Rehhalde, finden wir ein prächtiges Exemplar eines Lavalles Weissdorns (Crataegus x lavallei), ein Grossstrauch von beeindruckendem Ausmass, dessen schönen Wuchs wir vor allem nach dem Laubfall schätzen können. Die dunkelgrünen, ledrigen Blätter bleiben im Winter lange am Baum haften, und auch die orangefarbenen Früchte bleiben lange als Zierde sichtbar. Diese Weissdornart entstand Ende des letzten Jahrhunderts durch Kreuzung in einer französischen Baumschule.

Wir gehen nun weiter Richtung Belvédère und geniessen im dortigen Restaurant noch etwas die schöne Aussicht. Vielleicht aber machen wir uns sogleich auf zum Bahnhof, wo unser Ausflug begann.

Bestimmungsbücher

In anderen Quartieren gibt es gleichermassen bedeutende Gehölze. Pflanzen kennenzulernen ist ein spannendes Unterfangen. Man lernt, auf oft verborgene Details zu achten. Für jene, die sich damit auseinandersetzen möchten, sei eine kurze Liste von Bestimmungsbüchern angefügt, beginnend beim einfachsten Werk und aufhörend bei Publikationen für Fortgeschrittene.

– Aichele, Dietmar et al.: Welcher Baum ist das? Kosmos Naturführer. 24. Aufl. Stuttgart 1992.
– Fitschen, Jost: Gehölzflora. 10. Aufl. Heidelberg 1994.
– Krüssmann, Gerd: Handbuch der Laubgehölze. 3 Bände. 2. Aufl. Berlin, Hamburg 1976–1978.
– Krüssmann, Gerd: Handbuch der Nadelgehölze. 2. Aufl. Berlin, Hamburg 1983.

Die Gärten des Klosters Wettingen – ein lebendes Denkmal

Peter Paul Stöckli

«... wenn immer möglich, soll das Kloster so angelegt sein, dass alles Notwendige, das heisst Wasser, Mühle, Garten und Werkstätten, in denen die verschiedenen Handwerke ausgeübt werden, innerhalb der Klostermauern sich befinde ... »[1]

Die Abgeschiedenheit in der Wildnis von Wäldern und Flussauen war für den Ort der Neugründung eines Zisterzienserklosters bestimmend. So ist auch die Zisterzienserabtei in Wettingen 1227 von den Siedlungen abgerückt und in einer Schlaufe der Limmat errichtet worden. Der allseitig umfriedete Klosterbezirk bildete einen Mikrokosmos – eine kleine Stadt – und galt als ein von der Welt ausgegrenzter Vorhof des Paradieses. Die unterschiedlichen Gärten und Höfe wurden kultiviert und waren für verschiedene Nutzungen des täglichen Klosterlebens bestimmt. Die Gartenanlagen des Klosters Wettingen haben eine wechselvolle Geschichte. Im folgenden werden die einzelnen Gärten des Klosterbezirks kurz vorgestellt.

Der Kreuzganggarten

Eine zentrale Rolle im Spektrum der Klostergärten kommt dem Garten des Kreuzganges zu. Der ihn umgebende Kreuzgang ist nicht nur Verbindungsgang – er verbindet alle Regularräume miteinander –, sondern ist Ort der Stille, der Sammlung, der heiligen Lesung und zahlreicher Übungen der ganzen Klostergemeinde. Der zisterziensische Kreuzganggarten wurzelt in der Gartenerbschaft der Antike und der frühen klösterlichen Kultur. Trotzdem zeigen Ansichten und Pläne des 17., 18. und 19. Jahrhunderts, dass auch der Kreuzganggarten von neuen Gartenstil-Perioden beeinflusst wurde. Diese Beeinflussung hielt sich aber in engen Grenzen – selbst in stark barockisierten Anlagen. Es ist deshalb eindrücklich festzustellen, wie sich über tausend Jahre stets die Grundelemente gehalten haben. Der Kreuzganggarten der ehemaligen Abtei Wettingen ist eines der schönsten Beispiele für diese Kontinuität, die selbst nach der Aufhebung des Klosters bis auf den heutigen Tag fortdauert.

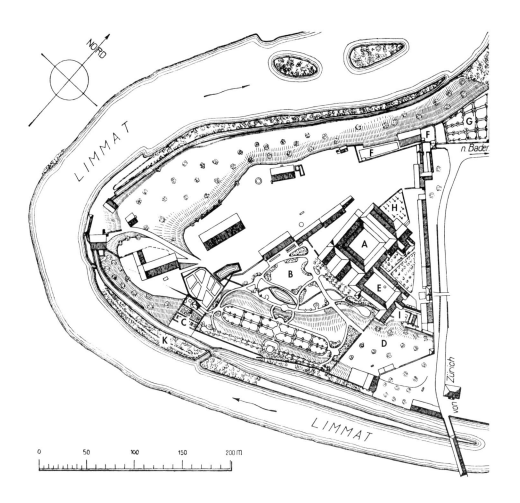

Die Gärten des Klosters Wettingen. Umzeichnung eines Situationsplanes von 1845.

- **A** Kreuzganggarten
- **B** Konventgarten
- **C** Gnädige-Herren-Garten
- **D** Marstall
- **E** Abteihof
- **F** Gärten der Weberei
- **G** Äusserer Garten
- **H** Friedhof
- **I** Küchengarten
- **K** Inseli

Der Konventgarten

Dieser flächengrösste Garten beginnt an den Gebäuden des Klosters und fällt in drei Terrassen zur Limmat ab. Er diente der Erholung der Konventualen und war dementsprechend mit Alleen, Sitzplätzen und unterschiedlichsten Wasseranlagen eingerichtet. Der Konventgarten beherbergte vor der Aufhebung des Klosters auch Obstbäume, Weinreben und Gemüsekulturen. Diese Tradition der Kulturpflanzen wird grösstenteils bis heute weitergepflegt. Die ersten bekannten Abbildungen des Konventgartens datieren aus dem 17. und 18. Jahrhundert.

Kurz vor der Aufhebung des Klosters, etwa zwischen 1835 und 1840, wurde der Konventgarten grundlegend im Stil des Landschaftsgartens umgestaltet. Der angrenzende Bereich der Limmat wurde miteinbezogen. Die Gartengestaltung war zu jener Zeit eine der führenden künstlerischen Aufgaben. Die Entwicklung und die Verbreitung des Landschaftsgartens ging mit der Aufklärung einher. Das Erleben der neu entdeckten Schönheit der Natur und die Natur als Medium der Gotteserfahrung wurden im Garten, der nach dem Abbild der Natur erbaut war, gesucht. In dem gesteigerten und idealisierten Garten wurde eine liberale Paradiesvorstellung vollzogen (Buttlar 1989). Nach der Aufhebung des Klosters sind nur wenige Veränderungen im Konventgarten erfolgt: teilweiser Abbruch der Klostermauer, Abbruch und Neuerstellung von Pavillons, Aufhebung des Bachlaufes und des Rebberges. Der heutige Konventgarten entspricht jedoch weitgehend dem von 1835 bis 1840 angelegten Landschaftsgarten. Er ist einer der ersten Landschaftsgärten der Schweiz und für schweizerische Verhältnisse in bedeutender Grösse und Qualität geschaffen worden.

Der Gnädige-Herren-Garten

Das Abthaus mit seinem allseitig umfriedeten Garten liegt ausserhalb der eigentlichen Klostermauer. Es war das Sommerhaus des Abtes, der Garten diente zum Empfang der Gäste und war dementsprechend repräsentativ ausgestattet. In Richtung Limmat sind drei Terrassen auf Ansichten ab ca. 1720 ersichtlich. Ein zentraler Treppenlauf, Springbrunnen und Zierbeete – vor der Aufhebung des Klosters vorwiegend in der Manier des Rokoko – prägten diesen südlichen Teil des Gartens. Der nördliche Teil wurde gemäss den Abbildungen auch in der ersten Hälfte des 18. Jahrhunderts angelegt. Er war durch einen mit Baumgruppen begleiteten Zugangsweg und Beete geprägt. Die drei hohen Stützmauern der Terrassen, das Becken des Springbrunnens und der Mauerumfriedung sind erhalten geblieben.

Der Garten des Marstalls, der Abteihof, die Gärten der Weberei, der Äussere Garten

Der Garten des Marstalls – am Ort des heutigen Palazzos – war vor der Klosteraufhebung ein Baumgarten. Zudem wuchs Spalierobst an der Mauer unterhalb der Abtei – heutiger Ostflügel –, und auch einige Bienenstöcke waren anzutreffen. Heute ist der Obstgarten, der noch die Hälfte des ehemaligen Baumgartens bedeckt, durch die Gärtnerei mit Treibkästen und die Südost-Schöpfe bereichert worden.

Der Abteihof, neben dem Kreuzganggarten der einzige allseitig von Gebäuden umgebene Hof, war vor der Klosteraufhebung mit einem sechseckigen Brunnen versehen – er wurde in der Zwischenzeit abgebrochen. Nördlich und südlich der Weberei befanden sich zwei weitere Gärten. Der nördliche Garten wird im Plan von 1845 als Rokokogarten dargestellt. Beide Gärten sind als Freiräume noch erhalten – der eine in eine jüngere Gebäudegruppe integriert, der andere zum Parkplatz des «Sternen» umgebaut.

Der Äussere Garten liegt ausserhalb der ehemaligen Toranlagen des Klosters. Er ist seit ca. 150 Jahren den Lehrern und Lehrerinnen der Schule vorbehalten. Er entspricht in seinen Grundzügen dem Äusseren Garten vor der Klosteraufhebung. Er wurde vermutlich schon zur Klosterzeit als Pflanzgarten genutzt.

Der Friedhof, der Küchengarten, das Inseli

Der Friedhof, der Küchengarten und das Inseli sind alle aufgehoben worden! An der Stelle des Friedhofes nördlich der Klosterkirche, findet sich heute ein Kiesplatz mit vereinzelten Rosskastanien. Der ehemals barocke Küchengarten ist Teil einer Grünanlage aus dem 20. Jahrhundert geworden, die den Freiraum zwischen Langbau, Nordbau und Ostflügel prägt. Das Inseli mit dem Seitenlauf der Limmat war Teil des landschaftlich angelegten Konventgartens und wurde anlässlich des Kraftwerkbaues durch Auffüllung des Mühlekanals eliminiert.

Die Gärtnerei

Nach der Aufhebung des Klosters im Jahre 1841 und der Vertreibung des Konventes blieben die leeren Gebäudehüllen der klösterlichen Bauten, aber auch die gepflegten und in den 1830er Jahren neuangelegten Gärten zurück. Ein Teil des Laienpersonals, so auch mindestens ein Gärtner, verblieb im Kloster und wurde vom Kanton Aargau in Dienst genommen. Während der Konvent das Kloster verlassen musste und durch das erste aargauische Lehrerseminar und dieses wiederum von der Kantonsschule abgelöst wurde, wurden die Gartenanlagen ohne Unterbruch in ein und derselben Weise weitergegeben und gepflegt – bis auf den heutigen Tag.

Es ist also nicht nur eine wertvolle historische Gartenanlage erhalten geblieben, sondern mehr noch: die Klostergärtnerei mit der Produktion von Obst, Beeren, Gemüse und Blumen, aber auch mit der Tierhaltung – Bienen, Enten, Hühner, Fische und Kaninchen leben bis heute in dem Garten. Dieser Aspekt ist das eigentliche Erbe der klösterlichen Gartenkultur! Die Gründe für diese ungebrochene Tradition liegen während der Seminarzeit in der Bedeutung, die Augustin Keller dem Gartenbau in der Ausbildung zukünftiger Lehrer gab, aber auch in der erforderlichen wirtschaftlichen Autarkie des Lehrerseminars und seines Konviktbetriebs. Auch nach der Verlegung des Seminars und der Einrichtung der Kantonsschule wurde an der teilweisen Selbstversorgung und damit an der eigenen, pflegenden und produzierenden Gärtnerei festgehalten.

Augustin Keller und seine Nachfolger im Amt des Direktors haben die klösterliche Gartenkultur in authentischer Weise erhalten! So stehen wir heute staunend vor der Tatsache eines aussergewöhnlichen und seltenen Kontinuums – während 771 Jahren wird im Kloster Wettingen eine lebendige Gartenkultur mit einer Gärtnerei gepflegt.

Das Umfeld des Klosters

Im Vorfeld der grossen Restaurierungskampagne von 1990 bis 1996 veröffentlichte Karl Huber, Hauptlehrer am ehemaligen Lehrerseminar und an der Kantonsschule, einen kritischen Aufsatz unter dem Titel «Das Umfeld des Klosters Wettingen».[2] In diesem Beitrag stellt Huber die These auf, dass das Kloster Wettingen zweimal aufgehoben worden sei. Ein erstes Mal unter den bekannten Umständen im Jahre 1841, ein zweites Mal durch die Zerstörung seines Umfeldes, welches als Standortvoraussetzung zum Wesenskern eines zisterziensischen Klosters gehört.

Die Zerstörung seines Umfeldes – die zweite Aufhebung – umfasste eine Reihe von grossmassstäblichen Landschaftseingriffen, hauptsächlich verbunden mit dem Bau von Verkehrsanlagen. Der erste Eingriff erfolgte 1847 mit dem Bau der Bahnlinie Zürich–Baden auf dem linken Limmatufer. Im Jahre 1877 wurde die Linie neu über die Wettinger Klosterhalbinsel geführt, was Wettingen einen Bahnhof brachte, aber auch den Bau von zwei Eisenbahnbrücken erforderte und zu einer Trennung des Klosters von Wettingen führte. Der Bau einer Spinnerei und aller damit verbundenen Einrichtungen ab 1858 engte die klösterliche Landschaft weiter ein. Nach diesen Eingriffen herrschte fast 80 Jahre Ruhe. Im zweiten Drittel des 20. Jahrhunderts setzte jedoch eine eigentliche und in ihrem Ausmass gewaltige Zerstörungswelle ein. Diese wurde eingeleitet durch den Bau des Limmatkraftwerkes EWZ, den Bau der Nationalstrasse, den Bau der Grossüberbauung

Der Kreuzganggarten nach
der Restaurierung von 1997
(Foto René Rötheli, Baden).

Webermühle und die Erschliessung weiterer Quartiere in Neuenhof, den Bau einer neuen Strassenbrücke zwischen Wettingen und Neuenhof und damit zusammenhängender Strassenanlagen, sowie den Bau von grossen Gewerbebauten an der Schwimmbadstrasse in Wettingen.

Huber stellte fest, dass diese Baumassnahmen drei wesentliche Folgen haben, welche die eigentliche zweite Aufhebung darstellen: Verlust der Stille, Verlust der optischen Erkennbarkeit, der Abgeschiedenheit des Klosters sowie das Überhandnehmen einer Ideologie, welche alles einer Nutzung unterwerfen will. Diesen Feststellungen kann kaum widersprochen werden! Sie stellen eine massive, jedoch berechtigte Kritik an der seinerzeitigen Planungspolitik dar. Aus heutiger Sicht und nach heutigem Erkenntnisstand würde gegen die meisten dieser Vorhaben wohl erbitterter Widerstand geleistet. Ja, es ist sogar fraglich, ob das heutige Recht in den Bereichen Umweltschutz, Natur- und Landschaftsschutz und Denkmalschutz diese Eingriffe zulassen würde.

Schutz und Pflege

Im Gegensatz zum Umfeld hielten sich auf der Klosterhalbinsel selbst die negativen Eingriffe in Grenzen, so dass wir heute noch vor einer Klosteranlage stehen, welche in ihren Bauten und Freiräumen zu einem grösseren Teil die Zeit von 1841 bis heute in gutem, jedoch, was die Gärten anbetrifft, in stark restaurierungsbedürftigem Zustand überdauert hat. Dies alles führt die Kunstwissenschaft zur Feststellung, dass das Kloster Wettingen die integral besterhaltene, mittelalterliche Klosteranlage der Schweiz sei!

Der Kanton Aargau hat in jüngster Zeit grosse Anstrengungen zum Schutz und zur Pflege des Klosters unternommen. Zu nennen sind die grossen Renovationsetappen an den Sakral- und Konventbauten des Klosters, der Bau von Lärmschutzwänden an der Autobahn, die Planung weiterer Lärmschutzmassnahmen im Rahmen des Baregg-Ausbaues und der Überdeckung der Autobahn in Neuenhof, der vorläufige Verzicht auf die Überbauung der letzten Wiese an der Klosterstrasse und die beispielhafte Umnutzung der alten Spinnerei für die Kantonsschule.

Auch die Gemeinde Wettingen erkannte die Notwendigkeit eines stärkeren Engagementes zugunsten ihres berühmten nationalen Kulturdenkmales und legte 1997 eine Planung für die Klosterhalbinsel vor, welche den notwendigen Schutz sicherstellt, aber auch die Spielräume für mögliche Entwicklungen aufzeigt. Die in der Vorprüfung befindliche Ergänzung der Bauordnung und des Gestaltungsplans Klosterhalbinsel der Gemeinde Wettingen fordert: «Der Klosterpark ist in seiner historischen Erscheinung zu erhalten und wiederherzustellen. Er ist der Öffentlichkeit zugänglich zu machen».[3] Die Sondernutzungsvorschriften verlangen: «Für

Bassin auf der mittleren Terrasse des Gnädige-Herren-Gartens. Zustand anlässlich einer gartenarchäologischen Untersuchung von 1994. Das Bassin, vermutlich aus der ersten Hälfte des 18. Jahrhunderts, besteht aus Würenloser Muschelkalk und wurde aus einem einzigen Block herausgearbeitet (beide Fotos Stöckli, Kienast & Koeppel, Wettingen).

Grottenanlage auf der Platanenterrasse in der Mittelachse des Konventgartens, erbaut wahrscheinlich im Zuge der Neugestaltung des Konventgartens in den 1830er Jahren. Zustand nach der Restaurierung von 1995.

die Detailnutzung und Gestaltung des Klosterparks ist das kantonale Parkpflegewerk massgebend».[4]

Ausblick

Nachdem nun während Jahrzehnten in die Erhaltung und Restaurierung der Bauten investiert wurde, sollen nun die ebenso wertvollen Gärten in den Mittelpunkt der Anstrengungen gerückt werden. Die Erstellung eines Parkpflegewerkes und die Realisierung des Restaurierungsprojektes für die Gartenanlagen und Freiräume entsprechen deshalb sowohl dem politischen Willen wie auch einem in den letzten Jahren erneut gewachsenen Kulturverständnis.

Literatur
– Braunfels, Wolfgang: Abendländische Klosterbaukunst. Köln 1978.
– Buttlar, Adrian von: Der Landschaftsgarten. Köln 1989.
– Sörrensen, Wolfgang: Gärten und Pflanzen im Klosterplan. Studien zum St. Galler Klosterplan. St. Gallen 1962.
– Stöckli, Peter Paul: Kloster Wettingen. Restaurierung und Gestaltung des Kreuzganggartens. Stöckli, Kienast & Koeppel, Wettingen 1993.
– Stöckli, Peter Paul; Nyffenegger, Brigitte: Die Gartenanlagen im Klosterbezirk. In: Baudepartement Aargau, Abteilung Hochbau (Hg.): Die Restaurierung der Klosterkirche Wettingen. Aarau 1996, 97–99.

Anmerkungen
[1] S. Benedicti Regula, Monasteriorum, Caput OXVI. Braunfels 1978.
[2] Badener Tagblatt, 23. Mai 1990.
[3] Art. 23ter, Absatz 5.
[4] Art. 8, Absatz 2.

Das Badener Waldbild im Wandel der Zeit

Georg Schoop

Analog zu einem *Stadt-Bild* sind unsere *Wald-Bilder* ein Produkt einer historischen Entwicklung von menschlichen Bedürfnissen an den Wald, seine Produkte und Leistungen. Mit dem Wandel unserer Ansprüche an den Wald verändert sich auch das Waldbild. Bei einer vertieften Betrachtung zeigt sich, dass Veränderungen in einem Wald und in einer Stadtentwicklung in ähnlichen zeitlichen Rhythmen ablaufen.

Im Badener Wald können, grob vereinfacht, folgende Phasen der Waldentwicklung in den letzten 150 Jahren unterschieden werden:

Zeitperiode bis etwa 1860
Die sehr grosse Nachfrage nach Bau- und Brennholz führte zu einer intensiven Nutzung des Waldes im System des Mittelwaldes (vgl. Artikel Schmidlin, Seite 126) mit den Hauptbaumarten Eiche, Buche, Hagebuche, Linde, Aspe, Weide. Durch den periodischen Eintrieb von Schweinen und Ziegen wurde die Verjüngungsfähigkeit der Böden sukzessive reduziert. Einzelne Flächen wurden gerodet und landwirtschaftlich zwischengenutzt (Kartoffelfäule!). Die Wälder waren stark übernutzt, der Holzvorrat lag unter 100 m^3 pro ha, die Qualität des stehenden Holzes war aus heutiger Sicht sehr schlecht. Der Wald war hell und lichtdurchflutet und ein sehr attraktiver Lebensraum für viele Vogel- und Insektenarten.

Die Übernutzung der Wälder und die Degradierung der Böden führte in den Gebirgskantonen seit etwa 1750 zunehmend zu schweren Naturkatastrophen (Hochwasser, Lawinen, Rutschungen) und bildete den Gärboden, um die Bewirtschaftung des Schweizer Waldes mittels des ersten eidgenössischen Forstpolizeigesetzes von 1876 und der nachfolgend erlassenen kantonalen Gesetze auf eine strenge, dem Prinzip der Flächen- und Mengennachhaltigkeit verpflichtete Grundlage zu stellen.

Zeitperiode 1860 bis etwa 1960

Die zunehmende Industrialisierung Europas verlangte nach grossen Mengen von qualitativ gutem und vielseitig verwendbarem Holz. Die vermehrte Förderung der Kohle und später des Erdöls liess den Bedarf nach Brennholz kontinuierlich zurückgehen. Erfolge in der Landwirtschaft auf den Ebenen Züchtung, Kunstdüngereinsätze, Schädlingsbekämpfung etc. liessen die Erträge pro Hektare stark ansteigen und ermöglichten es, sukzessive die Landwirtschaftsfläche zu verkleinern. Aufgrund dieser Entwicklung bei den Rahmenbedingungen wurde ein Umbau in der Bestockung des Badener Waldes eingeleitet. Die Mittelwaldflächen wurden mittels Pflanzung in Hochwald – zusammengesetzt aus Fichten, Tannen, Weymouthsföhren, Waldföhren, Lärchen und einigen wenigen Buchen – umgewandelt. Das Ziel bestand darin, Holzvorrat und Holzzuwachs zu erhöhen und gleichzeitig die Holzqualität anzuheben. Zur Steigerung der Gesamtholzproduktion wurden einzelne Waldflächen melioriert (zum Beispiel Teile des Müserenplateaus, Teile des Täfernwaldes) und kleine angrenzende Waldflächen aufgeforstet. Dieser Waldumbau führte zu einem Ausdunkeln der Wälder und damit zu einem Artenschwund bei Vögeln, Insekten und bei der Bodenvegetation.

Zeitperiode 1960 bis etwa 1985

Erkenntnisse aus der forstlichen Forschung sowie erste Stabilitäts- und Vitalitätsprobleme bei den angelegten Nadelholzbeständen führten zu einer kritischen Hinterfragung des eingeschlagenen Weges. Die ökonomischen Interessen der Gesellschaft (Nutzung des Rohstoffes, Finanzen des Waldeigentümers) erfuhren jedoch keine Abschwächung. Zusätzlich liessen der zunehmende Wohlstand und die zunehmende Freizeit der Bevölkerung die Bedeutung des Waldes als Naherholungsraum ansteigen. Bei den ersten Verjüngungsschlägen in den um 1860 angelegten Fichten-/Tannenwäldern wurden vermehrt wieder Laubhölzer – wie beispielsweise Eschen, Berg- und Spitzahorne – sowie die standfestere und bodenverträglichere Lärche gepflanzt. Zur Sicherstellung der wirtschaftlichen Interessen lag der Anteil der Fichte in den Jungbeständen weiterhin bei rund 60–70 Prozent. Massive Schadenereignisse 1962 (Schneebruch), 1967, 1981/82, 1983/84 und 1986 (alles Sturmschäden) zeigten deutlich die Grenzen der Nadelholz-«Kunstforste» auf, boten aber andererseits die einmalige Chance, auf grösseren Flächen des Badener Waldes (Schwerpunkte Sommerhalde, Zöpfli, Oberforst, Klosterrüti, Fuchsgraben) die nächste Zeitperiode einzuleiten.

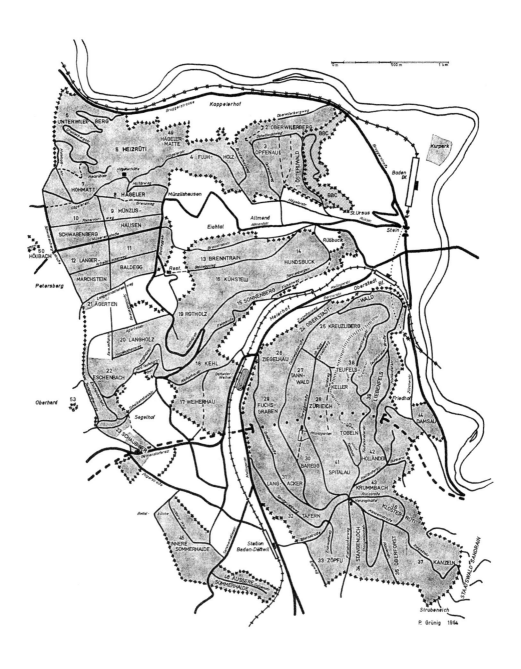

Übersichtskarte der ortsbürgerlichen Stadtwaldungen.

Zeitperiode seit 1986

Die einsetzende gesellschaftliche Diskussion um eine stärkere Gewichtung von ökologischen Randbedingungen, ein weiter stark zunehmendes Wissen um Zusammenhänge im Ökosystem Wald und eine verstärkte Globalisierung des Handels mit Holz führten zu einer Weiterentwicklung, ja zu einer eigentlichen Trendwende in der forstlichen Bewirtschaftung. Das Ziel besteht heute darin, *ökologische und ökonomische Nutzungsansprüche der Gesellschaft zu befriedigen*. Die Sturmschäden ermöglichten es, auf grösseren Flächen die sehr lichtbedürftigen – und während mehr als 100 Jahren praktisch völlig vernachlässigten – Eichenarten einzubringen. Die Nachzucht von Nadelbäumen beschränkt sich lediglich noch auf 10–30 Prozent der Jungwaldflächen. Mit sehr differenzierten Zielen in den Sparten Naturschutz, Holzproduktion und Erholungswald wird versucht, den *Wald ganzheitlich als Lebensraum und Rohstofflieferant* zum Wohle der Bevölkerung und des Waldeigentümers zu bewirtschaften.

Die vorangegangenen Erläuterungen lassen den Eindruck aufkommen, dass Wälder praktisch aufgrund von Plänen auf dem Reissbrett (heute am Bildschirm!) innert kurzer Zeit beliebig umgebaut werden können. Beobachtungen und Erkenntnisse im laufenden «Rückbauprozess» zeigen sehr deutlich, dass der Wald ein äusserst komplexes System ist, welches bei aller fördernden Unterstützung durch den Menschen Jahrhunderte benötigt, um so schockartige Veränderungen, wie sie der Umbau Mitte des letzten Jahrhunderts von Buchen-/Eichenwäldern in Fichten-/Tannenforste darstellte, zu verkraften respektive rückgängig zu machen. In diesem Sinne ist die Umstellung bei der Baumartenwahl eine *erste Etappe* auf dem Weg zu einem «echten Wald», wie er beispielsweise in den Gebieten Österliwald, Opfenau, Oberwilerberg, Heizrüti, Unterwilerberg, Brenntrain, Kühstelli, Rotholz, Teufelskeller, zum Teil Tannwald/Ziegelhau, zum Teil Holländer zu finden ist. Diesen Prozess im gesellschaftlichen Spannungsfeld von Ökologie und Ökonomie weiterzutreiben, ist die *Kernaufgabe* der (Badener) Forstwirtschaft.

Die Auswirkungen all dieser Rahmenentwicklungen auf den Badener Wald lassen sich sehr gut nachweisen mittels Zeitreihen für den Holzvorrat pro Hektare Waldfläche, den Holzzuwachs pro Jahr, das Verhältnis von Nadelholz zu Laubholz sowie die Vorratsanteile der verschiedenen Baumarten.

Alle Zahlenangaben basieren bis 1976 auf der Erfassung aller Bäume mit einem Brusthöhendurchmesser von 16 cm und seither von 8 cm. Unter Berücksichtigung des Wachstumstempos von Waldbeständen kann davon ausgegangen werden, dass die Daten mit einer zeitlichen Verzögerung von etwa 12–16 Jahren die Veränderungen in der Waldbewirtschaftung abbilden.

In einem der grössten Eibenbestände der Schweiz hat 1961 die Ortsbürgergemeinde Baden ein erstes Naturwaldreservat ausgeschieden. Auf einer Fläche von 7,26 ha unterbleibt jegliche Holznutzung (Foto: Verena Eggmann).

Seit 1987 bildet das Gebiet Teufelskeller das zweite Naturreservat in Baden. Die Erweiterung der Fläche von 15 ha auf rund 75 ha ist in politischer Diskussion (Foto: Verena Eggmann).

Periode	Holzvorrat am Ende der Periode in m³ pro ha	Zuwachs in m³	Nadelholz in %	Laubholz in %
1864–1886	143	–	–	–
1886–1906	208	7126	–	–
1907–1925	231	5385	55	45
1926–1935	275	7222	58	42
1936–1946	335	8809	65	35
1947–1956	378	6969	66	34
1957–1966	385	6149	67	33
1967–1976	367	6509	64	36
1977–1986	325	6203	54	46
1987–1997	316	6766	56	44

Baumart	1925	1935	1946	1956	1966	1976	1986	1997
Fichte	35	36	39	40	42	42	38	39
Tanne	11	12	17	17	17	14	9	9
Föhre	8		5	6	5	4	3	4
Lärche	1	9	1	1	2	3	3	2
Strobe	–	–	2	2	1	1	–	–
übr. Nadelholz	–	–	–	–	–	–	1	2
Buche	13	20	22	20	21	23	27	24
Eiche	5	10	6	6	5	4	5	5
Ahorn	–	–	–	–	–	–	3	4
Esche	–	–	–	–	–	–	6	6
übr. Laubholz	27	13	8	8	7	9	5	5

Wie weiter – Ziele 1998

Den Bedürfnissen von Bevölkerung und Waldeigentümer (Ortsbürgergemeinde) entsprechend, wurde im Rahmen der aktuellen Revision des Waldwirtschaftsplans der 1986 eingeführte Grundsatz einer sogenannten *multifunktionalen Waldwirtschaft,* das heisst einer Bewirtschaftung, welche auf verschiedene Waldleistungen ausgerichtet ist, als weiterhin gültige Leitidee verankert. Der Badener Wald soll auch künftig in den drei Sparten *Naturschutz, Erholungsraum* sowie *Holzproduktion* Leistungen erbringen. Allfällige Zielkonflikte sind so weit wie möglich durch abgestimmte Planungen zu entflechten.

Was ein solches Bewirtschaftungskonzept konkret bedeutet, zeigt sich am besten anhand der vorgesehenen Massnahmen. Bei vielen der nachfolgend aufgeführten Massnahmen handelt es sich um eine Weiterführung und Konsolidierung des seit 1987 eingeschlagenen Weges.

Waldnaturschutz

– Erhaltung der bisherigen Waldreservate Unterwilerberg, Hundsbuck/Rütibuck sowie diverser kleinerer Flächen.
– Schaffung eines grossen Naturwaldreservates (rund 75 ha) zur Aufwertung des bestehenden Waldreservates Teufelskeller.
– Aufwertung – durch Entnahme des Nadelholzes – des Eichen-Altholzbestandes im Gebiet Segelhof.
– Pflege und Entwicklung von insgesamt 6 km Waldrand in Richtung Heckenstruktur. Fortführung der 1987 begonnenen Arbeiten.
– Förderung von Pioniergehölzen wie Birke, Weide, Aspe, Erle als Lebensraum für Insekten beziehungsweise Tagfalter.
– Erhaltung und wo notwendig aktive Förderung der 14 Amphibienlaichgewässer.
– Weitere Auslichtung von Trockenstandorten in ehemaligen Kiesgruben, Steinbrüchen oder bei exponierten Felsstandorten.
– Steigerung des Totholzanteiles in stehender (abgestorbene Bäume) und in liegender Form (Astmaterial nach Holzschlägen).
– Auslichten der Bachläufe Storchmattgraben und zum Teil vorderer/hinterer Ruschebach.
– Pflege und Aufwertung der Waldwiesen Hohmatt, Geisswiesli und Pflanzgarten.
– Förderung (Pflanzung) von seltenen Baumarten wie Speierling, Elsbeere, Wilder Apfel und Wilde Birne.

Erholungswald

– Differenzierter Wegunterhalt gemäss unterschiedlichen Besuchermotiven zur Minimierung der Zielkonflikte.
– Schlagräumung aus ästhetischen Gründen entlang einiger Hauptwege.
– Instandhaltung des umfangreichen Fusswegnetzes.
– Unterhalt des 1998 total renovierten Vita-Parcours.
– Unterhalt der Rastplätze Schwobenberg, Herzoghütte sowie Pflanzgartenhütte Baregg.
– Unterhalt der umfangreichen Wegbeschilderung.
– Unterhalt der Ruhebänke.
– Beseitigung der Spuren nach Holzschlägen entlang einiger Hauptwege.
– Sofern Finanzierung sichergestellt werden kann: Aufbau einer Waldschule zur Förderung des Verständisses der Jugend für Natur und Umwelt.

Holzproduktion

– Stetiger Umbau der standortfremden Nadelholzbestände in Laubholzbestände in den Gebieten Sommerhalde, Zöpfli, Oberforst, Langacher, Fuchsgraben, Baldegg, Langermarchstein, Schwobenberg, Hohmatt, Münzlishausen. Als Baumarten stehen Buche, Stieleiche, Traubeneiche, Bergahorn, Esche, Kirschbaum sowie Winterlinde im Vordergrund. Im Gebiet des Baldegg-Plateaus wird es aufgrund der Bodenversauerung nicht möglich sein, innerhalb von einer Baumgeneration überall auf Laubholz umzustellen.
– Förderung der beiden einheimischen Eichenarten.
– Grundsätzliche Förderung des Laubholzes bei allen Durchforstungen.
– Pflege der Jungwüchse, Dickungen, Stangenhölzer im Hinblick auf Stabilität, Vitalität und Qualität der heranwachsenden Bäume.
– Förderung von natürlicher Verjüngung. Beschränkung bei den künstlichen Pflanzungen auf das Minimum (Umwandlung Nadelholzbestände in Eichenbestände).
– Führen eines kostendeckenden Holzproduktionsbetriebes durch Einsatz modernster Arbeitsverfahren sowie martkorientierten Verkauf des anfallenden Holzes.

Mit dem stetigen Umsetzen dieser vielfältigen Massnahmen wird sich das Bild des Badener Waldes in den kommenden 20 Jahren weiter verändern. Laubwälder werden zunehmend das Landschaftsbild prägen, und die verstärkte, ganzheitliche Förderung des Waldes als Lebensgemeinschaft wird neben der quantitativen Nachhaltigkeit (Holzzuwachs, Waldfläche) auch die bis jetzt bekannten Aspekte einer qualitativen Nachhaltigkeit (Artenvielfalt bei Flora und Fauna) erhalten und entwicklen.

Der Vergleich der Entwicklung des Badener Stadtbildes – speziell von Baden Nord – mit jener des Badener Waldbildes wird äusserst interessant zu beobachten sein. Insbesondere die Fragen zu möglichen selbstregulierenden Prozessen, zum Rhythmus von Veränderungen, zu Vor- und Nachteilen von direkten Umwandlungen gegenüber sanften Umnutzungen usw. sollen zum Nachdenken anregen und dazu motivieren, bei Spaziergängen durch Stadt und Wald den historischen Reichtum unserer Kulturlandschaft wahrzunehmen und zu geniessen.

Attraktive Wege, Rastplätze sowie Ausblicke sind Schwerpunkte beim Erholungswald, hier Dreiländereck auf dem Wanderweg zum Rüsler (Foto: Verena Eggmann).

Eine intensive Pflege der jungen Waldbestände sichert auch unseren Nachfahren die Möglichkeit, gute Holzqualität ernten zu können (Foto: Verena Eggmann).

Waldboden als Kartoffelacker

Die Rodungen auf der Baldegg im Zweiten Weltkrieg

Robert Kappeler und Andreas Steigmeier

Die Waldlichtung, an deren höchstem Punkt das Gasthaus Baldegg thront, ist vielen Spaziergängern bekannt. Nur die älteren unter ihnen wissen aber, dass diese Lichtung bis 1943 nur etwa halb so gross war wie heute. Die Waldrodungen, die während des Zweiten Weltkrieges vorgenommen wurden, um die landwirtschaftliche Anbaufläche auszudehnen, haben die Landschaft dauerhaft verändert. Im ganzen Kanton wurden 924 ha gerodet – das sind mehr als neun Quadratkilometer. Die in Baden gerodeten 26 ha entsprachen 3,7 Prozent der städtischen Waldfläche. Dieser Anteil lag deutlich über dem kantonalen Mittel von 1,7 Prozent, denn grossflächige Wälder wie jene von Baden erhielten grössere Rodungskontingente zugeteilt.[1]

Der Bund auferlegte den Kantonen 1941 erstmals die Pflicht, bestimmte Flächen zu roden. Der Aargau suchte anfänglich nach Waldeigentümern, die freiwillig Wald zur Rodung zur Verfügung stellen würden. Als diese Politik scheiterte und der Bund 1942 die Rodungspflicht massiv ausdehnte, wurden den Gemeinden bestimmte Kontingente zugewiesen.[2] Um die Frage, welche Waldstücke gerodet werden sollten, wurde in Baden erbittert gerungen. Die Forstkommission tendierte anfänglich dahin, vor allem isolierte Waldparzellen zu roden, ferner jene Flächen, «welche schlecht arrondiert liegen» oder «störend ins offene Land vorstossen». Die Genossenschaft Regionaler Industrie-Anbau Baden (RIAB), die das gerodete Land zur Bewirtschaftung pachten wollte, wandte sich jedoch dagegen und forderte eine zusammenhängende Rodungsfläche von 12 bis 14 ha.[3]

Von 1943 bis 1946 mussten sich Firmen mit über 50, seit 1944 auch solche mit über 20 Arbeitnehmern produktiv am nationalen Anbauwerk beteiligen, das heisst selbst landwirtschaftliche Flächen bebauen oder bebauen lassen. Während die Firma Brown Boveri die ihr zukommende Pflichtanbaufläche von 125 ha im Alleingang bewirtschaftete,[4] schlossen sich 18 grössere Firmen zur Genossenschaft RIAB zusammen: Oederlin, Merker, BAG Turgi, Egloff, Spinnerei Wettingen, Bebié, Demuth, Schnebli, Streule, Gewerbekasse Baden, um nur die grössten zu nennen.

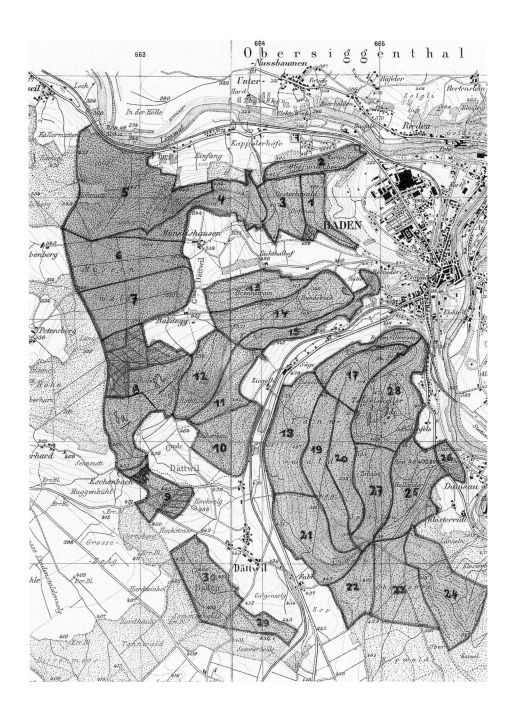

Übersichtskarte der Badener Stadtwaldungen, schraffiert die gerodeten Flächen in der Opfenau (1), im Langholz (8) und im Schaubiger (9) (Stadtforstamt Baden, Wirtschaftsplan, Revision 1935).

Die Pflichtanbaufläche des RIAB umfasste 48 ha. Die Genossenschaft pflanzte 1943 im Tägerhard, in Freienwil und im Schneisinger Schladholz, 1944 auch in Unterehrendingen, Lengnau und in Baden.[5]

In den ersten Monaten des Jahres 1943 wurden in Baden die ersten Waldflächen niedergelegt. Es handelte sich um knapp 7 ha an zwei Standorten.[6] In der Opfenau wurde eine Waldecke ausgeholzt, der hintere Teil der Rehhalde, wo nach dem Krieg einige Villen entstanden. Im Schaubiger, hinter dem Dättwiler Friedhof, musste ein grösserer Waldvorsprung weichen. Heute stehen auf dieser Fläche die technischen Betriebe des Kantonsspitals.

Der Interessenkonflikt um das Gros der noch vorzunehmenden Rodungen wurde erst im Lauf des Jahres 1943 beigelegt. Der kantonale Rodungskommissär schlug Teile der Sommerhalde in Dättwil vor, die Münzlishauser Bauern den östlich der Baldeggstrasse liegenden Zipfel des Müserenwalds. Beides waren Wälder mit grossem Holzzuwachs, welche die Forstkommission schonen wollte. Mit ihrem Vorschlag, im Langholz – angrenzend an die Baldegg – eine zusammenhängende Fläche zu roden, setzte sich die Forstkommission, die sich die Forderung des RIAB nach einer grösseren zusammenhängenden Wirtschaftsfläche zu eigen gemacht hatte, schliesslich durch. Die Rodung erfolgte erst im Frühjahr 1944.[7] Die späte Inangriffnahme führte dazu, dass die Genossenschaft RIAB im Mai 1944 erst gut zwei Drittel des Rodungslandes bebauen konnte. Immerhin erntete sie auf der Baldegg, nach einem Sommer mit schlechtem Wetter, 178 Tonnen Kartoffeln, die sie an die Arbeitnehmerschaft ihrer Mitgliedsfirmen verkaufte. Im folgenden Jahr pflanzte die Genossenschaft auf der Baldegg 14 ha an, brachte 85 Tonnen Dünger ein und erntete, wiederum nach schlechter Witterung, 195 Tonnen Kartoffeln. Im letzten Jahr der industriellen Anbaupflicht, 1946, liess die Genossenschaft durch einen landwirtschaftlichen Unternehmer aus dem zürcherischen Neftenbach Hafer anbauen.[8]

Bei letzten Rodungen im Herbst 1945 stiess man im Langholz, an der Grenze zu Birmenstorf, auf eine hügelartige Erhöhung, die im März 1946 vom Archäologen Walter Drack untersucht wurde. Drack fand einen sechs mal fünf Meter grossen Kalkbrennofen, den er nicht datieren konnte, von dem er aber glaubte, er sei zu primitiv, um aus römischer Zeit zu stammen, und daher jüngeren Datums. Zur Belustigung sei erwähnt, dass Drack gleichzeitig einen zweiten Erdhügel untersuchte, auf den ihn der Lokalarchäologe Albert Matter aufmerksam gemacht hatte. Dieser Hügel lag am Rand des Müserenwalds, zwischen der Baldegg und dem Langenmarchstein. Bei einem Sondierschnitt fand Drack nicht mehr als einen zugeschütteten Schützengraben; der ganze Hügel war von Luzerner Soldaten im Winter 1939/40 aufgeschüttet worden![9]

Diese markante Eiche vor der entfernten Kulisse der Baldegg wurde am 19. Februar 1944 gefällt. Angeblich war sie die älteste Eiche des ganzen Bezirks (Stadtforstamt Baden, Foto Werner Nefflen, Ennetbaden).

Eine Eiche im Langholz kurz vor dem Fall, Winter 1944 (Stadtforstamt Baden, Foto Werner Nefflen, Ennetbaden).

In aller Regel wurden die gerodeten Flächen nach dem Krieg nicht mehr aufgestockt, so auch in Baden. Die Ortsbürgergemeinde Baden verpachtete das gerodete Land. Die spät begonnene Rodung hatte nur gerade im letzten Kriegswinter 1944/45 und im ersten Nachkriegswinter 1945/46 einen Beitrag an die Lebensmittelversorgung der nichtlandwirtschaftlichen Bevölkerung leisten können; ein hoher Preis.

Anmerkungen

[1] Wullschleger, Erwin: Waldpolitik und Forstwirtschaft im Kanton Aargau von 1803 bis heute. Aarau 1997, 344. Saxer, Julius: Die waldwirtschaftliche Entwicklung der Badener Stadtwaldungen. In: Badener Neujahrsblätter 21 (1946) 22–38, hier 22.

[2] Wullschleger, 341f.

[3] Forstamt Baden, Protokolle der Forstkommission, 14.7. und 15.12.1942.

[4] BBC fand kaum Pachtland in der engeren Region Baden. 1943 pflanzte BBC in Koblenz, Siglistorf, Unterendingen, Birmenstorf, Wettingen, Berikon, Oberwil und an einem Standort im Zürcher Unterland 116 ha an. Brown Boveri Hauszeitung 1943, 149–151.

[5] Käch, Jakob: Der Anteil des Bezirks Baden am Mehranbau der Kriegsjahre 1939–1945. In: Badener Neujahrsblätter 22 (1947) 22–30. Stadtarchiv Baden, Archiv Oederlin, H 22, Geschäftsberichte der Genossenschaft RIAB 1943–1946.

[6] Protokoll Forstkommission, 13.5.1943.

[7] Protokoll Forstkommission 1943f.

[8] Geschäftsberichte RIAB.

[9] Drack, Walter: Ein alter Kalkofen im ehemaligen Langholz auf der Baldegg. In: Badener Neujahrsblätter 47 (1972) 44–48. Detaillierter Grabungsbericht im Stadtarchiv Baden, E 61.138.

Die Vogel-Eiche

Eine persönliche Erinnerung

Robert Kappeler

Mein Vater, der Waldgänger, war gar nicht begeistert, dass der Wald hinter der Baldegg gerodet werden musste. Das Langholz – von dessen einstiger Pracht der stehengebliebene Teil heute noch einen schwachen Begriff gibt – war ein wunderschöner, verwunschener Wald. Zwischen Jungholz wuchsen uralte Baumriesen, vor allem Eichen und Buchen, ihrer Vollendung entgegen. Der Vater nahm aber den Verlust gelassen hin: an der Integrität der kriegswirtschaftlichen Spitzenleute, die dem Volk so herbe Opfer zumuteten, zweifelten auch die föderalistisch-selbstbewussten Bürger einer Kleinstadt nicht. Namen wie Wahlen oder Speiser – BBC-Direktor und Ständerat Ernst Speiser aus Ennetbaden, Chef des Eidgenössischen Kriegs-, Industrie- und Arbeitsamtes – hatten beim Volk hohen Kredit.

Die Rodungen gingen im Spätwinter 1943/44 ziemlich unbemerkt vor sich; ab und zu war in der Zeitung etwas weniges darüber zu lesen. Als dann im Frühling weiter gerodet wurde – es hätte ja schon lange fertig sein sollen –, ging man eher hin zu schauen, und das Jahrhundertereignis wurde im grünen Wald schmerzlicher bewusst.

Wieder einmal stand eine besonders schöne Eiche zum Fällen bereit. Es war nicht diejenige der Nefflen-Fotos. Nach meiner Erinnerung stand sie nahe bei der Baldeggstrasse, die vom Rotholz her in einem Bogen am heutigen Rymann-Hof vorbei zur Baldegg-Wirtschaft hinaufführt. Der Rodungswald im Langholz säumte vom Waldaustritt beim Teufelsgraben – einer der Stadtbachquellen – noch etwa 100 Meter weit die Baldeggstrasse aufwärts und führte dann mit einem doppelten Einsprung westwärts zu dem Strässchen hinüber, das noch jetzt vom Müseren-Waldrand geradewegs zur Ägertenstrasse am heutigen Langholz-Waldrand hinunterläuft. Etwa von der Stelle weg, wo die Zufahrt zum Rodungshof Kohler (Langermarchstein-Hof) rechtwinklig abzweigt, ging der Langholzwald dem Strässchen nach hinauf in den Müserenwald über.

Die Eiche, die gefällt werden sollte, stand isoliert an einem Bord, inmitten von Gebüsch. Es dünkte mich genau richtig, dass ein solches Heckenidyll für alle Zeiten stehen bleiben müsste. Und heute würde man den Baum auch gewiss am Bord belassen. Nicht weit davon entfernt sind ja kürzlich neue Hecken angepflanzt worden. Aber damals lag das kriegsbedingte Nutzen-Denken näher als der Naturschutz. Meine hegerischen Gedanken wurden denn auch raschestens zunichte gemacht, als ich den dünnen, exakten Schnitt knapp über den Wurzeln sah. Bereits steckten die Bissen, die eisernen Keile, drin.

Die Waldarbeiter fackelten nicht lange. Sie verbannten die paar Zuschauer auf sichere Distanz und gingen mit den Vorschlaghämmern ans Werk. Schlag auf Schlag in der bedrückten Stille, Knacken und Bersten, dann ein gewaltiger Sturz, ein gewaltiges Rauschen – die Krone krachte zu Boden, drehte und splitterte. Aber jetzt geschah etwas Wunderbares, nie Erwartetes: Hunderte von Vögeln, die sich nach den grossen Baumschlägen rundum auf dieser Eiche versammelt hatten, flatterten beim Sturz des Baumes erschreckt hoch – einige Momente lang zeichnete die Vogelwolke den Umriss der Krone überaus schön und poetisch in den Himmel, bevor sie auseinanderfuhr.

Das Bild ist mir geblieben. So, denke ich mir, geht eine schöne Seele aus dieser Welt. Sie gibt zu verstehen, dass sie nicht einfach weg ist.

Eine Eiche im Rodungsgebiet
Baldegg fällt (Stadtforstamt
Baden, Foto Werner Nefflen,
Ennetbaden).

Landschaft Baldegg – vernetzen und aufwerten

Corinne Schmidlin

Die kriegsbedingten Waldrodungen vor rund 50 Jahren haben die Baldegg tiefgreifend verändert. Entstanden ist ein grosszügiges, von der Landwirtschaft geprägtes Gebiet, dessen Landschaftsbild sich seither kaum gewandelt hat. Seit Anfang der neunziger Jahre machen sich im Naturraum aber hier und dort kleine, subtile Veränderungen bemerkbar. Wiederum sind es gesellschaftliche Prozesse, diesmal glücklicherweise in Friedenszeiten, die sich auf den Umgang mit dem offenen Land der Baldegg auswirken und ihr schliesslich ein anderes Bild aufsetzen.

Ein Umdenken kommt in Gang

Die Sensibilisierung der Gesellschaft für Fragen der Ökologie und speziell des Naturschutzes hat dazu geführt, dass in Baden 1989 eine städtische Naturschutzkommission gegründet wurde. Die Zeit war reif, die Situation auf der Baldegg neu zu beurteilen. Die relativ intensiv bewirtschafteten, ausgedehnten Landwirtschaftsflächen bedeuten für viele Pflanzen- und Tierarten unüberwindbare Barrieren und isolieren die vorhandenen naturnahen Restflächen. Für ein langfristiges Überleben braucht jede Tier- und Pflanzenart aber eine Mindestfläche, wo sie sich ausbreiten kann. Lebensräume, bei denen Tiere und Pflanzen gut von einem Ort zum andern wandern können, weisen viel mehr Arten auf als isolierte Kleinstlebensräume. Der Druck auf Tiere und Pflanzen ist speziell im Kanton Aargau gross. So sind hier fast doppelt so viele Pflanzenarten gefährdet als in der übrigen Schweiz und in Nachbarländern (Quelle: Kanton Aargau, Baudepartement, Natur 2001, Mai 1993). Vor diesem Hintergrund hat die Naturschutzkommission als eine ihrer ersten Taten einen Vorschlag für einen sogenannten Vernetzungskorridor im offenen Gebiet der Baldegg vorgelegt.

Die Richtplanung Natur und Landschaft

Die Vernetzungsidee der Naturschutzkommission wurde im Rahmen der Richtplanung Natur und Landschaft 1994 konkretisiert. Ziel der Planung ist es dabei nicht, die Baldegg in einen wilden Naturpark umzuwandeln. Die Baldegg ist ein unter anderem durch die Kriegsrodung traditionell gewachsenes, wichtiges Landwirtschaftsgebiet der Stadt Baden und soll dies auch bleiben. Dank der agrarpolitischen Entwicklungen der letzten Jahre, auf die hier im Detail nicht eingegangen wird, ist aber ein zukunftsträchtiges Fundament für eine gute Zusammenarbeit zwischen Naturschutz und Landwirtschaft gewachsen. Die geplante Aufwertung des Naturraumes nimmt zudem Rücksicht auf die Bedürfnisse der Erholungsnutzung. Auch diese hat auf der Baldegg Tradition: Schon in der Belle époque genossen die Kurgäste bei ihren Molkenkuren die wunderschöne Aussicht auf die verschneiten Alpen. Die grosse, unbewaldete und unbebaute Fläche gilt auch heute noch als beliebter Ausflugs- und Erholungsraum der Stadtbevölkerung. Die Aufwertungsmassnahmen im Naturraum werden zum Strukturreichtum beitragen und damit den Erlebnisraum für die Erholungssuchenden steigern.

Für die gesamte Richtplanung Natur und Landschaft und für ihre stetige Umsetzung erhielt die Stadt Baden 1996 mit dem *Henry Ford Award* eine Anerkennung auf nationaler und europäischer Ebene. Das Preisgeld wurde für einen Teil des Vernetzungskorridors im offenen Gebiet der Baldegg eingesetzt.

Grossräumige Vernetzung

Die Baldegg weist aus Natursicht ein grosses Potential auf. Dies resultiert einerseits aus der geologisch interessanten Lage der Baldegg auf der Achse Nordjuraöstliches Mittelland in Randlage zum Mittelland. Vom Kalk geprägte, basische Standorte mit ihren typischen Pflanzengesellschaften sind direkt neben eher sauren Böden mit ihren spezifischen Zeigerarten zu finden. Trockene Standorte liegen neben vernässten Stellen, wie zum Beispiel auf dem Müserenplateau (Nr. 1 auf der Karte). Zudem steht die Baldegg in direkter Nachbarschaft zu dem aus naturschützerischer Sicht bedeutenden Raum Petersberg/Rebberg Birmenstorf. Das mit Hecken, Gehölzen und Bäumen gegliederte offene Gebiet bietet seltenen Vogelarten wie dem Neuntöter Lebensraum. Dieser Singvogel mit der hakenförmig gebogenen Schnabelspitze hat die Gewohnheit, sich eine richtige Vorratskammer anzulegen. Dazu spiesst er seine Beute, zum Beispiel Insekten wie Grillen und Heuschrecken, auf Dornen auf.

Gemäss Richtplanung Natur und Landschaft soll vom offenen Land der Baldegg in Richtung Petersberg/Rebberg Birmenstorf aber auch in Richtung Stadt/Limmatraum/Lägernhang durch biologische Verbindungsstrukturen wie Trittsteine und Korridore eine Vernetzung für die Natur geschaffen werden.

Trittsteine und Korridore

Der erste Trittstein für eine Vernetzung in Richtung Petersberg bildet im westlichen Bereich der Baldegg auf dem nur minimal mit Moränenmaterial überdeckten Kalkfelsen ein Wald (2) mit einem relativ hohen Fichtenanteil. Unter Anwendung der Mittelwaldbewirtschaftung wird dieser langsam in einen standortgerechten Laubmischwald umgewandelt. Diese Bewirtschaftungsart stammt aus dem Mittelalter und erlebt unter der vermehrten Berücksichtigung des Naturschutzgedankens eine echte Renaissance. Der Mittelwald besteht aus zwei Stockwerken, dem Oberholz und der Hauschicht. Die Hauschicht mit Hainbuche, Linde und Aspe wird alle 20 bis 30 Jahre gefällt, das heisst auf den Stock gesetzt, und das Holz als Brennholz verwendet. Von solchen sonnigen Lücken profitieren Eiche, Buche, Kirschbaum, Elsbeere und Speierling. Das Oberholz wird nach 80 bis 150 Jahren gefällt und findet als Baumaterial Verwendung oder wird zu Möbeln verarbeitet. Der Mittelwald ist ein lichter, vielfältig strukturierter Laubmischwald, der besonders auch für gefährdete Tierarten wie Mittelspecht, Fledermäuse und Waldschmetterlinge Überlebensraum bietet.

Im Übergang zum offenen Land bildet der mit diversen Straucharten aufgewertete, schön stufige Waldrand (3) einen wichtigen Korridor in der Vernetzungslinie. Direkt anschliessend, auf dem anstehenden Kalkfelsen, liegt eine der schönsten Trockenwiesen der Stadt Baden (4). Die Spittelbalketwiese wird vom Pächter seit rund acht Jahren nach ökologischen Grundsätzen bewirtschaftet. Die teilweise in der Wiese aufgeschlossenen Kalkfelsen und die eingebrachten Lesesteinhaufen bieten Sonnenplätze für Eidechsen. Rund 40 verschiedene Pflanzenarten wie Wiesensalbei, Wiesenknopf, Zypressen-Wolfsmilch und Möhre bilden einen Lebensraum für diverse Schmetterlinge. Darunter sind auch gefährdete Arten wie der himmelblaue und der silbergrüne Bläuling zu finden. Weitere Wiesen mit ähnlich schöner Ausprägung befinden sich im östlicheren Teil der Baldegg (5/6). Hier liegt auch einer der wenigen Obstgärten (7) von Baden. Insgesamt sind in Baden seit 1950 rund 90 Prozent der Obstbäume verschwunden. Hochstammobstbäume bieten Nahrung für viele Insekten, und die alten ausgehöhlten Bäume sind Schutz für Vögel und Kleinsäuger. Wichtige Trittsteine im offenen Land bilden die Heckenelemente. Die unterschiedlichen Lebensbedingungen im Innern der Hecke, wo waldähnliche Zustände herrschen, und im Krautsaum, der eher einer Wiese gleicht, führen zu einer Vielzahl von Tier- und Pflanzenarten, die von dieser Besonderheit profitieren können. Seit 1990 wurden auf der Baldegg insgesamt rund 550 Meter neue Hecken gepflanzt (8/9/10/11). Die Heckenpflanzungen konnten nur dank der kooperativen Mitarbeit der betroffenen Landwirte realisiert werden. Sie werden über Beiträge für ökologische Ausgleichsflächen für die Ertragsein-

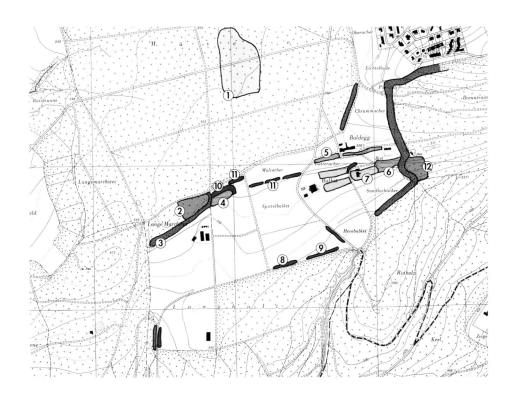

Massnahmen für einen Vernetzungskorridor im Gebiet der Baldegg (Stadtökologie Baden).

bussen entschädigt. Die auffälligste, längste Hecke wurde im Frühling 1997 gesetzt (11). Sie führt mit einer Breite von zehn Metern und einer Länge von rund 230 Metern fast quer über die ganze Baldegg. Insgesamt wurden für die Hecke 650 Sträucher und rund 15 Bäume gesetzt, darunter Schwarzdorn, Pfaffenhütchen, Weissdorn, Schneeball, Hundsrose, Kornellkirsche, Elsbeere, Speierling und Wildbirne. Als spezielle Aktion hat der Badener Einwohnerrat im Rahmen seines 25-Jahr-Jubiläums bei den Setzarbeiten tatkräftig mitgeholfen. Der Krautsaum wurde mit einer Buntbrachenmischung eingesät. Heute schon können sich Spaziergänger zusammen mit den summenden Insekten an der farbigen Blumenpracht von Natterkopf, Wegwarte, Konrade, Königskerze, Kornblume, Johanniskraut und Schafgarbe freuen. Die Hecke selbst gilt erst in rund zehn Jahren als ausgewachsen.

Die Vernetzungslinie vom offenen Gebiet der Baldegg weiter in Richtung Stadt führt über die Trittsteine Sandloch (12), Sonnenberg, Rütibuck und Geisswiesli. Diese Standorte mit anstehenden Kalkbändern, dem alten Steinbruch, Altholzinseln, artenreichen Waldrändern sowie einem Orchideenstandort werden seit rund zehn Jahren aus ökologischer Sicht aufgewertet. Die Pflege- und Entwicklungsprojekte auf der Martinsbergweide und dem Schloss Stein vervollständigen die Vernetzungslinie in Richtung Stadt.

Ausblick

Mit den beschriebenen Projekten wird der Versuch unternommen, der Natur ihren Raum zurückzugeben. Wie sich der Vernetzungsgedanke gross- oder kleinräumig auf die Tier- und Pflanzenarten auswirken wird, darüber kann nur spekuliert werden. Erste Beobachtungen lassen einen vorsichtigen Optimismus zu. Es wird sich zeigen, ob die Badener Bevölkerung bei ihrem Sonntagsspaziergang bald schon das Gruselkabinett des Neuntöters beobachten kann!

Anlässlich seines 25-Jahr-Jubiläums pflanzte der Badener Einwohnerrat am 22. März 1997 eine Hecke auf der Baldegg (Foto Barbara Sintzel).

Episoden aus der Geschichte des Eigibaches

Rudolf Döbeli

Für die Gemeinde Wettingen hatte der Dorfbach in früheren Zeiten zur Bewässerung der Felder und Wiesen einen sehr hohen Stellenwert. Das oft ungestüme Gewässer hat im Verlauf der Jahrhunderte durch Überschwemmungen viel Schaden angerichtet und infolge der entsprechenden Abwehrmassnahmen grosse Kosten verursacht.

Das Einzugsgebiet des Wettinger Dorfbachs reicht vom Lägernsüdhang bis an die Kantonsgrenze, über die Nordhänge von der Greppe und Herteren und die Nord- und Osthänge des Sulzberges mit folgenden Seitenbächen: 1. s'dünn Bächli; 2. Zindelebächli; 3. Pflanzgartebächli; 4. Muntelbächli; 5. Münzebächli; 6. Moosbächli; 7. Affolterebächli; 8. Chilebächli. Zwischen diesen Höhenzügen erstreckt sich das Tälchen Eigi. Der Eigibach durchbricht in diesem eingeschnittenen Tälchen eine Bodenschwelle aus Molassesandstein, welche südlich des Emperthügels liegt.

Der Wettinger Dorfbach ist Mitte des 16. Jahrhunderts erstmals urkundlich erwähnt. Im Jahre 1551 war zwischen dem Abt Peter Eichhorn von Wettingen, den Meyern der acht Höfe, der Gemeinde Wettingen und mehreren Anstössern ein Streit betreffend der Wässerrechte entstanden. Der Landvogt verfügte, dass die genannten Anstösser des Baches und ihre Nachkommen den Bach «nit wyter abbrechen, noch in ihre Wysen richten, noch damit wässern sollen». Eine Verfügung des Klosters aus der gleichen Zeit sagt vom Dorfbach: Es soll auch niemand etwas unsauberes in den Bach werfen, und es soll keine Frau mit Wäsche an den Bach gehen, bis die Sonne baumhoch aufgegangen ist.

Im Juni 1827 wurde die Steinbrücke über den Gottesgraben an der Landstrasse beim Rosengarten neu erstellt. Die Abrechnung lautete «auf das Konto über Reparatur oder vielmehr über gänzliche neue Erbauung des sogenannten Steinbrückli auf dem Wettinger Feld über die Landstrass von Baden nach Zürich». Der Gemeinderat Balthasar Merklin erstellte nach Beendigung der Bauarbeiten am 9. Juli 1827 die Abrechnung der Arbeiten. Auszug aus der Abrechnung: «Dem Maurermeister Johann Ulrich Bürgler für Maurerarbeiten 14 Tage à 9 Batzen;

dabey für jeden Tag 3 Schoppen Wein und 2 Brödli geben, zusammen 10½ Mass und 14 Pärli Brod. Dem Paul Spörin Fuhrlohn für 3 Fuder Platten und Mauerstein von Würenlos 12 Gulden. Dem gleichen für 3 Fuder Sand von Neuenhof führen 4 Gulden 8 Batzen und für 2 Fuder Mauerstein von Wettingen Fuhrlohn 1 Gulden 6 Batzen; dabey auf jede Fuhr ½ Mass Wein und ein Brödli, zusammen 5 Mass und 5 Pärli Brod geben 2 Gulden 5 Batzen». Bis 1828 floss der Dorfbach in seinem natürlichen Bett längs der Strasse durch das Dorf.

Am 13. Mai 1828 beschloss der Gemeinderat, den Bach bis zum Pfarrhaus mit Mauern einzufassen. Am 8. Juni 1838 beschloss die Gemeinde, eine weitere Etappe vom mittleren Brunnen bis zur Brugg des alt Ammann Johann Meyer zu erstellen. Die Mauer soll gut, fest, die Steine soviel als möglich gehauen und die Arbeit untadelhaft unter Aufsicht des Gemeinderates gemacht werden. Mit diesem Grundsatz wurden die Arbeiten an der öffentlichen Mindeststeigerung an den Maurermeister Johann Ulrich Bürgler um drei Franken per Klafter übertragen. Die Gemeinde hat das Werkgeschirr in Ehren zu halten und spitzen zu lassen auf ihre Kosten. Am 5. September war die Arbeit fertig, und der Gemeinderat beschloss, den Maurern zur Beendigung des Werkes «einen Trunk von 5 Mass Wein 5 Pärli Brod nebst 5 Vierling Käse zu geben».

Aus einem Brief des Rates von Baden an Bürgermeister und Rat zu Zürich vom 29. April 1568 vernehmen wir die traurige Kunde, dass «in der vergangenen Nacht um 12 Uhr ein sömerlich gross und grusam Wasser vom Dorf Wettingen gegen die Stadt und beide Tore beim Schloss gestossen kam, dass die Brücke samt dem Turm und dem aus Quadersteinen errichteten Joche solcher Dinge hinweggeführt, dass grosser Schaden entstanden und man längere Zeit die Strasse mit Ross und Wagen nicht mehr befahren könne. Auch die St. Jakobskapelle, die auf dem Steinjoch der Brücke erbaut gewesen, verschwand in den brausenden Fluten». Die Badener baten Zürich um Hilfe und Rat, damit die Strasse nach Möglichkeit bald wieder hergestellt werde, da sie mit Werkmeistern nicht dermassen versehen seien. Zudem soll man das Geschehen überall bekannt machen, besonders auch denen von Stein, um die Fuhrleute zu warnen, diesen Weg einzuschlagen. Zum besseren Schutz des Schlosses wurden grosse Quadermauern aufgeführt.

Im Jahre 1778 gab der Abt Sebastian Steinegger dem Dorf Wettingen eine Gemeindeordnung, welche auch Vorschriften über den Dorfbach enthält. Da heisst es: «Weilen zu Zeiten wenig Wasser im Dorfbach soll laut Siegel und Brief der Dorfbach unabgeschlagen den freien Lauf haben und neben der Strass tiefer hinab geleit werden. Mit den übrigen Brunnen (Quellen) soll es diese Bewandniss haben, dass bei grosser Tröckne und Kälte das innere Mooswasser von der Gemeind aussen in den Gemeindeacker, das äussere Wasser in die Schwizermatten, das Muntelwasser in Franz Muntwiler Erben Matten, das Zindelenwasser in die Gemeindematte und so nach Beschaffenheit der Lage von einem dem anderen abgenommen und durch geraden Runs (Lauf) in den Dorfbach geleitet werden».

«Der Dorfbach oder sogenannte Dünnbrunnen soll von der Gemeinde wieder eingefangen und durch einen Kanal oder Graben in die Otelfinger- oder Raubmatt (äusseres Eigi) geführt werden. Nicht weniger soll der Graben von der Bintz dem Kirchweg nach, wie auch der Graben von Schönenbühl sorgfältig aufgetan und der Grund (Aushub) nicht in den Weg oder Strass gelegt werden, sondern auf ihre Äcker welches auch von anderen Orten zu verstehen ist». Im Jahre 1885 war der Dorfbach entlang der Dorfstrasse derart mit Unrat gefüllt, dass der Gemeinderat die anstossenden Hausbesitzer aufforderte, den Bach auf ihre Kosten reinigen zu lassen. Die aus dem Bachbett gehobenen Gegenstände werden dann auf Kosten der Gemeinde entsorgt. Entsprechend einem Vorschlag der Seminardirektion hatte die Aufsichtskommission von 1890 den Auftrag, alljährlich den Zustand des Gottesgraben zu melden. War eine Reinigung nötig, forderte der Gemeinderat die pflichtigen Anstösser auf, innert gegebener Frist und unter Androhung einer Busse im Unterlassungsfalle den Bach zu reinigen. Das bei diesen Bachreinigungen anfallende Erdmaterial wurde zur beidseitigen Erhöhung der Böschungen verwendet.

1903 war der offene Dorfbach ohne Geländer längs der Dorfstrasse bei Hochwasser für Mensch und Tier stets eine Gefahr. Der Volksmund sprach von einer eigentlichen Menschenfalle, in der manch einer nachts sein nasses Grab gefunden habe. Wir schreiben Sonntag, den 20. Dezember 1903, es ist abends kurz nach 18 Uhr; der Magaziner Samuel Hunziker ist nach dem Besuch des Centrals in der Dunkelheit in den Bach gefallen und hat infolge der Landung zwei Rippenbrüche erlitten, im weiteren holt er sich eine arge Erkältung. In den Akten und Urkunden ist jedoch von solchen Vorfällen des meist harmlos scheinenden Dorfgewässers wenig die Rede. Samuel Hunziker sagte, es sei ihm von Bürgern gesagt worden, dass in der Nacht schon über hundert Personen in den Bach gefallen seien und in den vergangen 15 Jahren zwei Männer derart verunglückt seien, dass sie dabei den Tod gefunden hätten. Der Wettinger Dorfbach sei viel gefährlicher als eine offene Jauchegrube. Doch der Gemeinderat lehnte jegliche Haftung mit der Begründung ab, dass der Unfall aus Unachtsamkeit geschehen sei.

Vielleicht erkannte der Gemeinderat die Gefahren eines offenen Dorfbaches, so dass im Frühling 1924 der Dorfbach zwischen Restaurant Post und Restaurant Casino in einer ersten Etappe in Röhren verlegt wurde. Am 21. Juli 1911 reklamierte Martin Wiederkehr beim Gemeinderat, dass der Klosterbrühlbach sich in einem Zustand befinde, der allen hygienischen Ansprüchen spotte. Seit einiger

Zeit wurde das Bachbett als Ablagerungsplatz aller möglichen Gegenstände missbraucht.

Nach einem Bericht der Gesundheitskommission an den Gemeinderat vom 1. Oktober 1915 sah das Bachbett auch vom «Rebstock» bis gegen die Metzgerei Spengler hinauf nicht weniger erfreulich aus. Am 2. März 1916 beschloss die Gemeinde, das Teilstück «Rebstock» bis Metzgerei Spengler in Röhren zu legen, und bewilligte den dafür nötigen Kredit. Am 10. Januar 1939 wurde die Entwässerung der Schartenstrasse von der Gemeinde mit Mehrheit beschlossen und der dafür beantragte Kredit von 24 000 Franken bewilligt.

Was uns das Wettinger Chilebächli von seinem Verschwinden erzählt, oder die Entwässerung der Schartenstrasse und ihres Angeländes (Auszug aus dem Badener Tagblatt vom 16. Mai 1942): «Gegenwärtig sind die tatkräftigen Arme der Erdarbeiter daran, in die Schartenstrasse von der Kirche bis hinunter zur Abzweigung der Staffelstrasse einen tiefen Graben auszuheben, um grosse Zementröhren, die schon vor Monaten vorsorglich längs der Strasse bereit gelegt waren, zu versenken und den bereits bestehenden Entwässerungskanal des hinteren Langenstein bis zum Friedhof hinaus zu ergänzen. Die Umstände geboten eine Umleitung des Verkehrs dieser zweitwichtigsten Verbindungsstrasse vom Dorf nach der Stadt. Fuhrwerke und Autos stossen heute daselbst auf unüberwindliche Hindernisse, und auch der Autobusverkehr musste eingestellt werden. Selbst wer auf zwei Beinen oder zwei Rädern zu verkehren gewohnt ist, zieht gegenwärtig den Umweg über die Landstrasse der beschwerlichen Pilgrimschaft auf dem verbliebenen gerölligen Fusspfad vor und nährt seine Wünsche mit der süssen Hoffnung, dass gar bald der altgewohnte Weg schöner und bequemer denn je wieder betreten und beradelt werden kann».

Quellen

Wettingen gestern und heute 1959. Geschichte der Gemeinde Wettingen, 1978. Badener Tagblatt 1942. Eduard-Spiegelberg-Archiv der Gemeinde Wettingen.

Die Walhalla

Die Lust des Bohrens

Eugen Meier

Walhall, die; Walhalla, die (Valhöll), in der altnordischen Mythologie der Saal, in den Odin die in der Schlacht gefallenen Helden aufnimmt.

Die Walhalla, eine Höhle in den Felspartien der Lägern, unter dem Sattel zwischen dem Wettinger Horn und dem Burghorn, ist bis heute ein Geheimtip geblieben. Glücklich, wer sie findet, und ruhelos, wer sie sucht. Der Einstieg, ein senkrechtes Couloir unter dem Sattel, ist eine abenteuerliche Kletterpartie, immerhin gesichert durch abgebrochene Felsschichten und Baumwurzeln, neuerdings auch durch ein Drahtseil. Normal und leichter ist der Zugang von unten. Das schöne Waldplätzchen über dem «Moos» hat die bange Verschwiegenheit eines Grimm-Märchens. Darüber, wo schon kein Vogel mehr singt, liegt die Walhalla.

Die Höhle ist neohistorisch: keine geritzten Knochen, kein Wildkirchli. Sie ist das Werk unseres Jahrhunderts, des Industriezeitalters mit den Freizeitbedürfnissen des Arbeiters und Handwerkers, nicht der Bauern. Foni Egloff, der alte Förster, Jahrgang 1912, war 1919 mit seinem Vater oben. Eine Felsspalte war damals schon deutlich zur Kaverne ausgeweitet. Eine richtige Höhle wurde sie durch systematische Arbeit in den Jahren 1920–1924 und 1928–1936.

Die Pioniere der ersten Phase

Die ersten Pioniere waren vier junge Wettinger, die unter dem Namen *Amicitia* ihre Freizeit mit tollkühnen Unternehmungen gestalteten. Zwei Hüttenbücher aus dem Jahr 1921 geben Aufschluss über ihre Arbeit in Fels und Mergel. Ihr Vordenker und Antreiber war der Geometer Robert Sigrist, der schon bald die Position der Höhle mit Prisma, Senkblei, Latte und Wasserwaage vermass. Aus gefährlichen Standorten über der Höhle schoss er fotografische Bilder. Die vier fühlten sich göttergleich. Es war am 20. April 1921, als sich Roberts Lippen der Name *Walhalla* entrang. Er selber legte sich den Namen *Mars* zu. Seine Versetzung in den germanischen Götterhimmel tat seiner Begeisterung keinen Abbruch. Immerhin gaben die Freunde der Höhle noch einen christlichen Segen.

Der Männerbund *Amicitia*. Von links: Noldi Haller, Ernst Wiederkehr, Fritz Aeppli, Robert Sigrist, 1920 (Sammlung Margrit Mooser-Sigrist, Wettingen).

Roberts rechte Hand war Noldi Haller vulgo *Venus* aus der Geisswies. Er war der Mineur der Gruppe. Er schaffte Unmengen von Gestein aus der Höhle. Der dritte Mann, der Bänkler Ernst Wiederkehr, firmierte unter *Minerva,* und der vierte war Fritz Aeppli, auf einer Gedenktafel als *Aeolus* verewigt.

Mitten im Sonntagnachmittag, wenn die vier noch voll Energie hauen, sägen, pfählen und Stufen schlagen, tönen vom Plätzchen herauf schon die Lockrufe der Freundinnen, die auf Besuch kommen und ihre Schätze nun für sich haben wollen. Das gibt zuerst Ärger und Ausreden. Noldi grämt sich, dass seine Geliebte ihn immer noch «de Haller» nennt statt Noldi. Schliesslich legen sie Spitzhacke, Hammer, Säge und Messgeräte weg, packen die Schnapsflasche ein und treten durch den frühlingshaften Lägernwald den Heimweg an. Wie die Pärchen einander aus den Augen verlieren und einander wieder begegnen: wie in Shakespeares Sommernachtstraum! Abends gehen sie tanzen.

Die Pioniere der zweiten Phase
Cajetan Steiner und seine Langensteiner Gehilfen bildeten um 1930 herum einen neuen Bautrupp, der in jahrelanger Anstrengung die Höhle ausbaute. Sie erweiterten die Eingangspartie mit einer gemauerten Plattform. Dieses Vorwerk konnten sie nicht einfach aus dem Fels hauen oder an die senkrechte Wand kleben; sie mussten die Kanzel vom Abgrund herauf schichtweise aufmauern. Auch wenn sie sich von der natürlichen Höhle entfernten, leisteten sie sehr solide Facharbeit.

Cajetan Steiner, ein Österreicher, war Emailleur bei Merker in Baden. Am Samstag kam er um halb eins heim von der Arbeit; um eins sah man ihn, mit Material beladen, lägernwärts marschieren. «Ich gäng in d'Heeli!» Osi Wyser, sein engster Gehilfe, war Handlanger in der BBC-Schreinerei und nicht immer beschäftigt. Er war dem mächtigen Steiner hörig, aber väterlich betreut. Wyser war jede freie Minute oben.

Wenn also der Chef Steiner am Samstag bei der Höhle ankam, hatte Wyser schon eine Menge Sand, Zement und Wasser hochgeschleppt. Auf Anweisung Steiners wurde nun gepickelt und zementiert. Zeitweise halfen andere mit: Osis Bruder Wisel; Arthur Steiner, Cajetans Sohn; Ruedi Scheidegger, Gussputzer bei BBC. Das waren alles Fabrikler und Handwerker. Sie gehörten den Naturfreunden an. Sie besuchten die Höhle wie einen Kultort und feierten die Natur wie einen Gottesdienst.

Als die Felskanzel genügend fundiert war und die verfallene Treppe der Vorgängerequipe instand gestellt war, stattete Steiner sie mit Gerät aus: Drahtseil für den Aufstieg, Tisch und Bank, Geländer. Er legte Kalender, Heftli und Illustrierte auf. In einer Blechschatulle versorgte er das Hüttenbuch. Das Gewände der Höhle

Die Eishöhle Walhalla mit Sigrist, Wiederkehr und Haller, 1921 (Sammlung Margrit Mooser-Sigrist, Wettingen).

Cajetan Steiner, Frau und Sohn Arthur (Sammlung Margrit Mooser-Sigrist, Wettingen, Foto Gallivaggi-Schmid, Baden, 1939).

war gespickt mit Versteinerungen. An diesem Ort erlebten viele das prickelnde Gefühl des Überlebens. 1933, als schon bösliche Ahnungen aus Nazideutschland in die Schweiz drangen, nahm mich mein Vater auf die Walhalla mit. So sicher fühlte ich mich dort oben, dass ich in einem Aufsatz schrieb: «Wenn es Krieg gibt, gehe ich auf die Walhalla und bleibe dort bis zum Ende!»

Die Walhalla nach dem Krieg

Seit dem Weltkrieg ist es mit der Walhalla abwärts gegangen – trotz der Arbeit unzähliger Trupps wie Pfadfinder, Jungwacht und anderer Jugendorganisationen, die dort gehöhlt und geflickt und ihre romantischen Gefühle gefeiert haben. Der Höhleneingang war verschüttet; Steiners geniale Zinne stürzte ab, nicht nur auf natürliche Weise, teilweise mit Gewalt. Baumstämme, Astwerk, Gestrüpp hingen sperrig im Abgrund. Der Eindruck des Kaputten schnürte das Herz zusammen.

Dank dem unsäglichen Einsatz eines neuen Pioniers ist der alte Zustand scheinbar wieder hergestellt. Aber die Walhalla ist heute überinstrumentiert. Das Outfit, das ihre natürliche Tektonik heute überwuchert, kann nicht darüber hinwegtäuschen, dass die Natur eines Tages über den zivilisatorischen Schnickschnack herfallen und für Ordnung sorgen wird.

Quelle
Robert Sigrist, Noldi Haller: Einträge in das
Tagebuch der Amicitia, Manuskript, 1921.
Sammlung Margrit Mooser-Sigrist, Wettingen.

Der Spekulant und das Unglück von 1899 am Lägernkopf

Andreas Steigmeier

Morgens um zwei Uhr riss am 25. Juni 1899 ein lautes Getöse die Badener Bevölkerung aus dem Schlaf. Am Lägernkopf hinter dem Landvogteischloss donnerten mehrere tausend Kubikmeter Kalkfelsen zu Tal, dass rundum die Wände wackelten. Die unter dem Felskopf durchführende Strasse und die Kehre hinunter zur Holzbrücke wurden meterhoch verschüttet. Nur der nächtlichen Stunde war es zu verdanken, dass niemand verletzt oder getötet wurde. Zum Glück blieb auch das Landvogteischloss unbeschädigt.

Der Felssturz und die nachfolgenden Sicherungsarbeiten veränderten das Antlitz der Lägern an einem landschaftlich empfindlichen Punkt radikal. Dort, wo der Grat bis zur Limmat abfällt und die engste Stelle der Klus bildet, musste der Berg zurückweichen. Die Wunde ist bis heute sichtbar. Ursprünglich führte zwischen Schloss und Fels nur die Strasse von Ennetbaden nach Wettingen durch, heute haben eine geräumige Bushaltestelle und eine Strassenverzweigung Platz.

Am auslaufenden Grat stand das um 1830 erbaute und 1952 abgerissene Restaurant «Felsenegg». Dessen Besitzer Xaver Widmer benutzte den Lägernkopf als Steinbruch. Weil öfters Brocken auf die Strasse fielen, untersagte der Stadtrat 1888 das Sprengen. Der Steinbruch verlor seine Attraktivität aber nicht, und Widmer brach weiter Steine. 1889 tat es ihm der Oberehrendinger Maurermeister Josef Frey gleich, 1896 nördlich des Grates auf eigenem Land auch der Ennetbadener Bierbrauer Gebhard Geser. Auf Reklamationen hin, Geser sprenge von morgens fünf bis abends sieben Uhr, gelangte der Badener Stadtrat an den Gemeinderat Ennetbaden. Offenbar gelang es, «wenigstens die frühe Morgenstunde und den Feierabend vor solcher Kanonade zu schützen und den lauten Italienern etwas Raison beizubringen». Die Steinbruchinhaber hatten Hochkonjunktur; Baden und Ennetbaden erlebten im Sog der aufstrebenden Firma Brown Boveri einen Bauboom.

Die Zeiten, wo ein Bauherr in erster Linie für sich selbst gebaut hatte, waren vorbei. Gewerbsmässig wurden Wohnhäuser erstellt und weiterverkauft. Der

Boom rief Spekulanten auf den Plan, so den aus Vorarlberg stammenden und in Zürich tätigen Architekten Siegfried Scheyer. Ende 1897 kaufte er von den Erben des Felseneggwirts Widmer 1,3 ha Reben, Wald und Felsen an der Südflanke der Lägern, vom Grat bis ins Gebiet Scharten. In den ersten Monaten des Jahres 1898 trat Scheyer mit Bauplänen an den Stadtrat heran. Er beabsichtigte, den Lägernkopf teilweise abzusprengen, eine steile und gewundene Strasse den Schartenhang hinaufzuziehen und an der schönen Südhanglage ein gutes Dutzend Einfamilienhäuser oder kleine Villen zu erstellen. Die Stadt zeigte sich daran interessiert, den Lägerngrat zu erhalten. Sie bot Scheyer ein kleines Grundstück, das sie am Fuss des Steinbruchs besass, im Tausch gegen ein gleichgrosses Stück Fels an, dessen Nordkante einige Meter weiter oben den Grat markierte. Scheyer ging darauf ein, denn der Tausch arrondierte seinen Besitz im Bereich des angefangenen Steinbruchs, dessen Ausbeutung er offenbar die höhere Priorität zuordnete als dem geplanten Villenviertel am Felshang.

Die Vergrösserung des Steinbruchs ging offenbar so schnell vor sich, dass der Stadtrat im Oktober 1898 die Situation als gefährlich beurteilte und Sachverständige bestellte. Der Othmarsinger Steinbruchbesitzer Widmer und der Aarauer Geologieprofessor Friedrich Mühlberg befanden, der Steinbruch habe eine gefährliche Situation geschaffen. Das Gutachten veranlasste die aargauische Baudirektion im Januar 1899, genaue Vorschriften zu erlassen, an welcher Stelle weiterhin Steine gebrochen werden dürften, ohne dass ein Felssturz befürchtet werden müsse. Scheyer akzeptierte murrend; seine Auftragsbücher waren offenbar voll. Im Frühjahr 1899 lieferte er Steine unter anderem für den Bau der Römerburg, der Villa von Charles Brown an der Römerstrasse.

Da ereignete sich am Sonntagmorgen des 25. Juni trotz der erlassenen Vorschriften der Felssturz. Sofort wurde die Befürchtung laut, Scheyer habe entgegen den Auflagen an verbotener Stelle gesprengt, vielleicht sogar wissentlich. Die Aussage eines Polizisten stützte diese These. Sofort wurde die Staatsanwaltschaft eingeschaltet, während Baumeister Louis Mäder mit 80 italienischen Arbeitern die verschütteten Strassen freiräumte. Scheyer rechtfertigte sich, er habe in den Tagen vor dem Sturz festgestellt, dass der Fels sich bewege. Er habe die rutschende Schicht absprengen lassen wollen. Hierzu habe er am Montag, den 26. Juni, die Bewilligung einholen wollen, da die Rutschfläche innerhalb der verbotenen Zone gelegen sei. Der Felssturz vom Sonntag früh sei ihm aber zuvorgekommen. Der Geologe Mühlberg erklärte, seit seinem Gutachten sei er mehrmals am Steinbruch vorbeigegangen und habe sich entsetzt, «dass so weiter gebrochen wurde und zwar speziell an der gefährlichen Seite». Zweifelsohne war der Lägernkopf seines Fundaments beraubt worden.

Der Steinbruch am Lägernkopf am 6. März 1900, neun Monate nach dem Felssturz. Entlang der zur Holzbrücke hinunterführenden Strasse sind auf der bergseitigen Fahrbahnhälfte noch immer Steine vom Felssturz aufgeschichtet (Foto Robert Rüegg, Stadtarchiv B 49.15).

Das Bezirksgericht sah zwischen dem vorschriftswidrigen Sprengen Scheyers und dem Felssturz einen ursächlichen Zusammenhang. Fünf Monate nach dem Unglück verurteilte es Scheyer wegen Vergehens gegen die öffentliche Ordnung und Sicherheit und wegen Verletzung öffentlichen und privaten Eigentums zu 14 Tagen Gefängnis, einer Busse von 300 Franken, der Übernahme aller Verfahrenskosten und zu Entschädigungsleistungen in der Höhe von rund 5800 Franken. Das von Scheyer angerufene Obergericht erkannte aber bloss auf Fahrlässigkeit, strich die Freiheitsstrafe und wies den Schadenersatzanspruch der Stadt Baden ab. Beide Parteien zogen dieses Urteil ans Bundesgericht weiter. Dieses hatte sich aber nie dazu zu äussern, denn Scheyer bahnte einen Vergleich an, dem die Ortsbürgergemeinde Baden am 9. April 1901 zustimmte. Scheyer trat sein Eigentum am engeren Felssturzgebiet mit einem Flächeninhalt von 32 Aren der Ortsbürgergemeinde ab. Den Kaufpreis von 8750 Franken verrechneten die Parteien mit den Schadenersatzforderungen. Auf seinem Restgrundstück erstellte Scheyer im selben Jahr die heute bestehende Häuserreihe an der Wettingerstrasse; sein Villenviertel blieb unausgeführt.

Seither gehört der Lägernkopf der Stadt Baden. Sein Gesicht veränderte sich nochmals stark, denn der Regierungsrat hatte nach dem Felssturz verlangt, dass die etwas überhängende Felsnase aus Sicherheitsgründen weiter abgebrochen werde. 1902 erteilte die Stadt dem Baumeister Mäder den Auftrag, weitere rund 5000 Kubikmeter Fels abzubrechen. Die gebrochenen Steine durfte Mäder verkaufen, in erster Linie seien sie aber für Bauten in Baden zu verwenden. Gemäss Unternehmervertrag mussten die Abbrucharbeiten Ende 1903 beendet und die Steine bis Ende 1905 weggeführt sein. Es ist anzunehmen, dass während dieser Jahre die anderen Badener Steinbrüche, namentlich jener am Hundsbuck, etwas geschont wurden. So dürften zahlreiche Bauten in Baden, die zwischen den 1890er Jahren und etwa 1906 erstellt wurden, Steine vom Lägernkopf in ihren Mauern tragen.

Quellen
Stadtarchiv Baden, B 49.15 (Akten Steinbruch Lägernkopf) und B 36.9 (Lagerbuch).

Der Lägernkopf nach dem
Abbruch weiterer Felsmassen,
vermutlich 1902 oder 1903.
Das rechts angrenzende
Wohnhaus, später das Restaurant St. Anna beherbergend,
war 1901 durch Architekt
Siegfried Scheyer erstellt worden, ebenso die ausserhalb
des Bildes anschliessenden
Liegenschaften (Foto Robert
Rüegg, Stadtarchiv B 49.15).

Junge Gemeinde – imposantes Schulhaus

Karl Moser baute vor 100 Jahren das Schulhaus von Turgi

Silvia Siegenthaler

Das Ortsbild Turgis wird in auffälliger Weise durch die markanten Gebäude der Spinnerei Bebié geprägt. Doch nicht weniger eindrücklich erscheint ein anderer repräsentativer Bau – das Gemeindeschulhaus. Inwiefern ist wohl das Schicksal dieser Gebäude miteinander verwoben? Blenden wir 100 Jahre zurück ins Jahr 1898, das Jahr der Fertigstellung des Schulhauses, so lassen uns gewisse Tatsachen staunen: Turgi, erst seit 1884 eine politische Gemeinde, scheint sich mit diesem stolzen Schulhausgebäude ein Denkmal seiner Eigenständigkeit gesetzt zu haben. Hinzu kommt die Wahl des Architekten, die auf keinen geringeren fiel als auf Karl Moser, den bekanntesten Schweizer Architekten der Jahrhundertwende.

Turgi, das vor seiner politischen Unabhängigkeit Gebenstorf angegliedert war, ist ein typisches Fabrikdorf. Die Geschicke der Gemeinde sind eng mit der Geschichte der 1826 gegründeten Bauwollspinnerei Bebié verknüpft. Aus der Fabriklersiedlung entstand eine zunehmend grösser werdende Gemeinde mit wachsendem Selbstbewusstsein. So wie die Gemeinde ihre Existenz der Gründung der Spinnerei verdankt, ist auch die Geschichte der Turgemer Schule mit derjenigen der Spinnerei Bebié in Beziehung zu setzen. Verschiedentlich wurde nach der Fabrikgründung seitens des Staates die Forderung an die Spinnerei gestellt, die Fabrikkinder vor Ort zu unterrichten, doch erst 1838 richteten die Bebiés in einem Waschhaus eine Fabrikschule ein. Nach deren Aufhebung elf Jahre später sahen sich die Fabrikkinder wieder gezwungen, die Schule in Gebenstorf zu besuchen, bis sich die Gemeinde Gebenstorf nach langem Zögern und dank finanzieller Unterstützung von Rudolf Bebié 1854 zum Bau eines Schulhauses in Turgi durchringen konnte. Mit der politischen Selbständigkeit der Gemeinde Turgi und dem raschen Wachstum der jungen Gemeinde waren dem Raumangebot des ersten Schulhauses bald Grenzen gesetzt, so dass 1897 über einen Neubau diskutiert werden musste.

Nach der Bundesstaatsgründung wurden auch im Bauwesen die Zuständigkeiten neu definiert. So hatte sich der Kanton mit Bauaufgaben wie der Erstellung eines kantonalen Gefängnisses oder des Kantonsspitals und der Kantonsschule zu

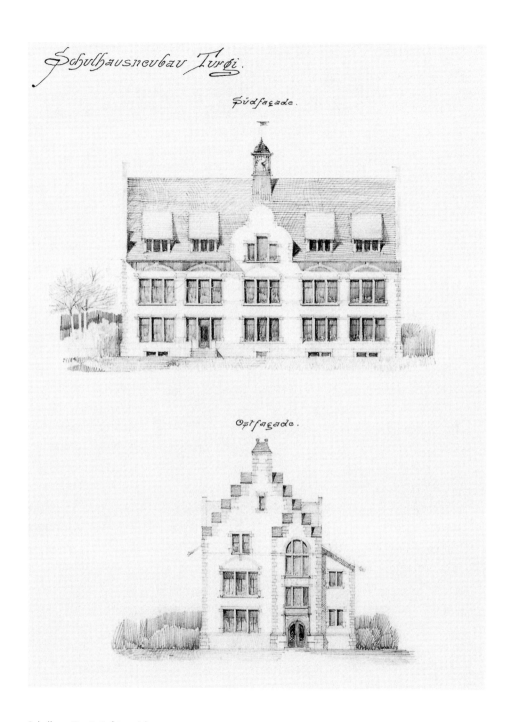

Schulhaus Turgi, Aufrisszeichnung der Süd- und Ostfassade von Karl Moser (Institut für Geschichte und Theorie der Architektur, gta, ETH Zürich).

befassen. Währenddessen fiel das Volksschulwesen in den Zuständigkeitsbereich der Gemeinden. Nachdem die Schulgesetze erlassen waren, setzte in der zweiten Hälfte des 19. Jahrhunderts im Schulhausbau ein regelrechter Boom ein. Diesen Bauten kam nun eine wichtige Bedeutung für die kommunale Selbstdarstellung zu, weshalb sie oft einen recht repräsentativen Charakter annahmen.

Das Bedürfnis der Gemeinde Turgi nach einem derartigen Schulhaus-Neubau entsprach somit durchaus einer allgemeinen Zeitströmung. Nachdem der Entscheid für den Neubau getroffen war, konstituierte sich die Baukommission am 4. März 1897 unter dem Präsidium des Fabrikanten Peter Zai-Kappeler, Direktor der Spinnerei Kappeler-Bebié. Die Kommission hatte sich mit verschiedenen Problemen auseinanderzusetzen, so unter anderem mit der Standortfrage, der Architektenwahl und der Finanzierung. Bereits an der zweiten Sitzung vom 17. März 1897 wurde mitgeteilt, dass das alte Schulhaus zum Verkauf ausgeschrieben sei und der Erlös zur Mitfinanzierung des Neubaus dienen könnte. Über die Standortwahl sollten Offerten entscheiden. Schliesslich standen sich zwei Landangebote gegenüber, einerseits Land im Anschluss an das bisherige Schulhausgelände von Kappeler-Bebiés Erben und andererseits Land beim Gasthof Krone von Stahels Erben. Der Entscheid für das angebotene Landstück von Kappeler-Bebiés Erben erstaunt kaum, denn Peter Zai-Kappeler präsidierte die Kommission und dürfte sie bei diesem Kauf beeinflusst haben. Den Landverkauf koppelten Kappeler-Bebiés Erben mit der Bedingung, das Wegrecht zur 1894 von Mathilde Kappeler erbauten Ludwigskapelle zu erhalten. Obwohl Peter Zai-Kappeler innerhalb der Kommission eine starke Position vertrat, schien keine finanzielle Unterstützung des Schulhausbaus daraus zu resultieren. So erhielt die Gemeinde im Gegensatz zum Schulhausbau von 1854, als der Fabrikant Rudolf Bebié ihr das benötigte Land geschenkt hatte, am 15. November 1897 für den 3120 m^2 grossen Bauplatz seitens Kappeler-Bebiés Erben eine Rechnung über 7626.50 Franken zugestellt.

Am 1. April 1897 veranlasste die Kommission zwei Architekten, den Villiger Baumeister Baumann und den Aargauischen Hochbaumeister Robert Ammann, Skizzen und einen Kostenvoranschlag auszuarbeiten. Anscheinend vermochten deren Vorschläge nicht zu überzeugen, und der Gemeinderat legte, in einer Phase der Neukonstituierung der Schulhausbau-Kommission, ein neues Projekt des Architekten Karl Moser vor, das von der Kommission gutgeheissen wurde.

Der Architekt Karl Moser
Obwohl Karl Moser (1860–1936) sein Büro zusammen mit Robert Curjel zur Auftragszeit in Karlsruhe betrieb, führte er verschiedentlich Aufträge in seiner Heimat aus. Karl Moser wuchs in Baden auf. Mit seiner Berufswahl betrat er für die

Familie kein unbekanntes Berufsfeld, denn bereits sein Grossvater war Baumeister, sein Vater Robert Moser war Architekt und unter anderem Erbauer des Alten Schulhauses, des Kursaals und der Dreikönigskapelle in Baden. Auch auf kantonaler Ebene kam Robert Moser zum Zug so zum Beispiel beim Bau der kantonalen Strafanstalt in Lenzburg.

Karl Moser weist in seinem gestalterischen Schaffen ein breites Spektrum auf, begonnen bei seinen dem Historismus verpflichteten Bauten über den Jugendstil hin zum ersten Sichtbetonbau der Schweiz, der Antoniuskirche in Basel. Verschiedentlich führte Moser in der Schweiz auch offizielle Aufträge aus, so ist uns allen als ein Beispiel der die Stadt Zürich prägende Bau der Universität vertraut. 1915 entschloss sich Moser, einem Ruf an die ETH in Zürich zu folgen, und löste aus diesem Grunde seine erfolgreiche Bürogemeinschaft mit Robert Curjel in Karlsruhe auf. Nicht zuletzt die kriegsbedingten Umstände mochten Moser den Entscheid zur Annahme der Professur, die er bis 1928 innehatte, erleichtert haben.

Zur Zeit seines Turgemer Auftrages war Karl Moser in Baden gerade mit der unvergleichlichen Serie der vier Industriellenvillen (Boveri, Römerburg, Langmatt, Burghalde) beschäftigt, von denen leider nur noch deren drei stehen. Vermutlich hatte auch einer seiner Aargauer Aufträge, nämlich die Kantonsschule Aarau, die 1894–1896 nach seinen Plänen verwirklicht wurde, dazu geführt, diesen renommierten Architekten anzufragen. Gleichzeitig übernahm, voraussichtlich bereits für den Kantonsschulbau, ein Aarauer Architekturbüro unter der Leitung des Architekten Karl Kress die Bauleitung während Mosers Abwesenheit. Der Baukommission in Turgi wünschte Moser sein Projekt jedoch persönlich zu präsentieren. Aus diesem Grund nahm er an der Sitzung vom 16. Juli 1897 teil, an der auch der Bauplatz besichtigt wurde.

Am 12. September 1897 bewilligte die Gemeindeversammlung den von der Kommission vorgeschlagenen Baukredit von 90 000 Franken. Trotzdem überlegte sich die Kommission später, ob auf eine aufwendigere Ausführung des Baus verzichtet werden sollte. In den meisten der angesprochenen Punkte allerdings bevorzugte man die luxuriösere Variante. So in der Sockelzone, die mit Spitzstein ausgeführt werden sollte. Auch die Fenstereinfassung wünschte man nicht in Kunststein, sondern in Bernerstein. In der Innenausstattung wurden in den Schulzimmern Riemenböden und eine 120 cm hohe Täfelung vorgesehen. Einzig auf den Dachausbau verzichtete man, und die Frage eines Turmaufbaus wurde vorerst noch zurückgestellt. In der Sitzung vom 26. März 1898 entschied man sich aber für die Ausführung des Turms. In den Bauakten im Gemeindearchiv Turgi liegt eine Offerte von A. Walker, Uhrmacher in Baden, vor, mit verschiedenen Turmuhr-Angeboten (Preis 700 bis 1500 Franken).

Das Schulhaus Turgi

Das sehr rustikal erscheinende Gebäude erhebt sich über einem rechteckigen Grundriss, mit einem nach Norden ausgreifenden Anbau, in dem die WC-Anlagen untergebracht wurden. Die rustikale Wirkung erzielte Moser mit dem Einsatz des unverputzten Kalksteins, mit dem er Sockelpartie, Ecksteine, Treppengiebel und im ersten Obergeschoss die Blendbögen ausführte. Solchermassen verwendete Steine sind gestalterische Mittel, welche die sonst recht einfach und symmetrisch gegliederten Fassaden auflockern. Ost- und Westfassade, die zweiachsige Fensterfronten aufweisen, finden in einem Treppengiebel ihren Abschluss. Nord- beziehungsweise Südfassade sind durch einen Mittelrisalit ausgezeichnet, der in einem Jugendstilgiebel gipfelt. In der Ausformulierung dieses Giebels lehnte sich Moser an den Vorgängerbau der 1897 beendeten Villa Boveri in Baden an. In der Mitte des Dachs erhebt sich der kleine Turmaufbau, der für viele Schulhausbauten der damaligen Epoche kennzeichnend war. Beachtenswert sind die mit sehr viel Liebe zum Detail ausgestalteten Fenster- und Portalprofilierungen, die uns die historistischen Ansätze in Mosers Bauten seiner Karlsruher Zeit (1888–1915) deutlich vor Augen führen. Karl Moser entwickelte und pflegte während seiner Karlsruher Zeit ein hohes Niveau der künstlerischen Zusammenarbeit mit Malern, Keramikern und Bildhauern, ganz dem gesamtkunstwerklichen Anspruch des Jugendstils entsprechend. Leider ist im Falle des Turgemer Schulhauses keineswegs mehr nachvollziehbar, wie Mosers Innenausbau ausgesehen haben kann, denn die in den siebziger Jahren erfolgten Umbauten haben dem Schulhaus innen einen völlig neuen, «modernen» Charakter verliehen und so Mosers Bau empfindlich verletzt, seine Handschrift im Innern getilgt. In der äusseren Gestaltung findet der Betrachter neben Jugendstileinflüssen ebenfalls Reminiszenzen an die Renaissance, mit denen Moser den Schulhausbau auszeichnet und auf die humanistische Tradition hinweist, die im Innern gepflegt wird.

Am Beispiel des Schulhausbaus von Turgi lässt sich unschwer erkennen, welche Bedeutung solchen offiziellen Bauaufgaben zukam, in denen eine Gemeinde ihr Selbstverständnis zum Ausdruck bringen konnte. Turgi liess einen repräsentativen Bau von einem der renommiertesten Architekten der Zeit erstellen.

Der Artikel stützt sich auf folgende Publikationen:
Sauerländer, Dominik; Steigmeier, Andreas:
«Wohlhabenheit wird nur Wenigen zu Theil».
Aus der Geschichte der Gemeinde Gebenstorf.
Gebenstorf 1997. Keller, Urs: Der Schulhausbau.
In: Schulblatt der Gemeinde Turgi, 100 Jahre
Gemeindeschulhaus Turgi 1898–1998, Juni 1998.
Rucki, Isabelle; Huber, Dorothee (Hg.):
Architektenlexikon der Schweiz 19./20. Jahrhundert. Basel, Boston, Berlin 1998.
Weiter verdankt die Autorin Arthur Luthiger,
Turgi, einige Hinweise.

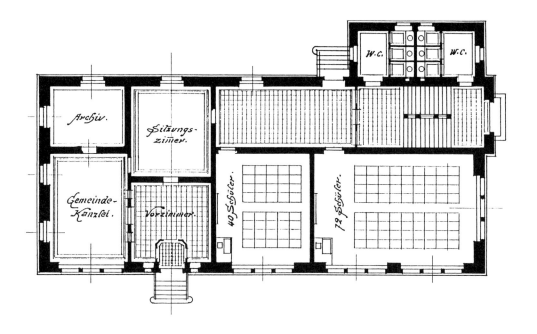

Schulhaus Turgi, Karl Mosers
Grundriss des Erdgeschosses
(Institut für Geschichte und
Theorie der Architektur, gta,
ETH Zürich).

Neue Erkenntnisse zur Baugeschichte der Niederen Feste

Die Ergebnisse der Bauuntersuchungen

Peter Frey (Untersuchungsresultate) und Bruno Meier (Interpretation)

Im Mittelalter besass Baden zwei Burgen. Es waren dies die Burg Stein auf dem Schlossberg und das 1265 erstmals schriftlich erwähnte *Niderhus* am rechten Limmatufer, das von 1487 bis 1490 eine tiefgreifende Umgestaltung erfuhr und seither als Landvogteischloss bezeichnet wird. Von der mittelalterlichen Burganlage, dem *Niderhus,* stammt der im Landvogteischloss integrierte, noch über drei Geschosse reichende Turmstumpf (M1/M3). Auch für andere besonders dicke Mauern (M2) in den beiden Untergeschossen wurde eine Datierung ins Mittelalter erwogen. Genaueren Aufschluss über das Alter dieser Mauern ergaben baugeschichtliche Untersuchungen, welche die Kantonsarchäologie zwischen 1995 und 1997 im Zuge von Renovationsarbeiten im Hochparterre und im Kellergeschoss des Landvogteischlosses durchführen konnte.

Der Untersuchungsbefund

Die Untersuchungen im Untergeschoss blieben auf den nordöstlichen Kellerraum und im Hochparterre auf einzelne Wandpartien beschränkt.

Der Südabschnitt der westlichen Kellerwand im Untergeschoss wird durch die mittelalterliche Turmmauer (M1) gebildet. Sie besteht aus grossen, lagerhaft geschichteten Bollen- und Bruchsteinen. Einzelne Steine springen bis fünfzehn Zentimeter über die Wandflucht vor. Der Mörtel ist grobkiesig und hat eine braune Farbe. Die Ecksteine des Turms werden durch mächtige Bruchsteine gebildet, die mehrheitlich Kantenschlag aufweisen. Die gleiche Mauerstruktur weisen die Turmwände im Hochparterre auf.

An die nordöstliche Turmecke schliesst im Keller eine nach Norden ziehende Mauer (M2) an, die den Nordabschnitt der westlichen Kellerwand bildet. Diese Mauer (M2) weist eine mit dem Turm identische Struktur auf. Demnach dürfte diese Mauer unmittelbar nach dem Turmbau entstanden sein.

Wesentlich jünger sind die Mauern M4 und M5, die den Keller und das Hochparterre nach Norden und Osten abschliessen. Ihr Mauerwerk wird durch lager-

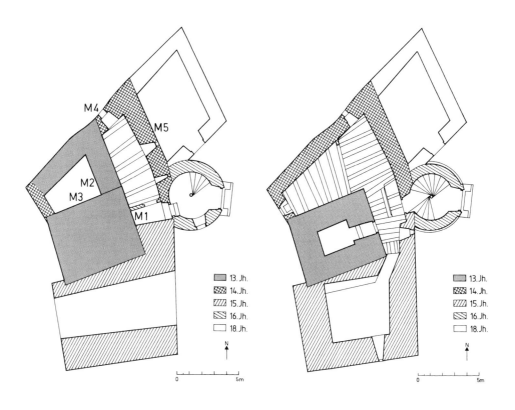

Landvogteischloss, Grundrisspläne Kellergeschoss und Hochparterre (Numerierung siehe Text).

haft geschichtete Kalkbruchsteine mittlerer Grösse gebildet. Der grobkiesige Mörtel hat eine weisse Farbe. Zwei sekundär zugemauerte Schartenfenster in der Kellerostmauer gehören dem ursprünglichen Baubestand der Mauer M5 an. Aus der Bauzeit der Mauern M4 und M5 stammt auch das Gebälk der Decken im Keller und im Hochparterre. Die erstmals durchgeführte dendrochronologische Altersbestimmung dieser Deckenbalken datiert uns den Bau der Mauern M4 und M5 in die Jahre 1323/24 und zwar übereinstimmend im Keller wie im Hochparterre.

Der Turmstumpf im Hochparterre, in gleicher Bauweise errichtet wie im Keller, weist auf der Oberfläche eine Brandrötung auf, die wohl von einer Feuersbrunst stammt. In der Folge der Brandschädigung witterte der Mörtel stark aus. Die dadurch zwischen den Steinen entstandenen Löcher im Mauermantel hat man beim Neubau des Schlosses 1487/1490 mit Mörtel, Ziegelfragmenten und wo nötig gar mit kleineren Steinen gestopft.

Wahrscheinlich zur gleichen Zeit oder auch etwas später wurde der Turmsüdseite eine Mauer aus Kalkbruchsteinen vorgeblendet, die dem Gewölbe über der Tordurchfahrt im Landvogteisüdflügel als Auflager diente. Die Gewölbeschale wurde bei der Sanierung des Landvogteischlosses im Jahr 1925 abgetragen. Der darüberliegende, morsch gewordene Boden des ehemaligen Audienzzimmers wurde damals mit dem Einbau von Stahlträgern gesichert. Anstatt des ehemaligen Gewölbes entstand der später für die Kadetten genutzte Ausstellungsraum. Das Gewölbeauflager blieb bestehen, und der Turmsüdseite wurde darauf eine treppenartige Vormauerung vorgeblendet, welche lediglich zu Ausstellungszwecken diente. Das entsprechende Mauerwerk aus Tuffquadern und Kalkbruchsteinen weist deshalb einen Zementmörtel auf. Aufgrund dieser Vormauerungen an der Turmsüdfront ist es leider nicht möglich zu entscheiden, ob der Landvogteisüdflügel, oder genauer gesagt sein Mauersockel, noch vor die Zeit von 1487 zurückgeht. Da die Holzdecke 1925 ersetzt worden ist, kann dies auch dendrochronologisch nicht mehr nachgeprüft werden.

Die Untersuchungsresultate

Wie aufgrund der Untersuchungen zu ermitteln war, bestand das *Niderhus* anfänglich aus einem kleinen, im Grundriss rechteckigen Turm und aus einem angebauten, trapezförmigen Wohntrakt. Bis zu einer Höhe von 5,3 Metern war der Turm wahrscheinlich voll ausgemauert. Erst darüber folgt ein Innenraum von 2,5 Metern Länge und 2 Metern Breite. Da die Grundfläche des Turms nur 6,3 auf 5,7 Meter misst, kann er als Bergfried bezeichnet werden. Der Bergfried mittelalterlicher Burgen diente der Besatzung als Wehrturm und zugleich als letzte Zuflucht. In unserer Gegend kamen derartige Türme nicht vor dem späteren 12. Jahrhundert

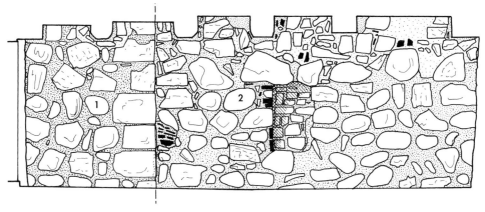

Ansicht der Turmwestmauer (1) und der Wohntraktmauer (2) im Kellergeschoss (steingerechte Zeichnung und Fotoausschnitt). Deutlich sichtbar sind die mächtigen Ecksteine des Turmes.

auf. Für eine Entstehung in der ersten Hälfte des 13. Jahrhunderts spricht im Fall von Baden die Mauerstruktur. Den besten Vergleich dazu bieten die Gebäude der um 1240 erbauten Burg Freudenau bei Untersiggenthal. Die Entstehung der kleinen Burg ist wohl in den Zusammenhang zu stellen mit einem in kiburgischer Zeit erfolgten Ausbau des Sperriegels Baden in der zweiten Hälfte des 13. Jahrhunderts, wozu auch der Bau der erstmals 1242 erwähnten Holzbrücke gehörte.

Der steinerne Wohnbau der Gründungsanlage bestand aus den Mauern M2 und M3. Angesichts der geringen trapezförmigen Grundfläche des Wohntrakts werden die bewohnten Räume in einem oder mehreren Obergeschossen zu suchen sein. Die letzteren bestanden vermutlich aus Holz. Um 1323/24 wurde der Wohnbau nach Osten erweitert (M4/M5). Ob auch der Torbau zu dieser Zeit erbaut wurde, ist ungewiss. Vermutlich entstand er in der heutigen Form erst 1487/1490, als man die kleine Burg zum standesgemässeren Landvogteisitz erweiterte.

Zur historischen Interpretation

Die Geschichte der zwei markanten Burgen in Baden, des Steins und des Landvogteischlosses, wie auch die Entstehung der Stadtanlage von Baden hat seit der 1880 publizierten Stadtgeschichte von Bartholomäus Fricker immer wieder zu neuen Interpretationsversuchen Anlass gegeben. Die dürftige Urkundensituation und die mangelnde archäologische Erforschung von Baden liessen einige Rätsel ungelöst. Die vorhandene Literatur, die in einem Schwerpunktband der Badener Neujahrsblätter 1997 ausführlich diskutiert und gewertet werden konnte, fusst nach wie vor auf Frickers Darstellung und der Aufarbeitung der Urkundensituation von Walther Merz in seinem Standardwerk über die mittelalterlichen Burganlagen und Wehrbauten des Kantons Aargau.[1] Die späteren Darstellungen im Führer zum Landvogteischloss von 1957 und in der Stadtgeschichte von Otto Mittler basieren auf diesen Arbeiten. Zusammengefasst ist dieser Forschungsstand im Kunstdenkmälerband von Peter Hoegger.[2]

Der Bestand der schriftlichen Überlieferung ist unverändert. Die Resultate der Bauuntersuchungen am Landvogteischloss sind in diesem Sinn kleine Mosaiksteine, welche die Rätsel nicht lösen, sondern die gängigen Interpretationen etwas sicherer erscheinen lassen oder neue Interpretationen zulassen. Die archäologischen Untersuchungen der letzten drei Jahre haben in diesem Sinn zwei wesentliche Resultate gezeigt: Eine neue Einschätzung der Entstehungszeit des ursprünglichen Baus und neue Erkenntnisse zu den Bauten vor der Umgestaltung von 1487/1490.

Gewölbeauflager an der Turmsüdseite (vorne), darüber Mauerwerk aus Tuffquadern und Bruchsteinen, rechts Backsteine der Aufmauerung von 1925. Restaurierter Zustand in der Ausstellung.

Der Turmstumpf im Hochparterre mit den behauenen Ecksteinen, analog zur Situation im Keller. Restaurierter Zustand in der Ausstellung.

Zur Entstehung der Niederen Feste

Die ältere Forschung hat die Entstehung der Niederen Feste ins 12. Jahrhundert datiert, womöglich noch in vorkiburgische Zeit. Insbesondere Fricker vermutete, dass die Bezeichnung «in castro Baden» sich sowohl auf den Stein wie auch eine Burg an der Limmat beziehen könnte.[3] Die erste eindeutige Erwähnung in schriftlicher Form liegt bekanntlich erst aus dem Jahr 1265 vor. Aus dem zweiten Viertel des 13. Jahrhunderts sind kiburgische Amtsleute bekannt, deren Amtssitz wohl die Niedere Feste sein konnte oder die das feste Haus zu Lehen hatten. Die archäologischen Untersuchungen datieren den Bau nun eindeutig in die erste Hälfte des 13. Jahrhunderts in den Kontext eines Ausbaus der gesamten Siedlung Baden in kiburgischer Zeit. Neu an diesen Untersuchungsresultaten ist, dass aus dieser Zeit nicht nur der später teilweise abgetragene Bergfried, sondern nördlich anschliessend auch ein kleiner steinerner Anbau erhalten ist. Die Niedere Feste kann also durchaus im 13. Jahrhundert als Amtssitz der kiburgischen Vögte im Amt Baden gedient haben. Ein isoliert stehender Bergfried hätte wohl lediglich zu Befestigungszwecken dienen können. Es ist neu davon auszugehen, dass dieser Turm bereits Anbauten besass, die zu Wohnzwecken genutzt werden konnten. Offen bleibt in diesem Zusammenhang das Alter des Tordurchgangs an der Südseite. Eine Toranlage am heutigen Ort wird wohl schon früh bestanden haben, wenn davon ausgegangen werden kann, dass die 1242 erwähnte Brücke am selben Ort wie die späteren gestanden hat. Ob die heute noch mächtigen Mauern dieses Tordurchgangs auf eine Entstehung hindeuten, die vor die Umgestaltung von 1487/1490 hinweist, muss nach den bisher vorliegenden Resultaten aber offen beziehungsweise späteren Untersuchungen vorbehalten bleiben.

Zu den Ausbauten vor 1487

Wesentliche neue Erkenntnisse brachte die dendrochronologische Untersuchung der Deckenbalken im Kellergeschoss und im Hochparterre. Das Untersuchungsresultat 1323/24 und die gleichzeitig Überprüfung der nordöstlichen Mauerstruktur im Keller deuten auf einen Ausbau der Anlage im ersten Viertel des 14. Jahrhunderts hin. Schriftliche Nachweise dazu fehlen völlig. Einzig ein kleiner Umbau aus dem Jahr 1363 ist bekannt.[4] Prinzipiell wäre es zwar möglich, dass die älteren Balken 1487/1490 für den Neubau wiederverwendet worden wären. Die an verschiedenen Orten gemachten und identischen dendrochronologischen Proben lassen dies jedoch als eher unwahrscheinlich erscheinen. Das heisst mit anderen Worten, der Bau von 1487/1490 ist nicht von Grund auf neu aufgeführt worden, sondern auf dem bestehenden Grundriss und auf bestehender Baustruktur, die noch bis ins erste Obergeschoss reicht, aufgebaut worden.

Ein Ausbau der Niederen Feste 1323/24 könnte im Kontext des Befestigungsbaus der Stadt gesehen werden, allenfalls mit dem Einbezug der Vorstadt in der Halde. Allerdings liegen aus diesen Jahren keine konkreten schriftlichen Nachweise über den Zustand der städtischen Wehranlagen vor. Eine systematischer Ausbau der Befestigungen ist erst in den 1350er Jahren nach dem Krieg mit Zürich nachgewiesen.[5]

Wir können also davon ausgehen, dass die Ritter von Baden, kiburgische Amtsleute im 13. Jahrhundert, und die habsburgischen Untervögte im Amt Baden im 14. Jahrhundert bereits über einen ansehnlichen Befestigungsbau als Amtssitz verfügen konnten, wobei die Anlage im 14. Jahrhundert mehrmals verpfändet war. Inwiefern dieser Bau bei der Eroberung der Stadt Baden 1415 in Mitleidenschaft gezogen wurde, lässt sich nur vermuten. Immerhin kostete die notdürftige Renovation der Anlage im Sommer 1416 eine ansehnliche Summe Geld.[6] Im Neubau von 1487/1490 steckt also mehr ältere Substanz, als bisher angenommen worden war.

Anmerkungen

[1] Fricker, Bartholomäus: Geschichte der Stadt und Bäder zu Baden. Aarau 1880, 39–43 und 484–488. Merz, Walther: Die mittelalterlichen Burganlagen und Wehrbauten des Kantons Aargau, Bd. 1. Aarau 1905, 81–105.

[2] Mittler, Otto: Zur Geschichte des Schlosses. In: Landvogteischloss und Museum Baden. Baden 1957, 3–18. Mittler, Otto: Geschichte der Stadt Baden, Bd. 1. Aarau, Baden 1962, 43–47 und 132–135. Hoegger, Peter: Die Kunstdenkmäler des Kantons Aargau, Bd. VI: Der Bezirk Baden I. Basel 1976, 59–71.

[3] Fricker, Baden, 487f.

[4] Merz, Burganlagen, 85.

[5] Mittler, Baden, 121f.

[6] Merz, Burganlagen, 86.

Zwei Berufsschulen – zwei Geschichten

Zur Zeit, als es in Baden noch zwei Berufsschulen gab

Ariane Winkler

Als Schreinerlehrling war es Ueli gewohnt, früh aufzustehen, auch am Sonntag. Denn, wenn er nicht zur Schule ginge, gäbe es ohnehin auf dem Feld zu tun oder einen speziellen Kirchentag zu feiern. Der Vater und das Wetter entschieden jeweils über den Schulbesuch, je nachdem stand Kartoffelernte, Gottesdienst oder eben Zeichnen bevor. Im Sommer wurde an der Schule vor allem gezeichnet, im Winter gab es zusätzlich Lektionen in Geschäftskunde, Buchführung oder Aufsatzschreiben. Niemand musste wirklich hingehen. Der Unterricht war gratis bis auf jährlich zwei Franken für das sonntägliche Zeichnen. Manchmal traf Ueli den Köbi an und ging mit ihm ein Stück. Wenn er den Schulweg mit Köbi zurücklegen konnte, dann erzählte ihm dieser hie und da von der Firma, wo er und viele andere arbeiteten. Und dass sie riesige Turbinen bauen und ins Ausland schicken würden. Dann lauschte Ueli jeweils gespannt, liess sich den Neid nicht anmerken und bedauerte nur kurz, dass sein eigener Vater Schreiner war.

Beinahe drei Jahrzehnte lang besuchten alle Lehrlinge[1] der Region gemeinsame Schulräume, bis die Firma BBC beschloss, ihre Lehrlinge auf eigenem Terrain auszubilden. So gab es in Baden seit 1918 zwei schulische Standorte zur Lehrlingsausbildung: die städtische Berufsschule (früher «Handwägelischule» genannt) und die ABB-Berufsschule (früher «Werkschule»). Genau 80 Jahre lang beschritten die beiden Schulen unabhängige Wege, mit dem neuen Jahr werden die Lehrlinge von Baden und Umgebung den Schulweg wieder gemeinsam unternehmen. Mit dem 1. Januar 1999 schliessen sich die beiden Berufsschulen zusammen und folgen so dem internationalen Trend «aus zwei mach' eins». Das zukünftige Gebäude ist in Planung, und die Badener Stimmberechtigten werden über dieses Bauprojekt nächstens abstimmen. Gemeinsam ist mit dem neuen Jahr die Organisation und die Verwaltung, äusserlich ändert sich, bis das neue Schulhaus steht, wenig: Die städtische Berufsschule an der Burghalde wird weiterhin die Coiffeusen, Tiefbauer und die Lehrlinge aus dem Auto- und Gastgewerbe unterrichten, und die Elektroniker, Automatiker und Polymechaniker[2] werden wie bis

Das «Werkschulhaus» am Fuss des Martinsbergs im Jahre 1931 mit allen Schülern und Lehrkräften. In den sechziger Jahren wurde das Gebäude verdoppelt (Foto ABB-Bildarchiv).

anhin das ABB-Areal durchqueren, um das Schulgebäude zu erreichen. Das neue Gebäude, welches allen Lehrlingen der Region Platz bieten soll, wird auf städtischem Boden im heutigen ABB-Areal zu stehen kommen. Für die Räumlichkeiten der städtischen Berufsschule Burghalde bedankt sich die benachbarte Bezirksschule, und das Gebäude der ABB-Berufsschule wird wohl gelegentlich für die Lehrwerkstätten genutzt werden. Doch die Zusammenlegung der Berufsschulen ist nicht einfach die Lösung eines Platzproblems oder die sogenannte «Stärkung des Ausbildungsortes Baden», welche Ziel ist, sondern es werden zwei Orte aufgegeben, an denen sich über Jahrzehnte ein Stück Schulkultur abgespielt hat.

Ein Augenschein

Die Klasse von Elektromechanikern[3] war früh aufgestanden, hatte mit Bus, Zug oder Velo das ABB-Gelände beim Portier West erreicht und den Rest des Weges zwischen Fabrikhallen und gestapelten Fertigungsteilen zu Fuss zurückgelegt. Ganz hinten neben dem Hochspannungslabor, beinahe versteckt schon durch die Lehrwerkstätten, steht die ABB-Berufsschule. Als sie 1931 als «Werkschule», damals noch halb so gross, eingeweiht wurde, ragte sie etwas verloren aus unbebautem Gebiet. Heute hat die Expansion des Betriebes die Wiesen zum Verschwinden gebracht und für unmittelbare Nähe der Firma gesorgt. – Im dritten Stock der ABB-Berufsschule sitzen sie nun, ein Dutzend Schüler gleichmässig verteilt, je zwei an der festgeschraubten Bank, durch Korpus getrennt. Das unkonzentrierte Auge würde über die technischen Informationsplakate an den Wänden zu den direkt gegenüberliegenden Lehrwerkstätten schweifen, aber tief über das Übungsblatt gebeugt heben die Schüler den Blick bloss, um das Fehlende vom Hellraumprojektor abzuschreiben. Fragen zum Operationsverstärker werden geklärt, ansonsten ist es auffallend still. Nur manchmal erinnert die Firma mit einem leichten Vibrieren an ihre Anwesenheit.

Wir schwenken die Kamera, legen 1000 Meter Luftlinie zurück und gelangen zur Berufsschule Burghalde; aus der metallenen Schulzimmerluft in den Parfumduft, weg vom Operationsverstärker, hin zum Haarausfall: Die Bänke seien hufeisenförmig anzuordnen. Die angehenden Coiffeusen erheben sich und nutzen die angenehme Unterbrechung zur Fortführung der Gespräche. Es wird vom gestrigen Abend geschwärmt, das neue Tattoo der Mitschülerin begutachtet und die Mittagspause geplant. Was natürlich nicht alles während des Bänkeverschiebens geklärt werden kann und somit einer ausgedehnteren Diskussion während der Schulstunde bedarf. So schweift man denn auch immer wieder ab, und das Gespräch führt von den Haarwurzeln über die Kleider bis hin zu Ferienplänen, gerade so, wie man sich und die Kunden im Alltag beim Haareschneiden unterhält.

Eine kurze gemeinsame Geschichte

Um die praktische Einführung in den Beruf zu vervollkommnen, waren die Lehrlinge angehalten, am Sonntagvormittag jeweils die Kurse in Rechnen und vor allem Zeichnen zu besuchen. Auf das Zeichnen als exakte Arbeit und Übungsform der Konzentration und Beobachtungsgabe wurde besonderen Wert gelegt. Die Stadt Baden kannte diese Einrichtung bereits lange. Seit 1832[4] fanden die sonntäglichen Kurse für Lehrlinge aller Berufssparten in den Räumlichkeiten des Seminars in Wettingen und der Bezirksschule statt. Konkreter wurde die Sache 1863 mit der Gründung des Handwerker- und Gewerbevereins, als Baden dem Vorhaben, obligatorische Handwerkerschulen für Lehrlinge und Gesellen einzurichten, Folge leistete. Der Unterricht fand am Sonntagvormittag in der Gemeinde- und Bezirksschule statt und umfasste das Hauptfach Zeichnen sowie Buchführung und Besprechung der aargauischen Gesetzgebung.

Die viel zu niedrigen Bänke der Primarschüler waren zum Zeichnen ungeeignet. Auch der Zeitpunkt der Schulstunden, selbst wenn er später auf den Samstagnachmittag verlegt wurde, war etwas unglücklich. Oft wurde das Ausbleiben der Lehrlinge wegen landwirtschaftlicher Arbeiten oder dem Bestehen der Eltern auf dem Gottesdienstbesuch beklagt. Diesen Forderungen gegenüber stand die bemängelte schulische Vorbildung der Lehrlinge, wonach nebst der praktischen die theoretische Ausbildung vonnöten war. So taucht denn die Bemerkung, dass «Eltern und Meister in Baden und Umgebung von dem Schulvorstand eingeladen sind, den Söhnen & Lehrlingen den Besuch der Handwerkerschule nicht nur zu ermöglichen, sondern auch zu empfehlen» mit Nachdruck in den Protokollen der Handwerkerschule auf.[5] Auch die Firma BBC, die sich 1891 in Baden niederliess, erkannte diesen Bedarf bald. Schon mit dem Gründungsjahr bildete die Firma einen Lehrling im kaufmännischen Bereich aus, die technischen Berufe folgten einige Jahre später. Die ersten BBC-Lehrlinge besuchten ebenfalls die städtische Handwerkerschule und mischten sich unter die Schreiner, Schlosser, Bildhauer, Maler und Zimmerleute.

«Die Interessen (...) decken sich nicht mit den anzustrebenden Lehrerfolgen der AG. BBC»[6]

Im Jahre 1911 bezog die städtische Handwerkerschule Räumlichkeiten in der ehemaligen Taubstummenanstalt Liebenfels. Dieses Gebäude war wohl kostengünstig, aber nur eine vorübergehende Lösung. Mehrmals protokollierten die Experten die «derart prekären Verhältnisse». Über den Besuch im Liebenfels wird 1928 festgehalten: «Die Räume sind nieder, zum Teil schlecht belichtet, haben störende Säulen. (...) Der Grundriss des Gebäudes lässt eine gute Lösung auch bei beträchtlichen Umbaukosten nicht zu. Das Gebäude macht von aussen einen kläglichen Eindruck.»

Über die Tatsache, dass ihre werkeigenen Lehrlinge den städtischen Unterricht besuchen mussten, war die BBC nicht ganz glücklich. Der damals Zuständige für das Lehrlingswesen und massgeblich Beteiligte am Aufbau einer eigenen Lehrlingsschule, Albert Waldburger, schreibt im Jahre 1918: «Der Unterricht ist in den Räumlichkeiten der Fabrik zu erteilen, um unnötige Laufereien und Zeitverlust zu vermeiden. Die städtischen Lehrer werden nachweisbar niemals in unsere bisherigen Schullokalitäten kommen. Wir würden uns in allem nach ihnen richten müssen.»[7] Im selben Jahr tat die Firma BBC den entscheidenden Schritt und gründete die eigene Lehrlingsschule. Somit wurde die theoretische Ausbildung im Sinne Waldburgers dorthin verlegt, «wo sie auch hingehört», nämlich in die Nähe der Praxis, zu den fachkundigen Lehrern, die den Betrieb vielfach durch die eigenen Lehrerfahrungen kannten und die wirtschaftlichen Forderungen richtig zu deuten wussten. Die Forderung, die eigenen Lehrlinge möglichst den Ansprüchen des Betriebes gemäss auszubilden, versuchte die Lehrlingsausbildung immer zu erfüllen. Und zudem befürchtete man weiteren Ausfall von Schulstunden mit dem neuen Gesetz über das Lehrlingswesen. Dieses im Jahre 1921 in Kraft tretende Gesetz sah vor, dass Lehrlinge, die fünf Kilometer (beziehungsweise drei für weibliche Lehrlinge!) vom Ort der Schule entfernt wohnten, diese nicht zu besuchen hätten. Letzteres war natürlich einem Unternehmen, das innert kürzester Zeit sich auszudehnen und Auslandaufträge anzunehmen vermochte, überhaupt nicht angemessen. Ingenieure nahmen sich nun dem Unterricht der Lehrlinge an. Bald schon wurde der Wunsch laut, eine einheitliche Grundausbildung für die Lehrlinge einzurichten. So entstanden Mitte der zwanziger Jahre die sogenannten «Feilecken»: In den Räumlichkeiten der Kantine an der Haselstrasse lernten die Lehrlinge das Grundlegendste beherrschen – das Feilen.

Ausblick

Von der Terrasse der Berufsschule Burghalde aus hat man einen schönen Blick auf die Altstadt und auf das Dorf Wettingen. Das 1950 fertiggestellte Gebäude löste endlich die unzulänglichen Räume der ehemaligen Taubstummenanstalt im Liebenfels ab. Als es errichtet wurde, hielten viele die Idee eines geschwungenen Schulhauses für überrissen, heute wird es im Architekturführer Badens erwähnt, und der mutige Erweiterungsbau wird mit dem Mensapavillon betont.

Die «Oase», wie die Mensa im vierten Stock der ABB-Berufsschule genannt wird, erlaubt einen imposanten Blick über die ganze Industrieanlage der ABB. Doch damit sich ein Gefühl der Orientierungslosigkeit erst gar nicht einstellen

Die ehemalige Taubstummenanstalt, hier kurz vor dem Abbruch, wich 1956 dem Krematorium beim Friedhof Liebenfels (Foto Werner Nefflen, Ennetbaden).

kann, findet jeweils am ersten Tag der Lehre für die Neuankömmlinge ein Parcours auf dem Gelände statt. Die Mensa-Angestellte in der «Oase» erkennt mich sofort beziehungsweise weiss genau, dass da eine Frau kommt, die sonst an dieser Schule nichts zu suchen hat. Als Frau an der ABB-Berufsschule ist man auf etwas verlorenem Posten; automatisch wird einem die Rolle des Aussergewöhnlichen zuteil und dementsprechend ist die Be(ob)achtung. Jedoch die Aufmerksamkeit bezüglich der femininen Formen in der deutschen Sprache ist an dieser Schule noch nicht weit gediehen. Während an der Berufsschule Burghalde (wo ausgeprägte Frauenberufe vertreten sind) schon lange «Lehrpersonen» die rund 1180 «Auszubildenden» unterrichten, redet man an der ABB-Berufsschule noch «von den aktuell 551 Schülern an der Berufsschule»; die 31 Schülerinnen inbegriffen.

Multikulturell und traditionell
Multikulturell ist ein beliebtes Wort und wird auf die Schülerschaft beider Schulen angewandt. Schüler und Schülerinnen italienischer, türkischer, griechischer, kroatischer, mazedonischer, jugoslawischer oder spanischer Abstammung sind beiderorts anzutreffen. Es verwundert auch kaum, dass die ABB-Berufsschule Schweden, Finnen, Deutsche und Australier empfängt. Ein buntes Gemisch also an beiden Schulen, ein Aufeinandertreffen von verschiedenen Nationalitäten mit eigenen Gewohnheiten, religiösem und sozialem Hintergrund, was nicht immer konfliktfrei funktionieren kann. Kritzeleien, Sprüche und Graffitis aber finden sich, im Gegensatz zur Kantonsschule Baden, auf keiner der Toiletten.

Besonders die Schüler und Schülerinnen ausländischer Herkunft haben grosse Schwierigkeiten mit dem Verstehen eines deutschen Textes, ganz zu schweigen von der Möglichkeit, sich schriftlich fehlerfrei mitzuteilen. Unzureichende Vorkenntnisse wurden seit eh und je bemängelt: «Die Übung im Geschäftsaufsatz ist für alle Schüler bitter nöthig – (wäre es wohl auch für manche, der nicht theilnehmenden!) Schrift, Ausdruck u. Orthographie bedürfen jeweilen der umfassendsten Correctur», so lautet die Kopie des Inspektionsberichts vom 12. Februar 1893 der städtischen Berufsschule. Aber auch die Firma BBC hatte Ähnliches zu beklagen. So schreibt Albert Hafter, langjähriger Mitarbeiter und erster Leiter der Lehrlingsabteilung, über den ersten Lehrling überhaupt, den die Firma ausbildete: «Dem ersten Lehrbub (…) mussten hochdeutsche Ausdrücke für den Büroverkehr beigebracht werden, u. a. die Übersetzung von ‹Trucke› in Schachtel, was längerer Aufklärung bedurfte.»

Die BBC zog schon seit Anbeginn Lehrlinge aus weiter Entfernung an. Das Wohngebäude für die Externen kam zwar nie zustande, was jedoch viele junge Leute aus entlegenen Bergdörfern nicht davon abhält, sich in Baden ein Zimmer

Blick aus der «Oase» im vierten Stock der ABB-Berufsschule. Rechts im Hintergrund erkennt man den Stadtturm, der auf dem unteren Bild, das den Eingangsbereich der Berufsschule Burghalde zeigt, schon viel näher gerückt ist (Fotos Ariane Winkler).

zu mieten, um die Lehre bei BBC absolvieren zu können. Nicht jeder[8] gelangte zu einer Lehrstelle bei BBC. Wohl hatte BBC, wie die Firma bedauert, in den dreissiger und vierziger Jahren keine grosse Auswahl an Lehrlingen, ansonsten war die Firma stets bemüht, mit einem Auswahlverfahren die Geeignetsten unter den Anwärtern auszumachen. Verschiedene Prüfungen mussten erst bestanden werden: sowohl Aufgaben in Physik, Rechnen und Geometrie als auch die sogenannte psychotechnische Prüfung. Während sich die letztere Prüfung früher vor allem auf das Ermitteln der charakterlichen Eigenschaften des jungen Menschen konzentrierte (Pflichtbewusstsein, Rechtschaffenheit), interessieren heute auch vermehrt Umfeld, Familie und Freizeit. Dass diese Ermittlung nicht ganz einfach ist, stellte der Inspektor der aargauischen Handwerkerschulen schon 1929 fest: «Die Rätselhaftigkeit der menschlichen Psyche, und ganz besonders bei den jungen, noch unfertigen Menschen, ist in der Regel sehr schwer und meistens nur lückenhaft festzustellen.» Bis heute hat sich ein Teil der psychotechnischen Prüfung gehalten, so werden immer noch Drähte zu Dreiecken und Quadraten gebogen. Und der Stolz, dem Viertel der Bewerber anzugehören, welches von ABB aufgenommen werden kann, ist heute kaum geringer als früher.

In der städtischen Berufsschule werden alle aufgenommen, die einen Lehrmeister gefunden haben. Im einen Fall wählt eine Firma die nachfolgende Generation aus, im anderen Fall entscheiden Hunderte von Lehrmeistern individuell. Während die Schülerinnen und Schüler der Berufsschule Burghalde aus vielen mehrheitlich kleinen Betrieben einen Tag die Woche nach Baden strömen, hatte die ABB-Berufsschule, direkt neben den Lehrwerkstätten liegend, wo sich die Lehrlinge ganze zwei Jahre aufhalten, genügend Zeit, Traditionen zu entwickeln. In ihrem Falle ist nur eine Firma (nebst ein paar Externen) zu überzeugen, wenn ein Ausflug oder gar ein Lager geplant ist. Bis in die sechziger Jahre wurden regelmässig Sommer- und Winterlager durchgeführt. Nicht selten führten mehrtägige Schulreisen in Schweizer Berggebiete, wo einem eine Bergbahn der Firma BBC den Aufstieg verkürzte, worüber die Hauszeitung anschliessend in aller Ausführlichkeit berichtete.

Schulische Räume und (ihre) Wandlungen
Während sie bei BBC in den «Feilecken» exakte Würfel feilten und den Unterricht besuchten, mussten die Lehrlinge dennoch des Zeichnens wegen die städtische Handwerkerschule aufsuchen. Um den Zeichenunterricht ebenfalls integrieren zu können und das Problem der steigenden Schülerzahlen und die damit verbundenen Platzprobleme in den Griff zu bekommen, baute BBC ein eigenes Schulhaus. Voller Stolz wurde es 1931 eingeweiht und «Werkschulhaus» genannt. Die einheit-

liche Grundausbildung mit den «Feilecken» in der Kantine wurde beibehalten. Hier zeichnete sich bereits ab, was sich später bewährte: Eine schrittweise Einführung in den praktischen Bereich des Berufes an einem abgesonderten Ort sowie nebenher Schulunterricht und erst später der Sprung in den Betrieb und in die eigentliche Produktion. Optimiert wurde diese zweistufige Ausbildung mit der Errichtung der Lehrwerkstätten im Jahre 1954. Im Klassenverband erlernen seither die Lehrlinge während der ersten zwei Jahre schrittweise den Beruf.

Auch die Handwerkerschule Baden fand endlich eine dauerhafte Bleibe mit dem Bau eines Schulhauses an der Burghalde im Jahre 1950. Ausser den Erweiterungen in den sechziger Jahren an beiden Schulen änderte sich an den Standorten nichts mehr. Jedoch am Schulsystem wird seit jeher gearbeitet. Die BBC spielte darin oft eine Vorreiterrolle. Mit der Firma ist man am Puls der Wirtschaft, und die Schule sollte die Leute für ebendiese wandelbare und innovationsfreudige Sparte adäquat ausbilden. Eine enge Zusammenarbeit zwischen Schule und Betrieb war und ist naheliegend und im Sinne der Firma unbedingt erwünscht. Die Wirtschaft bestimmt die Berufsgruppen und gibt die Anzahl der Ausbildungsplätze vor. Die technischen Entwicklungen, die wirtschaftlichen Neuerungen verlangen einen marktgerechten Nachwuchs und von den Lehrkräften einiges an Flexibilität. So wandelte sich die Schule in vielen Bereichen: Die zunehmend bestimmende Forderung, dass ein Lehrling nicht nur Spezialwissen mitbringen, sondern fähig sein soll, berufsübergreifend Probleme zu lösen, bewogen die BBC zur Zusammenlegung verschiedener Berufsgruppen. Waren es 1984 noch 21 verschiedene Berufe, deren Handwerk man bei BBC erlernen konnte, so waren es bei ABB 1995 noch deren sieben, heute noch drei.

Als erste Berufsschule überhaupt führte die Werkschule den Turnunterricht ein. Körperliche Ertüchtigung war ebenso wichtig wie eine sinnvolle Freizeitgestaltung mit Lehrlingsmusik, Tanzabend und Kartenspiel in eigens dafür eingerichteten Räumen. Sei es, dass es um die Einführung der Berufsmittelschule, den Informatik- oder Englischunterricht, die Anschaffung von Kopierapparaten oder Aufklärungsunterricht ging, die ABB-Berufsschule war nicht selten die erste. Natürlich fand der Aufklärungsunterricht in Abwesenheit der Lehrkraft einmalig statt, und die Kopierapparate waren am Wochenende auch erst benutzbar, wenn man sich einen Schlüssel fürs Schulhaus beim Portier beschafft hatte. An der Berufsschule Burghalde waren die Blätter und Matrizen früher beim Rektor persönlich abzuholen, mit der Erklärung, wofür man sie brauche. Aber das sind lange vergangene Zeiten. Mit einem Rektorenwechsel, der Einrichtung eines Sekretariats und eines Lehrerzimmers Ende der sechziger Jahre konnte sich entwickeln, was bis heute noch an der Berufsschule Burghalde rege gepflegt wird: Erfahrungsaustausch. Während man bei der ABB-Berufsausbildung am Werkbank und in der Schule auf die Bedürfnisse der Grossunternehmung effizient reagieren kann, sind es bei den öffentlichen Berufsschulen die zahlreichen Berufsverbände, die ihre Forderungen oft erst nach langwieriger Meinungsbildung einbringen können. An einem Ort, wo keine Führungshierarchie der Schule inneren Halt gibt und Wegzeichen für die Zukunft nach den Erkenntnissen des Marktes setzt, ist das Weiterstreben der Schule auf enge Zusammenarbeit aller Lehrkräfte angewiesen, die gemeinsam an der Schulentwicklung arbeiten, um sie auch tragen zu können.

Was ist Erfolg?

Zwei Schulen sind mit dem 1. Januar 1999 verbunden, zwei Schulen mit eigener Geschichte, eigenen Traditionen, Eigenschaften und Räumen. Einiges wird der Fusion zum Opfer fallen, manche werden wohl dem gewohnten Ort nachtrauern, vielleicht den vertrauten Mief vermissen. Der Schritt ist mutig, und für einmal ist auch die Hürde, zwei verschiedene Computerbetriebssysteme zu verbinden, nicht zu gross, als dass man vor der gemeinsamen Zukunft zurückschrecken würde.

Was ist Erfolg? Die einen sagen: «Wenn ein Sekundarschüler bei uns den besten Abschluss an der Berufsmittelschule macht und somit die besten Voraussetzungen für den Arbeitsmarkt mitbringt.» Die anderen sagen: «Wenn eine Schülerin, die jahrelang grosse Mühe hatte mit der deutschen Sprache, die Abschlussprüfung besteht und im Berufsleben Erfüllung findet.»

«BBB», wie «Berufs Bildung Baden», nennt sich das Projekt einer gemeinsamen Zukunft zur Optimierung der Berufsausbildung im Raume Baden. Ich wünsche dazu der neuen Schulleitung, den Lehrkräften und Auszubildenden gutes Gelingen und hoffe, dass die individuellen Vorstellungen von Erfolg zu verbinden sein werden.

Ich möchte mich an dieser Stelle bei allen Personen bedanken, die Zeit für meine Fragen fanden und mich während meiner Arbeit «aufgegleist» (Berufsschule Burghalde) und «kurzgeschlossen» (ABB-Berufsschule) haben.

Anmerkungen

[1] Mit der Bezeichnung Lehrlinge sind die «Lehrtöchter» mitgemeint. Erste Schneiderinnen ab ca. 1920.

[2] Neue Berufsbezeichnungen seit Sommer 1998, nachdem die technischen Berufe auf drei Sparten reduziert wurden.

[3] Ehemalige Bezeichnung.

[4] Siehe Fricker, Bartholomäus: Geschichte der Stadt und Bäder zu Baden. Aarau 1880.

[5] Siehe Protokoll der Handwerkerschule Baden von 1884.

[6] Zitat nach Albert Waldburger, 1918.

[7] Ein kleines Detail: Waldburger selbst unterrichtete an Badens Handwerkerschule bis zum Jahre 1917 Elektrotechnik und Maschinenlehre.

[8] «Lehrtöchter» gibt es bei BBC/ABB seit den sechziger Jahren.

Der Pioniergeist der Firma überträgt sich auf die Lehrlingsausbildung: Lehrlinge beim Turnen im Jahr 1933 und Lehrlinge während des Informatikunterrichts 1998 (Fotos ABB-Bildarchiv und Ariane Winkler).

Ein doppeltes Gasturbinen-Jubiläum und seine Bedeutung für die Region

Paul Zaugg und Norbert Lang

1999 sind es 60 Jahre her, seit BBC an der Landesausstellung in Zürich die erste Gasturbine der Welt für Stromerzeugung vorgestellt hat. Und vor 50 Jahren, 1948/49, ging in der Beznau, Gemeinde Döttingen, das damals leistungsstärkste Gasturbinenkraftwerk in Betrieb. Des zweiten Jubiläums hat kaum jemand gedacht, denn diese Anlage ist veraltet und heute ausser Betrieb. Sie soll nächstens abgebrochen werden. Dieses Kraftwerk stellte jedoch einen Meilenstein in der Entwicklungsgeschichte der BBC-Gasturbinen dar. Wegen seiner Grösse und des für die damalige Zeit hohen Wirkungsgrades war es lange der Stolz der Badener Gasturbinenbauer und ein attraktives Vorzeigeobjekt. Da das Gasturbinengeschäft für ABB Schweiz noch immer ein wichtiges Standbein darstellt und unsere Region davon profitiert, bietet dieses Doppeljubiläum den Anlass, einige Stationen einer Badener Erfolgsgeschichte nachzuzeichnen.

Anfänge des BBC-Gasturbinenbaus

Der nachstehende Abschnitt soll zeigen, dass eine Entwicklung manchmal unvorhergesehene Wege einschlägt. Die Franzosen Armengaud und Lemale versuchten sich schon 1906 mit dem Bau einer Gasturbine. Für die Verdichtung der Verbrennungsluft bestellten sie bei BBC in Baden einen vielstufigen Radialverdichter, der anfänglich durch eine Dampfturbine angetrieben wurde. Als die Gasturbine auf dem Prüfstand lief, stellte man fest, dass sie gerade soviel Leistung abgab, wie zum Antrieb des Verdichters nötig war. Eine Nutzleistung vermochte sie somit nicht zu liefern. Ebenfalls noch vor dem Ersten Weltkrieg hatte der Deutsche Holzwarth eine analog zum Viertaktmotor arbeitende Verpuffungsturbine mit intermittierender Zündung konzipiert. Damit konnte er dem Problem ausweichen, welches die hohen Verbrennungstemperaturen bei den damaligen Werkstoffen verursachte. In Zusammenarbeit mit Holzwarth baute BBC in Baden 1929 eine für Versuche dienende 2000-kW-Gasturbine. Sie wies zwei durch Gebläse aufgeladene, ventilgesteuerte Verpuffungskammern auf, die im Gegentakt zündeten. Die Eintrittstemperatur der Turbine lag mit 700°C für die damalige Zeit ausserordentlich hoch. Als Nutzturbine wurden zwei Aktionsräder mit wassergekühlten Schaufeln verwendet. Die Versuche mit dieser Maschine führten jedoch zu keinem Dauererfolg. Hingegen entstand daraus eine andere Idee: Die guten Wärmeübergänge bei den wassergekühlten Gaskanälen legten den Gedanken nahe, einen auf ähnlichen Prinzipien basierenden, aufgeladenen Dampfkessel zu bauen. Dies führte BBC 1932 zum sogenannten Velox-Dampferzeuger. Dieser benötigte gegenüber normalen Dampfkesseln wesentlich kleinere Heizflächen und liess sich deshalb kompakt bauen. Ferner liess er sich sehr rasch aufheizen – daher sein Name. Statt der Gleichraum-Verpuffung wie bei der Holzwarth-Turbine kam beim Velox-Kessel die Gleichdruck-Verbrennung zur Anwendung. BBC konnte in der Folge eine grosse Zahl solcher Velox-Kessel in viele Länder liefern. Bis vor wenigen Jahren waren im ABB-Kesselhaus in Baden und im Kantonsspital Aarau noch Velox-Dampferzeuger installiert.

Doch musste zuerst ein Turboverdichter entwickelt werden, der bei gutem Wirkungsgrad hohe Verdichtungsdrücke erreichen und grosse Luftvolumina durchsetzen konnte. Mit dem vielstufigen Axialverdichter gelang BBC schliesslich eine weiterer Erfolg. Der Druckaufbau im Veloxkessel erfolgte nach dem Turboladerprinzip durch einen turbinengetriebenen Axialverdichter. Die Verbrennung des flüssigen oder gasförmigen Brennstoffs im Kesselraum erfolgte unter konstantem Überdruck. Die Verbrennungswärme diente primär der Dampferzeugung. Anschliessend trieben die heissen Abgase die Verdichterturbine an. Stetig verbesserte Wirkungsgrade an Verdichter und Turbine erlaubten es, ausser der Verdichterleistung mit der Turbine zusätzlich noch elektrische Leistung zu produzieren. Aus dem Kessel wurde schliesslich eine Brennkammer, das heisst ein Treibgaserzeuger für die Gasturbine. Damit war die Gleichdruck-Gasturbine geschaffen, welche sich ebensogut zum Antrieb von Generatoren für die Stromerzeugung eignet, wie für Düsentriebwerke in Flugzeugen.

Die Ur-Gasturbine in Neuenburg
Wie bereits erwähnt, hat BBC an der Landesausstellung in Zürich 1939 die erste Gasturbine der Welt für Stromerzeugung vorgeführt. Im März 1940 kam diese Maschine als Notstromanlage in die Stadt Neuenburg. Die auch heute noch betriebsfähige Anlage wurde 1988 durch die American Society of Mechanical Engineers als «Historic Engineering Landmark» ausgezeichnet. Die Maschine ist sehr einfach aufgebaut und arbeitet im offenen Kreislauf ohne Wärme-Rückgewinnung. Sie besteht lediglich aus dem Luftverdichter, der Brennkammer, der Turbine und dem Generator (siehe Schema). Mit 550°C ist die Gastemperatur am

Turbineneintritt aus heutiger Sicht recht bescheiden. Die Maschine leistet 4 MW, und der Wirkungsgrad beträgt lediglich 17,5 Prozent. Die zehn Jahre später erstellte Anlage Beznau erreichte mit einem wesentlich aufwendigeren Aufbau und einer Gas-Eintrittstemperatur von 600°C die zehnfache Leistung bei einem viermal grösseren Luftdurchsatz sowie einen Wirkungsgrad von 30 Prozent.

Anlässlich ihres 50-Jahre-Jubiläums präsentierte BBC im Jahre 1941 in Baden die welterste Gasturbinen-Lokomotive. Als Exot befuhr sie während einigen Jahren das Schienennetz der SBB im schweizerischen Mittelland. In der Nachkriegszeit war die Lokomotive zeitweise auch im Ausland im Einsatz. 1961 wurde die Gasturbine ausgebaut und die Lokomotive zu Studienzwecken in eine elektrische Dreisystem-Maschine umgebaut. Die Erfahrungen mit der sehr kompakt gebauten, 1600 kW leistenden Lokomotiv-Gasturbine wurden bei mobilen, schienengebundenen Gasturbinen-Kraftwerken verwertet. Fahrbare Zentralen mit Klemmenleistungen von 6200 kW wurden ab 1954 in mehreren Exemplaren nach Mexico und nach China geliefert. Veränderungen des Energiebedarfs und der Brennstoffpreise stellten die Ingenieure oftmals vor die Entscheidung, entweder möglichst einfache und entsprechend preisgünstige Maschinen zu konstruieren oder mit aufwendigen und teuren Anlagen ein Maximum an Wirkungsgrad und Leistung herauszuholen. Die Marktsituation hat sich im Laufe der Zeit mehrfach gewandelt und damit die Entwicklungsrichtung im Gasturbinenbau beeinflusst.

Die zweifache Bedeutung des Namens Carnot
Bekanntlich brach 1798, also vor 200 Jahren, die alte Schweiz unter dem Ansturm der französischen Revolutionsarmee zusammen. Mit der Befreiung der Untertanengebiete und der Gründung neuer, selbständiger Kantone leitete die Helvetik einen Neuanfang sowie eine politische und wirtschaftliche Entwicklung unseres Landes ein. Der Mann, der Napoleons Revolutionsarmee aufgebaut hat, war der französische Mathematiker Lazare Carnot (1753–1823). Als Kriegsminister und Mitglied des Direktoriums (Revolutionsregierung in Paris) war er für die Reorganisation des Heeres verantwortlich, bevor Napoleon auf den Plan trat.

Sein Sohn, Sadi Carnot (1796–1832), Absolvent der Ecole Polytechnique in Paris, hat das ideale Vorbild aller Wärmekraftmaschinen entwickelt. Er ging von der Dampfmaschine aus, die in England damals bereits weit verbreitet war und die wirtschaftliche Überlegenheit Englands gegenüber Frankreich begründete. In seiner 1824 erschienenen grundlegenden Publikation «Betrachtungen über die bewegende Kraft des Feuers und die zur Entwicklung dieser Kraft geeigneten Maschinen» stellte Carnot fest, dass die Dampfmaschine zwar schon recht brauchbar sei, aber ihre Theorie noch zu wenig erforscht. Man wisse beispielsweise nicht, wie

Die erste BBC-Gasturbine an der Landesausstellung 1939 in Zürich. Von links nach rechts: Anwurfmotor, Generator, Schmierölpumpe, Verdichter und Turbine mit der darüberliegenden Brennkammer (alle Bilder ABB-Bildarchiv).

Schematischer Aufbau der Gasturbine Neuenburg. C: Verdichter; B: Brennkammer; T: Turbine; G: Generator. Die Pfeile markieren den Lufteintritt bzw. den Abgasaustritt.

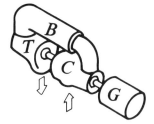

Schematischer Aufbau einer zweistufigen Gasturbine (ähnlich Beznau). Vorne der Hochdruck-, hinten der Niederdruckteil. C: Verdichter; B: Brennkammer; R: Luftvorwärmer; T: Turbine; G: Generator (im Unterschied zu Beznau hier auf der Niederdruckseite). Das dreieckförmige Gehäuse rechts unten ist der Zwischenkühler.

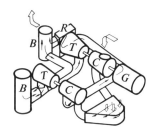

weit die bewegende Kraft (die Energie) des Feuers überhaupt ausnützbar sei. Für die Verbesserung der Wärmekraftmaschinen sei die Beantwortung dieser Frage aber wichtig. Carnot gab die Antwort selbst. Er beschrieb einen speziellen Kreisprozess (Arbeitszyklus), den das treibende Arbeitsmedium (Dampf oder Gas) in der Maschine zu durchlaufen habe, damit der grösstmögliche Anteil der Wärme in mechanische Arbeit umgewandelt wird. Dabei kam er zur Einsicht, dass es unmöglich sei, Wärme vollständig in mechanische Arbeit zu verwandeln. Ein Teil davon müsse immer als Wärme an die Umgebung abgeführt werden. (Modernes Beispiel: Kühler beim Auto!) Der umsetzbare Anteil sei jedoch um so grösser, je höher die Temperatur, bei der die Wärme dem Arbeitsmedium zugeführt werde, und je tiefer die Temperatur der abzuführenden Wärme sei. Dabei gelang ihm der Beweis, dass es keinen andern Kreisprozess gibt, der bei gleichen Bedingungen mehr Arbeit zu leisten vermag als der von ihm so definierte Idealprozess. In seiner Schrift hat Sadi Carnot auch Gas-Dampf-Kombianlagen bereits vorausgeahnt. Auf Seite 63 heisst es: «Man kann sich sogar die Möglichkeit denken, dieselbe Wärme folgeweise auf Luft und auf Wasserdampf wirken zu lassen. Es würde genügen, der Luft nach ihrem Gebrauch noch eine hohe Temperatur zu lassen, und sie, statt in die Atmosphäre auszustossen, in einen Dampfkessel zu führen, wie wenn sie unmittelbar aus der Feuerung käme.» Den nach ihm benannten Wirkungsgrad von Wärmekraftmaschinen konnte Carnot noch nicht in heutiger Weise formulieren, da einige physikalische Grundbegriffe zuerst entwickelt werden mussten. Sein Werk, das die eigentliche Thermodynamik begründete, zählt jedoch zu den grossen Leistungen in der Geschichte der Physik.

Die Gasturbinenanlage Beznau
Während des Zweiten Weltkriegs nahm der Strombedarf in der Schweiz stark zu. Vor allem im Winter fehlten damals Speicherkraftwerke zur Deckung dieses Bedarfs. Da der Bau solcher Grossanlagen rund sieben Jahre in Anspruch genommen hätte, beauftragten die Nordostschweizerischen Kraftwerke (NOK) die damalige BBC zusammen mit der ETH Zürich, abzuklären, ob sich thermische Kraftwerke zur raschen Bereitstellung der benötigten Winterenergie eignen würden. Man entschied sich für ein Gasturbinenkraftwerk mit gutem Wirkungsgrad. Die dafür erforderliche Bauzeit war kurz und der Aufwand für Betrieb und Unterhalt geringer als bei einem Dampfkraftwerk. Die NOK liessen durch BBC in der Beznau, unweit des seit 1902 bestehenden Wasserkraftwerks, eine Gasturbinenzentrale mit 40 Megawatt Generatorleistung erstellen. Für die BBC-Ingenieure waren die Erkenntnisse von Carnot wegleitend. Um den Wirkungsgrad von Wärmekraftmaschinen zu optimieren, muss der Prozessablauf «carnotisiert», also dem Ideal-

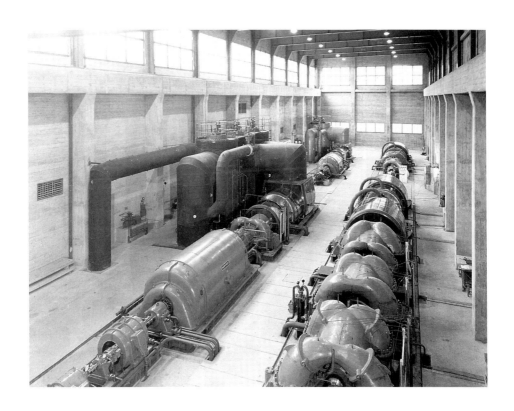

Die Gasturbinenanlage Beznau kurz nach der Inbetriebnahme 1949. Im Vordergrund die 27-MW-Gruppe, links der Hochdruckteil mit den Brennkammern und rechts der Niederdruckteil. Hinten die gleich aufgebaute 13-MW-Gruppe.

prozess angenähert werden. Die für die verfügbaren Werkstoffe zulässige obere Temperaturgrenze ist dabei möglichst auszunutzen. Zwischenkühlung bei der Verdichtung, Zwischenerhitzung bei der Expansion sowie Wärme-Rekuperation vom Abgas zur Brennluft sind weitere Möglichkeiten dazu. Der angestrebte Wirkungsgrad von 30 Prozent bedeutete einen sehr hohen Wert und bedingte deshalb einen recht komplizierten Aufbau (siehe Schema). Die Anlage Beznau bestand aus zwei Maschineneinheiten, eine mit 13, die andere mit 27 Megawatt Leistung. Jede Einheit bestand aus zwei Wellensträngen, einem Niederdruck- und einem Hochdruckteil. Die Generatoren waren auf der Hochdruckwelle angeordnet. Die kleinere Einheit kam im Januar 1948 in Betrieb, die grössere ein Jahr später. Der hohe Wirkungsgrad dieser Anlage wurde erst ein Vierteljahrhundert später wieder erreicht, allerdings mit wesentlich einfacher aufgebauten Maschinen.

Am Gasturbinen-Maschinenhaus Beznau sind 16 Abgaskamine zu sehen. Diese rühren daher, dass das grosse Volumen der Luftvorwärmer auf mehrere kleinere Einheiten aufgeteilt worden ist. In der Nähe befindet sich das Tanklager für den flüssigen Brennstoff. Ursprünglich wurde preisgünstiges Schweröl verfeuert. Wegen der Umweltbelastung durch den schwefelhaltigen Brennstoff stellte man später auf extraleichtes Heizöl um. Die jährliche Betriebsdauer schwankte zwischen 1000 und 2500 Stunden. Seit die Kernkraftwerke Beznau I und II in Betrieb sind, dienten die Gasturbinen nur noch zur Spitzendeckung und als Reserve. Ihr Betriebseinsatz hing auch von der Wasserführung der hydraulischen Kraftwerke ab. Weil mit der inzwischen veralteten Anlage die heutige Luftreinhalteverordnung nicht mehr erfüllt werden kann, sahen sich die NOK veranlasst, auf den weiteren Betrieb des Gasturbinenkraftwerks Beznau zu verzichten. Gesamthaft waren die beiden Einheiten je rund 33 000 Stunden in Betrieb und lieferten zusammen 1,1 Milliarden Kilowattstunden elektrische Energie. Dies entspricht etwa einem Jahresbedarf der Gemeinden Neuenhof, Wettingen, Baden, Ennetbaden und Obersiggenthal zusammen.

Der Badener Gasturbinenbau von Beznau bis heute
Die aufwendige Bauart der Anlage Beznau war anderen Kunden zu teuer. Bei tiefen Brennstoffpreisen waren einfachere Maschinen gefragt, selbst wenn ihr Wirkungsgrad geringer ausfiel. Zunächst wurde die Zweiwellen-Anordnung mit Niederdruck- und Hochdruckteil beibehalten. Die voluminösen Luftvorwärmer wurden weggelassen, wodurch sich eine Leistung von 25 MW ergab und der Wirkungsgrad sich bei 25 Prozent einstellte. Von diesem Typ wurden 28 Einheiten verkauft. Dank Erhöhung der Eintrittstemperatur auf 700 bis 750°C und einem gesteigerten Verdichtungsverhältnis konnte ab 1960 auch bei einwelliger Aus-

Gasturbine während der Montage in Baden um 1980. Vorne ist der Verdichter sichtbar, hinten die Turbine, die gemeinsam auf einer Welle angeordnet sind. Die Brennkammer sitzt bei diesem Typ auf dem noch nicht montierten Gehäuse-Oberteil.

Modell der neusten Gasturbine Typ 24/26. Von rechts nach links: Lufteintritt, Verdichter, Hochdruck-Brennkammer, Hochdruck-Turbinenrad, Niederdruck-Brennkammer, Niederdruck-Turbine, Abgasaustritt.

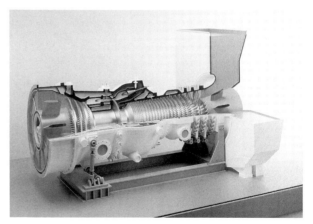

führung ein Wirkungsgrad von 25 Prozent erzielt werden. Eine damals entwickelte 15-MW-Maschine wurde in rund 80 Exemplaren gebaut. Kunden aus Erdöl- oder Erdgasfördergebieten begnügten sich mit der einfachsten Turbinenbauart, obschon deren Wirkungsgrad 20 Prozent kaum überstieg. Bei Generatorleistungen von 6 MW arbeiteten solche Maschinen sehr zuverlässig und waren oft das ganze Jahr hindurch ununterbrochen in Betrieb.

Einen weiteren Kundenkreis für Gasturbinen bildete in der Nachkriegszeit die westeuropäische Stahlindustrie. Die Erzeugung von Roheisen und Stahl hatte einen hohen Stellenwert für den Wiederaufbau der im Krieg zerstörten Industrie. Bei den klassischen Windblas-Reduktionsverfahren fallen bedeutende Mengen an sogenanntem Gichtgas an. Dieses Gas besitzt einen verhältnismässig hohen Heizwert. Früher wurde es in den Stahlwerken zum Betrieb von Gasmotoren verwendet, die ihrerseits die Luftkompressoren für die Erzeugung des Hochofenwindes antrieben. Ab 1950 wurden für diesen Prozess zunehmend Gasturbinen eingesetzt. Neben einem Generator zur Stromerzeugung trieben diese einen Turboverdichter für die Winderzeugung an. Zusätzlich musste auch das bei Atmosphärendruck anfallende Gichtgas mit einem Verdichter auf den Brennkammerdruck komprimiert werden. BBC konnte etwa 15 solcher Anlagen ausliefern. Ihre Leistung betrug etwa 13,5 MW am Generator und 4 bis 5 MW für den Windverdichter. Nach Einführung des vom Schweizer Robert Durrer entwickelten Sauerstoff-Blasverfahrens entfiel das Nebenprodukt Gichtgas, und die Gasturbine verschwand aus der Stahlindustrie.

Wie bereits erwähnt, wurde der Wirkungsgrad von Beznau erst ein Vierteljahrhundert später wieder erreicht. Dies war 1975 der Fall, als dank neuen temperaturbeständigeren Werkstoffen und innengekühlten Schaufeln bei Maschinen einfacher Bauart Turbinen-Eintrittstemperaturen von 900 bis 1000°C möglich wurden. Die grössten Maschinen erreichten damals Leistungen von 85 MW. Für die NOK ist es aus betrieblichen Gründen weiterhin notwendig, über eine Leistungsreserve zu verfügen. Als Ersatz für Beznau wurde 1994/95 durch ABB in Döttingen eine modernere Gasturbinenanlage installiert. Sie steht etwas weiter aareabwärts und benutzt das vorhandene Brennstofflager. Ihre Leistung beträgt 55 MW. Dank neuer warmfester Werkstoffe und weiterentwickelter Kühltechnik konnte die Turbinen-Eintrittstemperatur auf 1100°C gesteigert werden. Trotz der einfacheren Bauart, die prinzipiell der Anlage von Neuenburg entspricht, erreicht der Wirkungsgrad 32 Prozent. Der Fortschritt gegenüber der alten Anlage Beznau zeigt sich auch im Platzbedarf: Die Grundfläche des neuen Maschinenhauses beträgt bloss einen Viertel und die umbaute Kubatur sogar nur einen Fünftel von Beznau.

Für die Entwicklung der modernsten Gasturbinen war die Erfahrung mit zweistufiger (sequentieller) Verbrennung, wie sie in Beznau und mit späteren zweiwelligen Anlagen realisiert worden war, grundlegend. 1978 wurde die zweistufige Verbrennung erstmals bei einer Maschine mit nur einem einzigen Turbinenrotor verwirklicht. Bei den allerneusten ABB-Gasturbinen der Typen 24 und 26 ermöglichte die Vervollkommnung dieses Prinzips ein noch besseres Teillastverhalten, einen höheren Wirkungsgrad und eine grössere Leistung pro Maschineneinheit. 1995 hat ABB in Birr ein modernes Prüfzentrum eingerichtet, das zur Erprobung und Weiterentwicklung von Gasturbinen und -Komponenten dient. ABB baut heute stationäre, einwellige Anlagen mit sequentieller Verbrennung für Leistungen bis 240 MW. Mit nachgeschaltetem Abwärme-Dampferzeuger und kombiniert mit einer Dampfturbine ermöglichen sie Leistungen bis 365 MW und thermische Wirkungsgrade von 58,5 Prozent. Neu entwickelte, platzsparende Ringbrennkammern sowie spezielle «Low-NO_x-Brenner» gestatten den Bau emissionsarmer und umweltfreundlicher Gasturbinen- und Kombikraftwerke.

Die Bedeutung des ABB-Gasturbinenbaus für unsere Region

Nachdem ABB den Bau von Dampfturbinen nach Mannheim verlegt hat, spielt der Gasturbinenbau für die ABB Kraftwerke AG in der Schweiz eine vorherrschende Rolle. Die Tätigkeit von rund 2000 Mitarbeitern ist von diesem Geschäft abhängig. Dazu kommen noch etwa gleichviele Beschäftigte bei Unterlieferanten in der näheren oder weiteren Region. Indirekt leben schätzungsweise 8000 Personen in der Region vom Gasturbinenbau. Zunehmende Bestellungseingänge für modernste Gasturbinen- und Kombikraftwerke deuten auf eine Fortsetzung der Badener Erfolgsgeschichte und damit auf eine weitere Prosperität in unserer Region hin.

Quellen und Literatur

– Carnot, Sadi: Betrachtungen über die bewegende Kraft des Feuers und die zur Entwicklung dieser Kraft geeigneten Maschinen. Neuausgabe der deutschen Übersetzung. Braunschweig 1988.
– Endres, Wilhelm: Die Gasturbinen Typen 9, 11 und 13, Entwicklung und Bewährung. In: Brown Boveri Mitteilungen 64 (1977) 5–11.
– Endres, Wilhelm: 40 Jahre Brown Boveri Gasturbinen. In: Brown Boveri Mitteilungen 66 (1979) 61–67.
– Frutschi, Hans Ulrich: Die neuen Gasturbinen GT24 und GT26 – historischer Hintergrund des «Advanced Cycle System». In: ABB Technik 1/1994, 20–25.
– Pfenninger, Hans: Wirtschaftliche Betrachtungen zur Erzeugung von Energiespitzen durch Gasturbinen und Betriebserfahrungen mit dem Spitzenkraftwerk Beznau der NOK. In: Schweizerische Bauzeitung 73 (1955), Hefte 9 und 10.
– Pfenninger, Hans: Vergangenheit, Gegenwart und Zukunft der Brown Boveri Gasturbinen. In: Motortechnische Zeitschrift 27 (1966), Heft 11.
– Wilson, Stuart S.: Sadi Carnot. Technik und Theorie der Dampfmaschine. In: Spektrum der Wissenschaft, Heft 10 (Oktober 1981), 98–109.
– ABB und NOK: Diverse interne Schriften sowie persönliche Mitteilungen an die Autoren.

Städtische Galerie im Amtshimmel

Ein Blick ins amtshimmlische Kunstpanorama

Sabine Altorfer

Ins Amtshaus mit der strengen Fassade an der Rathausgasse geht, wer zur Stadtpolizei will, zur Abteilung öffentliche Sicherheit, zum Steueramt oder – oh himmlische Aussicht – zur Kunst. Denn zuoberst im Amtshaus, noch über den leichten Wölkli von Andy Wildis wild wieherndem Amtsschimmel, befindet sich die städtische Galerie. Der Kunstraum im Amtshaus erhielt deshalb zu seiner Eröffnung 1988 den Namen «Galerie im Amtshimmel».

Gezeigt wird hier in sieben bis acht Ausstellungen pro Jahr zeitgenössische Kunst, Werke unserer Zeit. Hier stellen Künstlerinnen und Künstler aus der ganzen Schweiz (natürlich auch aus der Region, dem Kanton) ihre Werke aus, junge Talente, aber auch Leute, die seit Jahren an der Arbeit sind.

Kunst ist ein Spiegel unserer Welt, Künstler und Künstlerinnen stellen Fragen dazu. Ihre Zeichnungen, Fotos, Videos, Malereien, Installationen oder Skulpturen regen zum Schauen und Denken an, provozieren, erfreuen, verunsichern, erweitern und schärfen unsere Sinne. Diese Arbeiten zugänglich zu machen ist Aufgabe der städtischen Galerie – zugänglich in doppeltem Wortsinn. Die Werke sollen einmal aus den Künstlerateliers an die Öffentlichkeit gelangen, und zweitens sollen sie so präsentiert und allenfalls erläutert werden, dass die Besucherinnen und Besucher Zugang finden, auch zu neuen oder ungewohnten Sichten und Arbeitsweisen. An den Vernissagen, Diskussionen oder Führungen besteht die Möglichkeit, mit den Kunstschaffenden oder anderen Interessierten ins Gespräch zu kommen.

Ziel bei der Programmierung ist es, eine spannende Mischung von Bekanntem und Unbekanntem zu finden. So war beispielsweise 1998 nach dem bekannten, 1995 verstorbenen Badener Künstler Jan Hubertus die Zürcher Videokünstlerin Christine Hunold Gast in der städtischen Galerie mit ihrer eigens für den Raum konzipierten Installation «FANNY». Wie sie Videos und Tulpen, Moos-Stelen und Ventilatoren, Erotik und Technik zusammenbrachte, war ein Erlebnis für alle Sinne. Natürlich wird auch die klassische Malerei und Zeichnung nicht vernach-

Inspirierende Malarbeit vor Originalen. Eine Schulklasse besucht die Jan-Hubertus-Ausstellung in der städtischen Galerie mit Führung, Diskussion und eigener Arbeit (Foto: Sabine Altorfer).

lässigt. «Drei Positionen in der Malerei. Marius Brühlmeier, Otto Grimm, Alfred Wirz» hiess es im Frühling 1998, und im Januar 1999 wird die Zürcher Künstlerin Hanni Roeckle neue Bilder zeigen.

Einheimische Künstlerinnen und Künstler sind gut vertreten im Programm, wobei einheimisch weit gefasst ist. Das kann heissen in der Region oder im Kanton lebend oder arbeitend, aber dazu zählen wir auch «Ausgewanderte». So überraschte Ursina Rösch ihre ehemaligen Badener Schulgspänli und weiteren Bekannten mit einem reifen und reichen fotografischen und installativen Werk, Giuseppe Reichmuth kehrte nach langen Jahren für einen Monat zurück, und im Herbst 1999 wird Andy Wildi eine breite Auswahl seines Schaffens aus dem Tessin nach Baden bringen.

Die Galerie im Amtshimmel wird von der Stadt Baden getragen, sie ist eine Abteilung der städtischen Verwaltung. Stadtrat und Einwohnerrat haben 1997 dem neuen Konzept unter neuer Leitung zugestimmt. Ein Konzept, das den öffentlichen Charakter und die Aufgaben einer städtischen Institution zur Kunstvermittlung betont. So sind vermehrt Ausstellungen programmiert, die in (zwangsläufig kommerziell ausgerichteten) privaten Galerien nicht möglich sind, Arbeiten mit Video, Ton, Installationen etc. Die Bewohnerinnen der Stadt und auswärtige Besucher auf diese noch immer ungewohnte Kunst neugierig zu machen ist eine Herausforderung. Denn wen oder was man nicht kennt, geht man selten anschauen, das ist leider eine alte und immer noch gültige Regel.

Mit Führungen, Konzerten, Diskussionen oder Lesungen, die zu den Ausstellungen passen, erweitern wir das amtshimmlische Panorama über Baldegg und Lägern, über Bilderrahmen und Sockel hinaus. Nicht nur solches Über-den-Hag-Fressen ist spannend, sondern auch weitere Joint-ventures bringen neue Impulse. 1998 haben vier der grössten Galerien im Aargau – die Galerie Elisabeth Staffelbach in Lenzburg, das Trudelhaus in Baden, das Zimmermannhaus in Brugg und die Städtische Galerie im Amtshimmel – erstmals eine gemeinsame Aktion lanciert. Unter dem Titel «Grenzgänger» präsentierte jede Galerie eine ihrer Linie entsprechende Ausstellung mit Grenzgängern zwischen den Kunstsparten und/oder zwischen Kunst und Gesellschaft. Werbung, Öffentlichkeitsarbeit und Rahmenprogramm wurden gemeinsam organisiert, und die Vernissage war als Rundtour mit Shuttlebus angelegt. Die Bilanz ist positiv, 1999 werden wir vier Galeristinnen wieder zur gemeinsamen Aktion einladen.

Gemeinsam mit dem Trudelhaus bieten wir öffentliche und kostenlose Führungen, auf Anmeldung sind in der städtischen Galerie im Amtshimmel auch betreute Besuche für Schulklassen oder private Gruppen möglich. Dass sich der grosse Raum hervorragend für Lesungen und Konzerte eignet, haben die Literarische Gesellschaft und einige Musikerinnen der Region längst entdeckt, und der Stadtrat lädt die Bevölkerung jeweils in den Amtshimmel ein zum Neujahrsapéro. Eine erfreuliche Zusammenarbeit erlebte die Galerie im vergangenen Jahr mit dem Baden-Verlag: Zur Ausstellung über Werner Nefflen konnte ein Bildband über das jahrzehntelange Schaffen des Ennetbadener Fotografen erscheinen.

Das Amtshaus ist ein Alltagshaus, die städtische Galerie möchte sich nicht im Elfenbeinturm der Kunst einschliessen. Wie lebendig sich Kunst erleben lässt, stellen wir fest, wenn Schulklassen zu Besuch kommen, besonders wenn sie nicht nur schnell hereinschauen, sondern sich zwei, drei Stunden Zeit nehmen. Es ist faszinierend zu sehen, mit welchem Eifer Kinder bei der Sache sind, wie sie schauen, fragen, sich zeigen lassen, fantasieren, zeichnen oder malen und wie sie selber arbeitend die Bilder genauer sehen, zu neuen Fragen und Erkenntnissen finden. Plötzlich wird das «Gekribbel» des Künstlers zum verflixt schwierigen Strichgewebe, regen die zarten, vielschichtigen Malereien zu kniffliger und anregender Malarbeit an und wird Kunst zur lustvollen und ernsthaften Beschäftigung.

Forum Stadtscheune, Mellingen

«Und neues Leben steigt aus den Ruinen ...»

Christine Egerszegi-Obrist

Die alte Stadtscheune in der Mellinger Altstadt hat eine bewegte Geschichte. Wiederholt versuchte die Gemeinde, die baufällige Liegenschaft los zu werden. Die Mellinger Stimmbürger erkannten aber den historischen Wert und wehrten sich erfolgreich. Heute ist sie lebendiges Kulturzentrum mit Bibliothek, Ausstellungsräumen, Ortsmuseum und gemütlichem Bürgerstübli.

Bei der Stadtscheune, deren Ursprung bis ins Mittelalter zurückgeht, handelt es sich um eines der ältesten Bauwerke von Mellingen. Wertvoll an diesem Altstadthaus ist neben der typischen Scheunenfront mit Tenntor und dem ausserordentlich hohen Dach vor allem die ganze Rückwand Richtung Graben: ein durchgehendes, intaktes Stück alte Stadtmauer mit ausgesparten Schiessscharten.

Vor fünfzig Jahren wurde die Scheune von der Gemeinde erworben, um deren Abbruch zu verhindern. Der Stadtrat schätzte sie stets als Zeugnis vergangener Zeiten, aber er tat sich schwer mit ihrer Nutzung. So befasste er sich verschiedene Male mit deren Verkauf, scheiterte aber am Einspruch von Baukommission und Gemeindeversammlung. Über Jahre diente sie dann als Bauamtsmagazin, war Aufbewahrungsort des Leichenwagens und der Feldküche.

Vor zwölf Jahren wurde eine Sanierung des mehrhundertjährigen Gebäudes unumgänglich. Mit einem Projektierungskredit sollte der Umbau der Scheune in ein richtiges Lagerhaus an die Hand genommen werden. Nach Projektstudien von Architekt Paul Zürcher und einem Gutachten des Historikers Rainer Stöckli wurde auch die Möglichkeit geprüft, diese Scheune anders zu nutzen und das Ortsmuseum darin unterzubringen, weil dafür dringend ein neuer Platz benötigt wurde.

Bis anhin war das wertvolle Ausstellungsgut, das mit unermüdlichem Einsatz von Albert Nüssli zusammengetragen und nach dessen Tod von Otto Müller erweitert und betreut worden war, im Zeitturm untergebracht. Der Zugang über die Hauptgasse war sehr gefährlich, das Ausstellungsgut litt enorm unter Feuchtigkeit und Temperaturschwankungen. Gleichzeitig sah man eine Gelegenheit, die gut frequentierte Bibliothek, mit 17 000 Ausleihen pro Jahr, aus ihrem Keller in der Zivil-

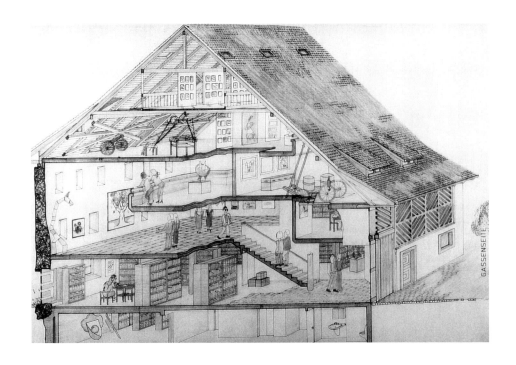

Stadtscheune Mellingen des Architekten Paul Zürcher. Von unten nach oben: Kulturgüterschutzraum, Bibliothek, Ausstellungsraum, Bürgerstübli, Ortsmuseum.

schutzanlage des Oberstufenzentrums herauszuholen und ihr bessere räumliche Verhältnisse zu verschaffen.

Diese Idee war bestechend: Ein kulturelles Zentrum für Mellingen mit Ortsmuseum, Ausstellungsräumen und Bibliothek im Herzen der Altstadt. Ein überzeugendes Projekt für den Um- und Ausbau der Stadtscheune von Paul Zürcher – selbst ein Bewohner der Mellinger Altstadt – wurde 1992 gutgeheissen. Die Realisierung dauerte fünf (teils schwierige) Jahre. Am 8. November 1997, ein Jahr nach dem Einzug der Bibliothek, konnte die Einweihung des ganzen Hauses gefeiert werden. Im «Raum für Kunst» fand eine Eröffnungsausstellung statt mit Werken von elf namhaften Aargauer Künstlerinnen und Künstlern zum Eindruck dieses Raumes vor der restaurierten Stadtmauer. Die Dauerausstellung des Museums befindet sich in den obersten Geschossen, sie wurde gestaltet vom Künstler Giuseppe Pelloli und dem Historiker Dominik Sauerländer. Endlich fanden Kostbarkeiten, wie der wertvolle Zwinglibecher, der Stadtrechtsbrief von 1296 oder die umfangreiche Lampensammlung des früheren Pfarr-Resignates Steinbach, einen würdigen Ausstellungsplatz. Die seit hundert Jahren im Landesmuseum gelagerten Deposita, wie die Gerichtsszepter oder das Juliusbanner, wurden zurückgerufen. Eindrücklich dargestellt wird Mellingens günstige Verkehrslage mit Strassen, Fluss und Bahn. Das hat zwar Gewerbe und Industrie gefördert, aber auch oft das Städtchen als Durchgangsort in Kriege hineingezogen. Mit Hörstationen werden prägende Ereignisse der Vergangenheit fast zur Gegenwart: der Bauernkrieg 1653, die Hinrichtung der Mellinger Hexe Anna Gerig oder das Drama um den Bau der Nationalbahn, nach dem das Reussstädtchen, total verschuldet, dem Kanton seinen Wald abtreten musste und sich der Stadtammann das Leben nahm.

Ein Museum sollte aber nicht nur schöner Ausstellungsraum sein, sondern auch Begegnungsstätte werden. Aus diesem Grund findet immer am ersten Sonntag des Monats um elf Uhr ein Museumstreff statt zu geschichtlichen, kulturellen oder aktuellen Themen. So gab es im Mai eine Plauderstunde mit unseren ältesten Bürgerinnen, im Juli schilderte Rainer Stöckli die komplizierten rechtlichen Verhältnisse in Mellingen vor der Helvetik, und im August stellte Dominik Sauerländer die Aufgaben der Schultheissen vor bis zur Helvetik.

Eine weitere, zeitaufwendige Aktivität ist das Organisieren von Sonderausstellungen, wie sie zur Helvetik oder über die Kadetten stattfanden. Die nächste Ausstellung, im Januar 1999, wird dem Kunstthema «Strukturen» gewidmet sein.

«Vergangenheit lebendig werden zu lassen und Brücken zu schlagen zur Zukunft», dieses Ziel, verbunden mit der ressortüblichen Auflage, «mit kleinem Budget möglichst viele Besucher ins Museum zu locken», das ist Aufgabe unseres jungen Vereins «Forum Stadtscheune».

Kulturkommission Obersiggenthal

Kulturelles Engagement der Gemeinde Obersiggenthal – reichhaltig und vielfältig

Hans Rudolf Stauffacher und Monica Stettler

Es ist ja nicht selbstverständlich für eine Gemeinde mit 7500 Einwohnerinnen und Einwohnern: Eine Bibliothek bietet ca. 7000 Bücher an und organisiert Lesungen und Ausstellungen. Kindern und Erwachsenen steht eine Ludothek mit verschiedensten Spielen zur Verfügung. Eine kleine Gruppe begeisterter Schreiber stellt jährlich vier Nummern der gemeindeeigenen «Freizytig» her. Sie dient den Vereinen als Plattform für Hinweise auf ihre Veranstaltungen, berichtet aber auch über aktuelle kulturelle, gesellschaftliche und politische Themen und Ereignisse. Weitere Freiwillige kümmern sich um die Vitrinen im neuen Gemeindehaus und gestalten mit hoher Professionalität Ausstellungen zu den verschiedensten Themen. Die Vernissagen sind inzwischen bedeutende gesellschaftliche Ereignisse in der Gemeinde, und die Ausstellungen erfreuen sich grossen Zuspruchs. Bis 1997 wurde von der Gruppe «Sunntigzmorge im Dorf» mehrmals jährlich ein Frühstück angeboten, bei dem verschiedene Vereine servierten und die Kerngruppe unterstützten. Über eine lange Zeit führte eine «Blumengruppe» Demonstrationsabende zu Themen rund um das Arrangieren von Blumen durch, hat diese Aktivität trotz des grossen Zulaufs inzwischen aber eingestellt. Eine weitere Gruppe stellt die Verbindung zur Partnergemeinde Diemtigtal sicher. Zu diesen Aktivitäten gesellt sich als gewichtiges Element die «Kulturszene», eine weitere Arbeitsgruppe, die das macht, was man gemeinhin von einer Kulturkommission erwartet: Sie ist dafür verantwortlich, dass klassische Musik, Jazz, Kabarett, Kindertheater und Theater in Obersiggenthal zur Aufführung kommen. Und zuletzt ist auch das Jugendhaus noch lose mit der Kulturkommission verbunden.

Alle diese Aktivitäten finden unter dem Dach der Kulturkommission statt. Die Arbeitsgruppen sind Untergruppen der Kulturkommission. Das weist aber in eine falsche Richtung: Die Gruppen arbeiten selbständig und keineswegs in hierarchischer Unterordnung zur Kulturkommission, das Jugendhaus ist zudem als Verein organisiert. Aber was bleibt für die Kulturkommission? Sie ist vom Gemeinderat gewählt und hat die Aufgabe, den Gemeinderat in kulturellen Fragen zu beraten.

Sie stellt die Verbindung zwischen den Arbeitsgruppen und den Instanzen der Gemeinde sicher. Die Gemeinde engagiert sich aber über die erwähnten Aktivitäten hinaus auch mit der Unterstützung weiterer kulturell tätiger Institutionen in der Gemeinde und ausserhalb. Die Kulturkommission stellt hier Anträge und berät den Gemeinderat bei Beitragsgesuchen. Die Kommission wird aber auch selbst aktiv. So ging beispielsweise der Ankauf der Skulptur «Figurentanz» von Schang Hutter auf eine Initiative dieser Kommision zurück. Eine traditionelle Aufgabe der Kommission ist zudem die Gestaltung des Neuzuzügeranlasses und des Jahresessens der Kommission und der Untergruppen, das – gewürzt mit einer kulturellen Zugabe – lange Zeit einzige Entlöhnung für alle in diesem Bereich tätigen Personen war. Veränderte Anforderungen im Bibliotheks- und im Ludotheksbereich haben zu einer Professionalisierung dieser Aufgaben geführt. Das hat sich auf die Entlöhnung durchgeschlagen: Den Mitarbeiterinnen der Bibliothek und der Ludothek wird eine Entschädigung ausbezahlt, die zwar noch unter dem gemeindeüblichen Sitzungsgeld liegt, aber doch eine Anerkennung für die grosse Arbeit darstellt. Der Grossteil der Mitarbeit im kulturellen Bereich wird aber weiterhin ehrenamtlich geleistet.

Die Ausgaben der Gemeinde für das gesamte kulturelle Engagement entsprechen fast einem Prozent des Gemeindebudgets. Grundsätzlich stellt niemand die Wahrnehmung dieser Aufgabe in Frage. Im Einwohnerrat entspannten sich in den letzten Jahren höchstens Debatten darüber, welcher Institution Unterstützung zukommen sollte.

Die engagierten Mitarbeiterinnen und Mitarbeiter freuen sich über die Benützung ihrer Angebote. Und wenn bei einer anspruchsvollen Veranstaltung der Kulturszene sich einmal nicht die erwartete Zuschauermenge einstellt, weiss man, dass die Arbeit nicht zuletzt wegen der Auftrittsgelegenheit für die Künstler selbst von grosser Bedeutung ist. Eine faszinierende Vielfalt, ein reichhaltiges Angebot, das wohl erst dann so richtig ins Bewusstsein gerückt würde, wenn es fehlte.

Schang Hutter mit seinem
Figurentanz vor dem
Gemeindehaus in Nuss-
baumen (Foto Martin
Heimann).

Vereinigung für Heimatkunde des Bezirks Baden

Aus der Tätigkeit der Vereinigung für Heimatkunde

Hans Bolliger

Die Exkursionstätigkeit ist in den letzten Jahren vorrangig geworden. Unser Jahresprogramm beinhaltet jeweils zehn bis zwölf Ausfahrten im In- und Ausland. Das Angebot ist recht vielfältig und wird rege benützt. Allerdings wird eine Erscheinung in den letzten zehn Jahren immer deutlicher: Mehr und mehr ältere Menschen nehmen an unseren Exkursionen und Kunstfahrten teil. Sie sind zum tragenden Element geworden. Ohne sie könnte die Vereinigung für Heimatkunde nicht überleben.

Das gibt mir Anlass, eine englische Studie von allgemeinem Interesse etwas näher vorzustellen. Die grosse Debatte unserer Zeit geht darum, wie wir mit der wachsenden Alterung unserer Gesellschaft fertigwerden. Die Entwicklung ist interessant: Waren 1961 noch 14 Prozent der Bevölkerung über 65 Jahre alt, so beträgt ihr Anteil gegenwärtig rund 20 Prozent, und er wird in der nächsten Generation voraussichtlich über 25 Prozent steigen! Ungefähr ab dem Jahr 2010 werden die über 65jährigen zahlreicher sein als die unter 16jährigen. Wer in den entwickelten europäischen Ländern zehn Jahre alt wird, kann heute damit rechnen, 80 Jahre alt zu werden. Bis zum Alter von 75 bis 80 Jahren können viele hoffen, beweglich, aktiv und geistig rüstig zu bleiben.

Tiefgreifende Veränderungen in der Arbeitswelt verstärken die genannten Tendenzen noch. In Deutschland sind 86 Prozent aller Beschäftigten zwischen 25 und 60 Jahre alt, 76 Prozent sogar zwischen 25 und 55! Das Arbeitsleben umfasst somit nur noch die Hälfte des bewussten Lebens der meisten.

Was tun nun also die Pensionierten mit ihrem Leben? Manche sitzen schon morgens in der Wirtschaft. Andere werden zu blossen «Zuschauern», vor allem Fernsehzuschauern, zu «Sofakartoffeln», wie die Engländer sagen. Andere aber bleiben aktiv. Sie erfüllen sich Träume, die ihnen während der langen Jahre der Arbeitstätigkeit versagt blieben. Tourismus, auch Ferntourismus, ist heute vielfach Alterstourismus geworden. Dass ältere Leute das ganze Jahr auf Reisen gehen können, hilft dem Wirtschaftszweig enorm. Auch im Bildungswesen spielen Ältere zunehmend eine wichtige Rolle. Sie wollen aus gesunder und ungebrochener Wissensgier lernen.

Darüber hinaus sind sie beinahe unentbehrlich geworden, um die Bürgergesellschaft zusammenzuhalten. Das beginnt schon mit der Familie. Viele Kinder werden eher von ihren Grosseltern aufgezogen, weil in den Altersjahren 25 bis 55 oft beide Elternteile berufstätig sind. Auch Vereine verlassen sich auf die Bereitschaft der Älteren, die ohne finanzielle Forderungen mithelfen. Auch Institutionen wie Museen, Schulen und Kirchen könnten ohne «ehrenamtliche» Helfer aus dem Kreis der Älteren nicht mehr funktionieren.

So sind wir froh, dass viele langjährige Mitglieder unsere Exkursionsangebote fleissig wahrnehmen und auch im vorgerückten Alter aktiv und interessiert teilnehmen. In nächster Zeit werden allerdings gezielte Werbeaktionen, die sich auch an jüngere Natur- und Kulturinteressierte wenden, notwendig sein, um den Fortbestand der Vereinigung für Heimatkunde für die Zukunft gewährleisten zu können.

Exkursionstätigkeit im Jahre 1998:

7. März:
Führung durch die Stadt Brugg mit Fritz Senn
24./25. April:
Zweitägige Kunstfahrt in die Stadt Mailand mit Dr. Hans Stadler
3. Mai:
Exkursion in den Wald bei Wohlen, «Pflanzen und Steine erzählen» mit Urs Kuhn
23. Mai:
«Stadtökologischer Rundgang» mit Georg Schoop und Corinne Schmidlin
7. Juni:
«Die Reichenau als kulturelles Zentrum des Mittelalters» mit Heinz Eith
21. Juni:
Naturkundliche Rundwanderung «Stierebergli» bei Kandersteg mit Helen und Hans Rosewich

8. August:
«Aarau und das Wasser», Wanderung mit Dr. Gerhard Ammann
3. September:
Besuch des Festungsmuseums in Reuenthal
27. September:
«Höhensiedlungen und Höhenheiligtümer» auf dem Wittnauer Horn, der Sissacher Fluh und der Schauenburg Fluh mit Hugo Doppler
6.–10. Oktober:
«Auf den Spuren Napoleons in Paris» mit Walter K. Walde
22. November:
60. Jahresversammlung in Baden. Referat: Dr. Pirmin Meier über «Paracelsus und seine Beziehung zu Baden». Liedervorträge des Liederkranzes Wettingen und der Badener Sänger.

Historisches Museum Baden, Landvogteischloss

Aus dem Leben gegriffen

Objekte von Frauen und Männern zwischen Norm und Biografie

Barbara Welter

Vor kurzem konnte das Historische Museum Baden eine Schenkung entgegennehmen, welche den Nachlass von Maria Kuhn-Borsinger ergänzt. Besonders aufgefallen sind mir als neuer Museumsleiterin gehäkelte, geklöppelte und gestrickte Handarbeiten. Im Historischen Museum Baden gibt es eher wenig Sammelgut aus den als weiblich definierten Tätigkeitsbereichen; es überwiegen Produkte aus Männerhand. Nun gehört es mit zum Anspruch, den ich bei Stellenantritt formuliert habe, das Wirken von Frauen sichtbar zu machen und die kulturspezifische Unterscheidung in männliche und weibliche Gestaltungsbereiche zu thematisieren. Allgemeiner ausgedrückt, lautet der Anspruch dahingehend, die Frauen- und Geschlechtergeschichte ins Historische Museum einzubringen. In diesem Sinn füllen die zierlichen Handarbeiten eine Lücke.

Zu den Grundsätzen der Frauen- und Geschlechtergeschichte gehört es auch, die Konstruktion weiblicher und männlicher Identität zu thematisieren. Diesem Ansatz liegt die Überzeugung zugrunde, dass «weibliche» und «männliche» Eigenschaften und Qualitäten viel mehr sozialisiert als naturgegeben sind. Entsprechend ist unsere Kulturgeschichte voller Rituale, Leitbilder und Erziehungsmittel, die Menschen jeder Herkunft in Richtung Weiblichkeit und Männlichkeit formten und formen.

Entsprechend können die neu eingegangenen Handarbeiten auf den ersten Blick dazu dienen, das Leitbild der bürgerlichen Frau im 19. und frühen 20. Jahrhundert zu illustrieren: Während sich der Mann draussen in der Arbeitswelt zu behaupten hatte, die Kinder beim (geschlechtergetrennten) Unterricht sassen und die vorwiegend weiblichen Angestellten den Haushalt besorgten, sollte sich die Frau der Mittel- und Oberschicht unter anderem der dekorativen Handarbeit widmen. Sei es, um das traute Heim zu schmücken, sei es für karitative Zwecke. In beiden Fällen mischte sich der Auftrag, im häuslichen Rahmen Gutes und Schönes zu tun, mit dem dringenden Bedürfnis nach einem produktiven Zeitvertrieb. Die Fülle der schön geschaffenen Handarbeiten legt den Schluss nahe, dass auch die

Herstellerin Bertha Borsinger-Walser (1880–1952) über eine Menge an Zeit verfügte, um dieses Kunsthandwerk auszuüben und zu perfektionieren. Ein Gespräch mit der Donatorin ergibt aber ein anderes Bild: Verena Füllemann-Kuhn erklärt, ihre Grossmutter, Bertha Borsinger-Walser, habe als Hoteliersfrau oftmals erst am Abend die Zeit gefunden, um zu häkeln und zu klöppeln. Neben ihrem Büro im Atrium des Hotels Blume widmete sie sich der Handarbeit, während sie gleichzeitig darauf wartete, die spät heimkehrenden Gäste in Empfang zu nehmen.

Es ist anzunehmen, dass Bertha Borsinger-Walser sich am vorherrschenden Idealbild der bürgerlichen Frau orientierte und es bis zu einem gewissen Grad verinnerlicht hatte. Ihre Lebensweise sprengte aber die bürgerlich-weibliche Norm, wie der Entstehungskontext ihrer Handarbeiten zeigt. Das Beispiel weist auf ein Spannungsfeld zwischen Norm und Biografie hin, welches für die Frauen- und Geschlechtergeschichte und für das Museumswesen eine Herausforderung bildet. Der neuere museologische Ansatz, historische Objekte als Ausdruck von Normen und gesellschaftlichen Ordnungsprinzipien zu interpretieren, statt sie nur als Attribute interessanter Personen und Familien oder als Zeugen eines vergangenen Handwerks zu zeigen, ist zweifellos wichtig. Doch es sollte nicht dabei bleiben, denn es besteht die Gefahr, blosse Stereotypen («bürgerliches Frauenleben») zu reproduzieren, statt ihre Konstruktion und ihre Bedeutung im Leben von realen Frauen und Männern zu thematisieren. Erst wenn alles eruierbare Wissen um die Herstellerin oder den Hersteller, den Gebrauch und die Wahrnehmung von Objekten miteinbezogen wird, kann das Historische Museum den komplexen und aufschlussreichen Fragen von Identität gerecht werden. Erst dann kann es dem Spannungsfeld zwischen vorgegebenen Normen, die je nachdem sinnstiftend oder bevormundend wirken, und individueller Lebensgestaltung Ausdruck verleihen.

Die Fussschale der hiesigen St.-Ursus-Bruderschaft, welche das Historische Museum Baden 1997 aus den beiden Fonds der Ortsbürger- und der Einwohnergemeinde sowie mit Unterstützung der UBS-Jubiläumsstiftung erwerben konnte, gehört zu einer anderen Objektgattung als die Handarbeiten von Bertha Borsinger-Walser. Aber auch in diesem elaborierten Gefäss spiegelt sich eine Spannung zwischen Norm und Biografie.

Gegründet wurde die St.-Ursus-Bruderschaft im Zusammenhang mit der Überführung einer Reliquie ihres Schutzpatrons nach Baden im Jahr 1634. Die Schale wurde wahrscheinlich anlässlich des hundertjährigen Bestehens vom Zuger Goldschmied Spillmann angefertigt. Der symbolträchtige Pokal gibt bei erster Betrachtung Auskunft über den normativen Charakter solcher Männergemeinschaften: die eingravierten Wappenschilder und Namenszüge auf der Innen- und Aussenseite der Schale sowie die fein gearbeitete Schaftfigur in Form eines Ritters, auf dessen Schild das Emblem der Bruderschaft dargestellt ist, weisen auf die Verquickung von religiösen, sozialen und wirtschaftlichen Aufgaben und Interessen hin. Ähnlich wie bei einem Vexierbild springen einem auf den zweiten Blick die spezifischen eingravierten Namen ins Auge: Wer waren die Mitglieder dieser relativ jungen Bruderschaft? Die Antwort muss knapp ausfallen, da bisher nur spärliche Akten dieser Gemeinschaft bekannt sind. Es lässt sich feststellen, dass die Männer, deren Namen auf der Schale verewigt wurden, angesehene Bürger waren. Franz Xaver Keller (1672–1739) zum Beispiel war Chorherr, Franz Carl Dorer (1695–1780) Maler und Schultheiss, Joseph Ludwig Baldinger (1690–1755) Oberwaisenvogt respektive Kirchenpfleger. Weiter ist anzunehmen, dass auch die übrigen Mitglieder, deren Namen in den Akten Erwähnung finden, aus ähnlich einflussreichen Gesellschaftskreisen stammten und ebenfalls kein Handwerk ausübten. Doch den Werdegang, die Interessen und die Weltsicht dieser Männer kennen wir nicht. Sollte es in nächster Zeit gelingen, mehr über die Bedeutung der Bruderschaft in ihrem Leben und über den Gebrauch des Pokales durch die spezifischen Mitglieder zu erfahren, so würde sich der Wert dieses Objektes für das Historische Museum noch einmal steigern.

Die Fussschale der St.-Ursus-Bruderschaft von 1734 weist auf die religiöse, soziale und wirtschaftliche Bedeutung solcher Männergemeinschaften hin.

Ausstellungen

– 21. März bis 15. April: 150 Jahre Bundesstaat – 150 Jahre Industriekultur – (Trägerschaft: Schweizerische Gesellschaft für Technikgeschichte und Industriekultur); ergänzt durch den «virtuellen Haushalt», eine interaktive Datenbank zur Alltagsgeschichte der Region Baden.
– 6. Juni bis 9. August: Ich glaub mich knutscht die Jugend – Jung sein in den Dreissiger- und in den Neunzigerjahren. Ein Forschungs- und Ausstellungsprojekt mit der Realklasse 3c aus Spreitenbach.
– 10. Juni bis 9. August: Badener Boden formen. Arbeiten von SchülerInnen aus Ton. In Zusammenarbeit mit Lehrpersonen und der Stadtökologie Baden.
– 12. September bis 31. Dezember: FrontPuppenTheater – Puppenspieler im Kriegsgeschehen. Eine Ausstellung des Puppentheater-Museums Berlin.
– 30. Oktober: Eröffnung der Studiensammlung Archäologie

Schenkungen

– Zeichenbrett komplett mit Drehstuhl, bei der BBC verwendet, um 1930 (M. Lurà, Baden)
– diverse Haushaltungsgegenstände; technische Geräte (Braun-Radio, Fotoapparate); BBC-Erinnerungsstücke, 20. Jh. (H. Engeli, Wettingen)
– Thomson-Messbrücke aus BBC-Bestand mit Handbuch und Versuchsbüchern, Ende 19. Jh. (D. Kraaij-Mollet, Baden)
– Teigmulde, 19. Jh.; zwei Kerzenstöcke mit eingraviertem Agneskreuz, 18. Jh. (H. Markwalder, Baden)
– drei Gemälde (ein Genrebild, zwei weibliche Akte) und sechs Studien (Region Baden), Öl auf Leinwand, Karl Rauber, mit Ausnahme des Genrebildes (1895) undatiert (Ch. Markwalder, St. Gallen)
– je ein Portrait von Joseph Ulrich Dorer und Maria Genoveva Aloysia Antonia Dorer-Baldinger, Öl auf Leinwand, unbekannter Künstler, um 1800; Portrait von Sebastian Heinrich von Schnorff und Johann Ludwig Baldinger, Öl auf Leinwand, Johann Baptist Hoechle, Zurzach/Wien, um 1770; Schulatlas 1828; deutschsprachiger Band aus dem Reisewerk von De Bry, Frankfurt 1591; ein Paar Kinderschuhe, 1903 (U. Rubischon, Untersiggental)
– Wappenscheibe «Statt Baden» (H. Wegmann, Thun)
– diverse Handarbeiten von B. Borsinger-Walser; Liederkompositionen von F. X. Borsinger; zwei Andenkalben und zwei kleine Portraits; drei Handtaschen; Klischees und Druckvorlagen Hotel Blume; Versehgerät mit Anleitung; Türschloss, 19. und 20. Jh. (V. Füllemann-Kuhn, Baden)

Erwerbungen aus dem Fonds der Ortsbürgergemeinde

– diverse alte Zeitungsexemplare aus Deutschland mit Beschreibungen des Kurortes Baden
– Badenfahrt-Reisebesteck, Mitte 19. Jh.
– Ansicht von Baden, Rötelzeichnung, nach David Herrliberger (1697–1777), vermutlich frühes 19. Jh.
– Fussschale der St.-Ursus-Bruderschaft, um 1734, vermutlich von Franz Anton Spillmann, Zug (zusätzliche Mittel aus dem Museumsfonds der Einwohnergemeinde und mit Unterstützung der UBS-Jubiläumsstiftung)

Literatur, Kunst und Geschichte aus der Region Baden 1997/98

Neuerscheinungen

– Altorfer, Sabine (Hg.): Werner Nefflen. Fotograf. Erschienen anlässlich der gleichnamigen Ausstellung in der Städtischen Galerie im Amtshimmel, mit Beiträgen von Sabine Altofer, Theo Ernst, Peter Felder und Peter Brunner. Baden 1998.
– Holstein, August Guido: Don Juan und Alter Meister. Gelnhausen 1997.
– Jeggli, Bruno u. a.: Lengnau. 1200 Jahre. Lengnau 1997.
– Kaufmann, Eugen: Milchbüechli. Dättwil 1997 (Dättwiler Dokumente III).
– Leuschner, Immanuel: Dättwil – seine Frühgeschichte und seine reformierten Wurzeln. Dättwil 1998 (Dättwiler Dokumente IV).
– Rudolf, Max; Steigmeier, Andreas: Führer zur Limmatstellung aus dem Zweiten Weltkrieg. Baden 1998.
– Siegenthaler, Silvia: Die Exter-Gemälde der Villa «Langmatt» in Baden bei Zürich. In: Schmid, Elmar D.: Julius Exter. Aufbruch in die Moderne. Ausstellungskatalog, München 1998, 63–69.
– Steigmeier, Andreas: Führer zum Industriekulturpfad Limmat-Wasserschloss. Baden 1998.
– Stiftung Langmatt Sidney und Jenny Brown (Hg.): Von München nach Paris. Die Sammlung Brown zwischen Sezession und Impressionismus. Katalog zur Ausstellung vom 1. April bis 30. August 1998, mit Beiträgen von Silvia Siegenthaler, Eva-Maria Preiswerk-Lösel und Lukas Gloor. Baden 1998.
– Wildi, Tobias: Die Geschichte des Dorfbrandes von Fislisbach. Fislisbach 1998.

Werner Frey

24. August 1934 bis 20. September 1997

Hans Ulrich Bernasconi

Werner Frey ist in Baden aufgewachsen und wohnhaft gewesen. Bis zum Übertritt in den militärischen Instruktionsdienst am 1. Mai 1965 unterrichtete er an der Gemeindeschule Remigen, daneben als Lehrer für Turnen und Sport am Lehrerseminar Wettingen, als Turnlehrer in Liestal und an der Bezirksschule Baden.

Auf einer Finnlandreise lernte er Riitta Juvonen kennen. Die Heirat war genau vier Jahre später, am 25. Juli 1964. Sein Lebensdreieck bildeten Baden/Aargau – Braunwald mit dem heimeligen Ferienhaus – Suomi/Finnland. Hier schöpfte er mit seiner Familie Kraft für seine berufliche Arbeit.

Sein Denken war sozial und demokratisch, geprägt durch sein Elternhaus. In all seinem Tun zeigte sich schon früh sein künftiges Divisionsleitwort «Miteinander zum Erfolg». An seinem ersten Divisionsrapport vom 18. Januar 1986 erläuterte er, was unter diesem Motto zu verstehen sei: «Kriegstüchtigkeit und damit die Verhinderung eines Krieges ist das oberste Ziel der Armee. Die Abhaltewirkung ist umso grösser, je grösser die Kampfbereitschaft der Armee ist. Aus diesem Grunde müssen alle unsere Anstrengungen dahin gehen, einem potentiellen Gegner durch unsere Leistung glaubwürdig darzutun, dass es uns wirklich ernst ist mit der Verteidigung unseres Landes. So ist Militärdienst Friedensdienst. (…) Gehorsam und Disziplin sind Voraussetzungen für militärisches Handeln. Wir wollen mehr als blinden Gehorsam. Disziplin beruht auf Einsicht. Deshalb äussert sich Disziplin zwar auch in Gehorsam, aber zusätzlich in Selbstbeherrschung, Überlegenheit, initiativem Denken und Aufmerksamkeit. Um dies zu erreichen, sehe ich drei Hauptmittel: Information der Untergebenen, Vorbild der Vorgesetzten und Mitverantwortung der Untergebenen. (…) Wir brauchen den mitdenkenden und mithandelnden Wehrmann, der auch ohne die direkte Aufsicht des Vorgesetzten arbeiten kann.»

Werner Frey schrieb 1988 im Vorwort zur deutschsprachigen Ausgabe des Buches «30 Tage im Gefecht», der Geschichte eines britischen Parabataillons im Falklandkonflikt von John Frost, unter anderem: «Mit einem der im Buche erwähnten Kompanie-Kommandanten verbrachte ich vor 10 Jahren eine Studienzeit am Army Staff College in Camberley. Seither habe ich ihn aus den Augen verloren und bin erst nach Erscheinen des Buches über das 2. Fallschirmjäger-Bataillon wiederum auf seinen Namen gestossen. Ich suchte in der Folge Kontakt mit ihm und wollte wissen, welches seiner Meinung nach die Hauptgründe gewesen seien, dass dieses Fallschirmjäger-Bataillon ohne numerische Überlegenheit, wie es für Angriffshandlungen als unbedingt erforderlich angesehen wird, gegen einen ähnlich ausgerüsteten Gegner Erfolg haben konnte. Seine Antwort war interessant. Er sprach nicht von sorgfältiger Planung, überlegener Taktik und gutem gefechtstechnischem Können. Nein, er sprach von seinen Leuten: ‹Wir sind eine Gemeinschaft. Wir kennen und vertrauen einander. Ich weiss, dass ich mich auf meine Männer verlassen kann, und diese wiederum wissen, dass ihr Kommandant in allen Situationen mit ihnen ist und für sie das Beste will. Der Gemeinschaftsgedanke wird in den Vordergrund gestellt. Der Einzelne hat zurückzutreten zum Wohle des ganzen Verbandes. Das gibt uns die Geschlossenheit, welche aussergewöhnliche Leistungen möglich macht.›» Das Motto der Felddivision 5, «Miteinander zum Erfolg», schloss Frey sein Vorwort, ziele in die gleiche Richtung.

Werner Frey war mit vielen in seiner Freizeit verbunden; er war Sportler, Handballer, technischer Leiter im Turnverein Neue Sektion. Wandern, Bergsteigen und Velofahren kamen später dazu. Vor zwei Jahren erfüllte er sich einen lang gehegten Wunsch: eine Velotour von Kilpisjärvi nach Helsinki über 1531 Kilometer. Aktiv tat er mit seiner Frau Riitta in der Volkstanzgruppe Kulkurit (Schweizerische Vereinigung der Freunde Finnlands, Gruppe Zürich) mit. Beide erwarben das finnische Diplom für Volkstanzlehrer. Rege beteiligten sie sich im Quartierverein Allmend. Werner Frey war Vorstandsmitglied der Staatsbürger Region Baden, Übungsleiter des Unteroffiziersvereins Baden, präsidierte die Aargauische Offiziersgesellschaft und die Finnisch-Schweizerische Offiziersvereinigung. Er plante militärhistorische Arbeiten im Archiv der finnischen Armee. Leider bleiben diese unvollendet.

Achtung, Dankbarkeit, Zuneigung bewahren wir alle, die wir Wegstrecken mit Werner Frey gegangen sind.

Alex Pfau

1923 – 1998

Peter Humbel

Die Todesnachricht am 8. Januar traf uns wie ein Blitz aus heiterem Himmel. Alex Pfau, der Vitalität und Sportlichkeit ausstrahlte, der noch immer Bergbesteigungen und Skitouren im Hochgebirge unternahm, wurde auf der Langlaufloipe in Diablerets vom Tod ereilt. Er hat uns auf eine Art verlassen, die für ihn charakteristisch war, nämlich direkt und unvermittelt. Sein direkter Stil war prägnanter Ausdruck seiner Persönlichkeit. Er liebte es, auf seine Gesprächspartner zuzugehen, die Sachverhalte ohne Umschweife zu hinterfragen und die Probleme, um die es ging, beim Namen zu nennen. Seine analytische Denkweise befähigte ihn, Schwachstellen sofort zu erkennen und Lösungsansätze zu formulieren. Aber auch bei deren Umsetzung war er ein Mann der Tat, und so stellte er seine Schaffenskraft Behörden, Institutionen und Vereinen während vielen Jahren zur Verfügung. Das ist auch der Grund, weshalb der Verstorbene in Baden eine stadtbekannte Persönlichkeit war, die nicht lange vorgestellt zu werden braucht.

Alex Pfau stammt väterlicherseits aus dem Winterthurer Geschlecht der berühmten Ofenbauer, mütterlicherseits aus der Familie Oederlin, welche die bereits zur Römerzeit im damaligen Aquae Helveticae bekannte Technik des Bronzegiessens Mitte des letzten Jahrhunderts in Ennetbaden auf industrieller Basis anzuwenden begann und in der ersten Hälfte dieses Jahrhunderts zu einer blühenden Armaturengiesserei und Armaturenfabrik entwickelte. So erstaunt es nicht, dass der junge Ingenieur bald nach Abschluss seines ETH-Studiums in Maschinenbau 1950 in die Firma Oederlin eintrat, deren Gesamtleitung er 1975 übernahm. Seine Alleinverantwortung fiel dann allerdings in eine Zeit, wo das Unternehmen zunehmend mit dem immer schwieriger werdenden wirtschaftlichen Umfeld zu kämpfen hatte und zuletzt dem Konkurrenzdruck als Folge der europaweit bestehenden Überkapazitäten in der Armaturenbranche nicht mehr standzuhalten vermochte. Die schwierige und undankbare Aufgabe der Desinvestition und des Abbaus lastete schwer auf seinen Schultern, aber er bewältigte diese Arbeit mit grossem Verantwortungsbewusstsein und ertrug die Belastungen ohne Klage. Es machte den Anschein, als wäre seine Belastbarkeit durch die schweren Schicksalsschläge, die er im Verlauf seines Lebens erleiden musste, gleichsam gehärtet und gestählt worden. 1959 verlor er schon nach kurzer Ehe seine erste Frau, die an der Geburt des ersten Kindes starb. Ebenso tragisch war später der unfassbare Tod seiner ältesten Tochter aus zweiter Ehe. Er sprach jedoch selbst mit Freunden selten oder nie über seine Probleme, sondern er ging diesbezüglich einen anderen Weg, und dieser andere Weg führte ihn immer wieder in seine geliebten Alpen, wo er sich in der Bergwelt von privaten und geschäftlichen Sorgen befreien konnte und Kraft fand, all die Belastungen zu ertragen.

Alex Pfau machte auf mich in den letzten Jahren vermehrt den Eindruck eines ruhigen, abgeklärten Menschen, der Zeit fand für Musse und Beschaulichkeit. Doch der Eindruck des gemütlich pfeifenrauchenden Geniessers täuschte. Seine vielfältigen Interessen – vorab zum Wohle der Öffentlichkeit – hielten ihn ständig in Trab. Erst 1992 gab er nach fünfjähriger Amtszeit das Präsidium der Sektion Baden des SAC ab, engagierte sich aber weiter bei der Renovation der Rotondohütte und leitete bis zu seinem Tod die Seniorenwanderungen. Ferner arbeitete er während Jahren an vorderster Front am Aufbau der Spitexorganisation Baden mit. Als Mitglied der Reformierten Kirchenpflege Baden trug er in der Baukommission entscheidend zum Gelingen der Renovation des Kirchgemeindehauses bei, dessen Einweihung Mitte Januar er allerdings nicht mehr erleben durfte. Ein besonderes Anliegen war ihm die Errichtung des Industriekulturpfades entlang der Limmat als Zeugnis der industriellen Entwicklung des unteren Limmattals in der zweiten Hälfte des letzten Jahrhunderts, wozu natürlich auch entsprechende Hinweise auf die ehemalige Armaturenfabrik Oederlin gehören. Auch im Rotary Club Baden war er ein engagiertes Mitglied, das sich bis zuletzt für die Umsetzung des rotarischen Gedankengutes einsetzte.

Die grosse Trauergemeinde, die am 14. Januar von Alex Pfau Abschied nahm, zeigte in eindrücklicher Weise, wie der Verstorbene mit Baden und der Region verbunden war.

Otto Wanner

1909-1998

Matthias Saxer

Otto Wanner war sein Leben lang ein leidenschaftlicher Zeitungsmacher und ist dabei jung geblieben. Über ein halbes Jahrhundert sass er am sausenden Webstuhl der Zeit und hat in der aargauischen Medienlandschaft Wegmarken gesetzt, die sein Tagwerk überdauern. Das Tagblatthochhaus zeugt vom Mut zum Risiko und vom Erfolg dieses eigenwilligen Verlegers. In dritter Generation hatte Otto Wanner das Badener Lokalblatt mit einer Auflage von 6000 Exemplaren übernommen. Den nächsten Generationen hinterlässt er ein wohlbestelltes (Hoch)Haus: die Aargauer Zeitung (Auflage 118 000) zählt zu den grössten Regionalzeitungen der Schweiz, und mit einem Lokalradio und einem Regionalfernsehen hat der Verlag auch in den elektronischen Medien Fuss gefasst. Schien das Haus an der Stadtturmstrasse zunächst ein paar Nummern zu gross geraten, ist es heute zu klein, um alle Bereiche des Medienunternehmens unter einem Dach zu vereinen.

Otto Wanner investierte seine Zeit und sein Geld konsequent in den Ausbau redaktioneller Leistungen. Anders als die etwas behäbige Konkurrenz in der regierungstreuen Kantonshauptstadt hatte der passionierte Jäger die journalistische Spürnase stets im Wind. Er setzte früh auf neue Trends im Zeitungsgeschäft, sei es beim Aufbau regionaler Aussenredaktionen, bei der Frühvertragung oder bei der Eigenregie der Annoncen. Den vitalen Verleger eignete die seltene Kombination von kommerzieller Ader für das Verlagsgeschäft und Herzblut für den politischen Journalismus. Deshalb hielt er auch nichts von statutarischer Trennung redaktioneller und verlegerischer Befugnisse. Er suchte und fand intuitiv für sein Blatt immer wieder originelle Köpfe mit einer kämpferischen Feder. Die politische Leisetreterei der Forumsmedien war ihm ein Greuel.

Otto Wanners Leidenschaft für den politischen Journalismus und sein Sensorium für neue gesellschaftspolitische Entwicklungen liessen das publizistische Pendel im Laufe der Jahrzehnte nach rechts und links ausschlagen. War es in den frühen dreissiger Jahren die Bewegung der Neuen Front, die ihn mit ihrer Dynamik für kurze Zeit beeindruckte, galten seine Sympathien im Aufbruch von 68 den Ideen und dem Schwung des linksliberalen «team 67». Wieder war es der frische Wind, den Otto Wanner vorübergehend für die Politik der jungen Linken einnahm. Als die frische Brise im eigenen Haus zum Sturm anschwoll, liess er die Kommandobrücke räumen und nahm das Steuer wieder selber in die Hand. Mit einer erneuerten Mannschaft kämpfte er für Freiheit und Selbstverantwortung in einer unabhängigen Schweiz und steuerte sein Meinungsblatt auf bürgerlich-liberalen Kurs rechts der Mitte zurück. Solche Kurswechsel trugen ihm den Vorwurf politischer Unberechenbarkeit ein. Eine politische Macht, die man im Aargau in Rechnung stellen musste, war er mit seinem BT gleichwohl. Der freisinnige Verleger gefiel sich auch nicht selten in der Rolle der

Opposition gegen den Freisinn westaargauischer Observanz. Sein BT sorgte für Zündstoff bei kantonalen Wahlen, kämpfte für Infrastrukturen im östlichen Kantonsteil, wehrte sich gegen Schildbürgerstreiche im kommunalen Alltag und zog für die Kernenergie ins Feld.

In den Salons der Macht blieb Otto Wanner dennoch ein seltener Gast. Sein Sinn für gesellige Heiterkeit und seine Liebe zur freien Natur führten ihn zu anderen Orten. Samstags ging er mit Freunden in den Wäldern von Baden Süd auf die Pirsch, seine Ferien verbrachte er in Zermatt und Roccamare im Kreise vertrauter Gesichter. Nur einmal im Jahr hielt er Hof. Am ersten Samstag im Dezember lud er zum winterlichen Aser draussen im Wald neben der Herzoghütte. Dort hielt er lokalen und nationalen Grössen eine Standpauke. Sein träfer Humor und seine Badener Lebensfreude sorgten dafür, dass auch viel beschäftigte Prominenz aus Wirtschaft, Politik und Kultur diesen originellen Lokaltermin im Badener Wald nicht versäumte.

Als sich Otto Wanner mit 87 Jahren aus dem Geschäft zurückzog, verschwand auch der Name seiner Zeitung. Leicht gefallen ist ihm beides nicht, auch wenn sich das Badener Tagblatt mit der faktischen Übernahme des Aargauer Tagblattes als Aargauer Zeitung auf kantonaler Ebene neu verankert hat.

Politische Chronik

Baden: «La quadrature du cercle»?

Olivier Stähli

Für gewöhnlich übt sich Baden in den ersten Jahren nach einer Badenfahrt – vor allem wenn sich eine neue in nicht fassbarer zeitlicher Entfernung befindet – eher in einer gewissen Zurückhaltung. Denn wie, wenn nicht mit dem Grossanlass Badenfahrt, könnten wir den Rest unseres Landes dazu bringen, Baden als «La grande Nation» der Schweiz zu begreifen? Badenerinnen und Badener (und vor allem «Bademerinnen» und «Bademer», wie sich jene mit Ortsbürgerrecht gerne nennen) sind nun von diesem schwierigen Unterfangen erlöst – die Fremden scheinen es begriffen zu haben:

Die Westschweizer Wirtschaftszeitung «Le quotidien suisse des affaires et de la finance» (L'AGEFI) aus Lausanne hat 100 Schweizer Städte in bezug auf ihre Prosperität, Dynamik, wirtschaftliche Vitalität und nicht zuletzt auf ihr kulturelles Angebot geprüft – und Baden zur Nummer 1 der Schweizer Städte erklärt. Hinter sich gelassen hat Baden alles, was weniger Rang als Namen hat: Davos, Locarno, Lugano, aber auch Zürich, Luzern, Genf, Basel – und natürlich auch Aarau.

Hoch rechnen die Westschweizer den Badenern an, dass sie in der Volksabstimmung vor fünf Jahren im Gegensatz zum Restkanton den EWR befürwortet haben. Besondere Beachtung findet in der von hoher Arbeitslosigkeit geplagten Westschweiz auch die Meisterung der «BBC-Krise». 1988 niedergeschmettert durch die Fusion von BBC und Asea, habe Baden die wirtschaftliche Chance zu nutzen gewusst. 4000 verlorengegangene Arbeitsplätze seien mit der Schaffung von 5000 neuen überkompensiert worden.

Bürge wie Couchepin

Nach Ansicht von L'AGEFI kommt die Entwicklung der Stadt Baden der «Quadratur des Kreises» gleich. Als Urheber dieser Leistung sieht die Wirtschaftszeitung CVP-Stadtammann Josef Bürge und vergleicht diesen auch gleich mit dem mittlerweile zum Bundesrat avancierten Pascal Couchepin (FDP, früherer Stadtpräsident von Martigny). Bürge sei wie Couchepin ein «bâtisseur» (Erbauer).

Die Liste der von Bâtisseur Bürge vollbrachten Werke ist in L'AGEFI denn auch lang: In Bürges Amtszeit wurden Schulen gebaut, das CIM-Center errichtet, die HWV aufgezogen, die kommunalen Finanzen ins Lot gebracht, der Steuerfuss um zehn Prozent gesenkt, eine antizyklische Ausgabenpolitik betrieben, eine rigorose Amtsführung durchgesetzt, neue Steuerzahler angezogen, das Investitionsvolumen erhöht und die kommunale Verschuldung reduziert.

Die Wirtschaftsjournalisten zeigen sich zudem von Bürges Prinzip «d'appliquer à la fonction publique les recettes de l'économie privée» oder zu deutsch «die Ausgaben den Einnahmen anpassen», der Abschaffung des Beamtenstatus sowie der frühzeitigen Präsenz der Stadtverwaltung im Internet beeindruckt. Ihr Urteil: «Baden – die dynamischste Stadt der Schweiz. Baden – ein Parcours erste Klasse!»

Baden – (s)eine lebensfrohe Stadt

Einen äusserst treffenden Kommentar zur Einschätzung von L'AGEFI lieferte in der Aargauer Zeitung Redaktor Oliver Knick: «Badens Stadtvater ist bekanntlich Josef Bürge. Und dieser bürgt für (s)eine lebensfrohe Stadt.» Wie kompromisslos er dies bisweilen tut, zeigte sich in der Budgetdebatte des Berichtsjahres bei der Diskussion um den Steuerfuss:

Das vom Stadtrat dem Einwohnerrat präsentierte Budget 1998 basierte auf einer ausgeglichenen Rechnung von rund 90 Millionen Franken bei einem Finanzierungsfehlbetrag von rund 4 Millionen Franken, welcher jedoch auf zusätzliche Abschreibungen von 6 Millionen Franken zurückzuführen war. Der Steuerfuss sollte wie seit langem bei 105 Prozent bleiben.

Der Investitionsplan zeigte auf, dass nach einigen Jahren der Investitionsbaisse eine Investitionshausse kommen wird: Nach 8 Millionen Franken Investitionen 1997 soll 1999 und 2000 in Baden ein Investitionsumsatz von über 40 Millionen Franken erzielt werden, der anschliessend wieder auf rund 16 Millionen Franken sinken soll.

FDP forderte Senkung des Steuerfusses

Die FDP forderte vor diesem Hintergrund eine Senkung des Steuerfusses auf 102 Prozent. Sie argumentierte, dass die verzinsliche Nettoschuld auf unter 10 Millionen Franken gesunken sei, eine Neuverschuldung in etwas höherem Mass als vorgesehen in Kauf genommen werden könne und neu eingeführte Gebühren mit der Reduktion des Steuerfusses kompensiert werden könnten. Der Vorschlag fand jedoch schon in der Finanzkommission keine Mehrheit, die sich – wie ähnlich schon in Jahren zuvor – auf den Standpunkt stellte, dass die Frage einer Steuerfusssenkung nicht jetzt umfassend beurteilt werden könne.

Stadtammann Bürge fand sich durch den Vorschlag der FDP offenbar massiv angegriffen: Lukas Voegele erklärte im Einwohnerrat im Namen der CVP-Fraktion gar, dass die Steuerfussfrage fast als Misstrauensvotum gegenüber der Exekutive gewertet werden müsse. Josef Bürge seinerseits sprach «von einer unmotivierten Steuersenkung» angesichts der kommenden Investitionen und sprach dem Antrag der FDP jegliche Logik ab.

CVP an der Seite der politischen Linken

Gegen den Vorschlag der FDP wehrte sich im Einwohnerrat eine breite Front, bestehend aus mehr oder weniger allen im Einwohnerrat vertretenen Parteien. Interessant sind die von CVP und SP gegen eine Steuerfusssenkung eingebrachten Begründungen, die – gemessen an den sonstigen Bemühungen der jeweiligen Parteien – seltsam anmuten (oder auch tief blicken lassen):

Da argumentiert etwa Lukas Voegele für die CVP-Fraktion wie folgt: «Die Wirkung einer dreiprozentigen Steuerfussreduktion für den einzelnen Bürger ist marginal. Bei einem steuerbaren Einkommen von 50 000 Franken beträgt sie 61 Franken oder 0,12 Prozent des Einkommens ... Anders gesagt, die Vergünstigung für den einzelnen Bürger liegt in keinem Verhältnis zu den Gesamtleistungen des Gemeinwesens, welche bei einer Beibehaltung des Steuerfusses möglich sind.» Es muss schon erstaunen, dass eine sich gerne sozial und links gebende Badener CVP sich dazu verleiten lässt, den Wert von 61 Franken für eine Person oder Familie mit einem steuerbaren Einkommen von 50 000 Franken zu beurteilen – und dies vor dem Hintergrund neu eingeführter Gebühren.

Auch die SP stört sich offenbar nicht daran, dass die Beibehaltung des Steuerfusses schliesslich einer Abgabenerhöhung für die Bevölkerung entspricht. Daniela Oehrli meinte etwa, dass angesichts der Zukunft der Stadt Baden der Steuerfuss beibehalten werden müsse, damit «wir dank der guten finanziellen Lage auch noch ein bisschen Spielraum haben für spezielle Ausgaben».

Voller Geldbeutel ...

Wir sind doch alles nur unvollkommene Menschen, welche bekanntlich durch einen vollen Geldbeutel nicht gerade zum sparsamen Umgang mit Geld animiert werden. Man leistet sich dann auch Ausgaben ausserhalb des Budgets – summiert unter «speziellen Ausgaben», wie sie die SP zu nennen beliebt.

FDP-Fraktionschef Peter Beyeler suchte den Vergleich mit der Ernährungswissenschaft, um seine Beurteilung dieser Situation zu illustrieren: «Es gibt genährte Personen, die haben gerade genug. Dann gibt es die überernährten Personen, die schon ein bisschen Fett angesetzt haben. Schliesslich gibt es die überernährten Personen, die bereits krank sind. Die Stadt Baden ist in der Situation von gut genährt mit Tendenz zu überernährt.» Eine Einschränkung der Nahrungsaufnahme (Steuerfusssenkung) wäre also nicht nur möglich, sondern auch ein Schritt in die richtige Richtung.

Auf später vertröstet
1996, in der Budgetdiskussion für 1997, erklärte Josef Bürge zu einem ersten Antrag der FDP für eine Steuerfusssenkung: «Wenn wir nachweisen können, dass auch mit tieferen Steuern die Finanzierung aller Investitionen sichergestellt ist, dann werden wir den Steuerfuss senken.» Ein Jahr später – in der aktuellen Budgetdiskussion erklärte Bürge dann: «Wenn heute der Steuerfuss auf 102 Prozent gesenkt würde, dann hätte dies nicht eine finanzielle Totalkatastrophe zur Folge … Ich habe aber zuhanden des Stadtrates keine Gründe gehört, die eine Steuerfusssenkung zu rechtfertigen vermögen. Es handelte sich nur um Vermutungen und Schätzungen und deshalb hält der Stadtrat am Steuerfuss von 105 Prozent fest.»

Dementsprechend sieht der in der zweiten Hälfte 1998 vom Stadtrat präsentierte «Finanzplan 1999 bis 2002» einen unveränderten Steuerfuss vor, was von der FDP mit dem Urteil «zu konservativ» kommentiert wurde. Dem Papier fehle das «Kreative und Visionäre», meinte Rolf Düggelin (FDP) und forderte den Stadtrat zur Überarbeitung – und wiederum zur «längst überfälligen Senkung des Steuerfusses» – auf. Die CVP wehrte sich gegen den Vorwurf mit Hinweis auf die anstehenden Investitionen und genehmigte zusammen mit der in dieser Sache schon fast traditionell verbündeten Linken den Finanzplan. Andreas Binder (CVP) vertröstete die Bevölkerung auf die kantonale Steuergesetzrevision, welche dem Bürger ohnehin eine Entlastung bringen werde.

Gespannt auf den Wahlkampf
In der Stadt Baden dürfte also – trotz vermutlich immer neuen Anträgen der FDP – der Steuerfuss in der nächsten Zeit unverändert bleiben. «Dafür» steht uns im kommenden Jahr ein interessanter Ständeratswahlkampf bevor, wenn Josef Bürge wieder gegen die Kandidatin oder den Kandidaten der FDP antritt. Denn die kantonale FDP wird es sich sicher nicht nehmen lassen, Josef Bürge mit dem unpopulären Vorwurf zu konfrontieren, er habe im vergangenen Jahr die Gesamtabgabenlast in der Stadt Baden ansteigen lassen. Zum einen mag es den Politiker Bürge ehren, dass er auf den bevorstehenden Wahlkampf keine Rücksicht nimmt, zum andern fehlt die zwingende Notwendigkeit für seinen Widerstand gegen eine Steuerfusssenkung. Man darf gespannt sein, wie sich der «bâtisseur» im Wahlkampf auf kantonaler Ebene wehren wird!

Wirtschaftschronik
«La Badenfahrtwelle» beflügelt
Ruedi Bürki

Arbeitslosigkeit auf dem tiefsten Stand seit Herbst 1992
Mit dieser erfreulichen Meldung konnte das Bundesamt für Wirtschaft und Arbeit im Juli 1998 den Trend zu einer leicht besseren Konjunkturstimmung in der Schweiz unterstreichen. Insbesondere verbesserte sich die Wirtschaftslage dank stärkeren Detailhandelsumsätzen. Ein Wermutstropfen bei der gemeldeten Beschäftigungszahl war die Tatsache, dass in der Altersgruppe der 15- bis 19jährigen die Stellenlosen zunahmen. In der gesamten Schweiz waren bei den Arbeitsämtern rund 126 000 Personen als Arbeitslose gemeldet, was einer Quote von 3,5 Prozent entsprach, verglichen mit 5,1 Prozent im Juli 1997. Ebenfalls rückläufig war die Kurzarbeit. Nur gerade noch 278 Betriebe mit 1753 Personen waren davon betroffen. Im Kanton Aargau verbesserte sich die Arbeitssituation stärker als in der übrigen Schweiz. Waren im Juni 1997 noch 4,9 Prozent ohne Arbeitsstelle, sank diese Quote bis Mitte 1998 auf 3,1 Prozent.

Nach wie vor werden auf dem Stellenmarkt Spezialisten in praktisch allen Branchen gesucht. Allein mit Lehre und anschliessender Praxiserfahrung ist es schwer, sich jahrelang und erfolgreich auf dem Arbeitsmarkt zu bestätigen. Gefragt sind auf allen Hierarchiestufen Personen, die sich permanent weiterbilden und sich den immer schneller ändernden Markt- und Arbeitsplatzbedingungen anpassen.

Höchstkurse an den Aktienbörsen, auch bei den Stadtcasino-Aktien
Das anhaltend tiefe Zinsniveau und hohe Gewinnerwartungen führten zu einer markanten Steigerung an der Schweizer Börse. Der Swiss Market Index verzeichnete seit Mitte 1997 einen Anstieg von 6000 auf rund 8000 Indexpunkte. Trotz einigen heftigen Gewittern zwischen September 1997 und Januar 1998, hervorgerufen durch die Krise an den asiatischen Finanzmärkten, schienen der Phantasie der Anleger keine Grenzen gesetzt. Der Gedanke des Shareholder Values hat offenbar auch den Kleinanleger überzeugt, der eine riskantere Anlage den knapp 1,5 Pro-

zent Zinsen auf einem sicheren Sparkonto vorzieht. Zudem sind Informationen über Börsenkurse und aus der Finanzwelt nicht mehr nur einer beschränkten Anzahl Personen zeitverzugslos vorenthalten, sondern können aus einer vielseitigen, weltweiten Angebotspalette von jedermann via Internet zu Hause abgerufen werden.

Von der Börsenhausse wurden auch die Aktien der Stadtcasino AG Baden erfasst. Die ausserbörsliche Notierung stand im Juli 1997 noch bei 320 Franken. Bereits zum Jahresende wechselten die Aktien für 650 Franken die Hand. Dank dem Beschluss der Generalversammlung, für das Geschäftsjahr 1997 eine Dividende von 75 Franken pro Aktie auszuschütten, kletterten die Notierungen bis auf 1050 Franken. Ebenso hat sich die angekündigte Aktienteilung und die anschliessende Kapitalerhöhung mit einem Bezugsrecht für die bisherigen Aktionäre auf den Aktienkurs ausgewirkt.

Es erstaunt wenig, dass einige Schweizer Firmen sich in diesem Börsentrend dem Publikum öffneten. Die Grossbäckerei Hiestand aus Lupfig ist den meisten Leuten vom Zmorge-Tisch bekannt. Seit Oktober 1997 kann man den Börsenkurs dieser auf tiefgekühlte Backwaren spezialisierten Unternehmung den täglichen Börsenspalten der Printmedien entnehmen. Eine weitere, grosse Aktienplazierung steht allen Schweizer Haushalten mit dem Börsengang der Swisscom im Herbst 1998 noch bevor.

Die Prognosen für die Finanzmärkte sehen ein weiterhin stabiles, vielleicht leicht höheres Zinsniveau, volatile Börsenmärkte, die insbesondere auf Korrekturen in den asiatischen, russischen und lateinamerikanischen Märkten reagieren werden, und einen leicht zur Schwäche neigenden Schweizer Franken vor. Ab 1999 werden wir zudem mit dem Euro konfrontiert werden, der in den ersten Jahren des neuen Jahrtausends die meisten nationalen Währungen in Europa ablösen wird. Die Region Baden wird sich als nahe der Grenze liegende, grössere Agglomeration sicher mit dieser neuen Währung auseinandersetzen müssen. Preisschilder mit Schweizerfranken und Euro, ein guter Taschenrechner oder schnelles Kopfrechnen werden mithelfen müssen, die Verwirrungen in der Einführungsphase zu überbrücken.

Die Immobilienpreise sinken nicht mehr
Die Nähe zu den Wirtschaftszentren Zürich und Basel sorgte im Kanton Aargau in der Vergangenheit für eine stabile Nachfrage nach Wohneigentum. Zwar wurden die Preise durch die Immobilienkrise seit 1990 nach unten korrigiert, doch fiel diese Korrektur in anderen Regionen weit kräftiger aus. Bis vor einem Jahr stieg die aargauische Leerwohnungsziffer infolge sinkender Nachfrage und ungebrem-

ster Bautätigkeit mit 2,17 Prozent klar über das Schweizer Niveau von 1,82 Prozent. Die Talfahrt bei den Eigentumswohnungspreisen führte bis zum dritten Quartal 1997 zu einem Rückgang von rund 14 Prozent gegenüber Ende 1995. In den ersten Quartalen 1998 zeigte der Preistrend jedoch wieder nach oben.

Das Angebot an Immobilien in der Region Baden ist nach wie vor gross (Leerstandsziffer 2,17 Prozent in Baden, sogar 5,62 Prozent in Spreitenbach). Die Preise in unserer Region werden im gesamtschweizerischen Vergleich als mittleres bis hohes Preisniveau (3000 bis 4500 Franken pro m^2 Wohnfläche) bezeichnet. Die auch im Hypothekenbereich anhaltend tiefen Zinssätze werden in den nächsten Monaten sicher noch einige Mieter dazu veranlassen, sich den Traum eines Eigenheimes zu verwirklichen.

Standort Baden
Die Standortqualität der Region Baden wird immer noch als überdurchschnittlich und aussichtsreich bezeichnet. Dazu tragen die vorteilhafte Verkehrslage, der gute Ausbildungsstand der Wohnbevölkerung und die über dem kantonalen Durchschnitt liegende Kaufkraft pro Kopf bei.

Mit einem umfassenden Steuerpaket will die Kantonsregierung den Kanton zu einem der steuergünstigsten der Schweiz machen. Im November darf die aargauische Bevölkerung darüber abstimmen. Mit diesem zu erwartenden zusätzlichen Anreiz verfügt die Stadt Baden gegenüber den ausserkantonalen Grenzregionen über eine Anziehungskraft, die geschickt vermarktet werden muss. Dass die Verantwortlichen der Stadt die Vorzüge des Standortes Baden erfolgreich verkaufen können, haben sie bei der Fachhochschule Aargau bestätigt. Heute bietet Baden mit der HWV, der Forschungsstelle CIM Center Aargau, dem ABB-Forschungszentrum und dem erstmals durchgeführten Finanzplanerlehrgang zukunftsorientierte und wegweisende Ausbildungsstätten an.

Ebenso vielversprechend rüstet sich Baden mit dem Bahnhofprojekt, dem Projekt Baden Nord und dem Planungsleitbild 1998 für den Sprung ins nächste Jahrtausend. Eine begeisterungsfähige Bevölkerung steht hinter dieser Stadt. Den Beweis haben Tausende von freiwilligen Helfern vor einem Jahr mit dem phantasievollen und überaus effizienten Aufbau und Betrieb des Fests «La Badenfahrt» und einer kaum zu überbietenden Lebens- und Festfreude geliefert. Darauf lässt sich sehr viel bauen, auch im Hinblick auf neue Herausforderungen im nächsten Jahrtausend.

Kulturchronik

Im Westen nichts Neues ...

François Ruedin

Nicht gerade abenteuerlich und im Zeichen des Comebacks präsentierte sich die Kulturwelt in der Saison 97/98. Zwar wurde Space Dream zum vierten Mal verlängert, die Flamencos en route setzten mit «El canto nómada» im Oktober 1997 ihre Tradition erfolgreich fort und zamt und zunder liessen nach einer durch einen Unfall bedingten Pause ihr Stück «Iquitos» im September 1997 im ThiK wieder aufblühen, doch blieb Innovatives mit wenigen Ausnahmen Wunschtraum. Qualitativ vermochte das Gezeigte sicherlich zu fesseln, man vermisste aber die gewisse Prise Salz, die initiierende Wirkung, die eine Produktion zu Kultur, sprich «Kunst» werden lässt, und ihr somit einen Touch Unsterblichkeit verleiht.

Die Sorgen des Westens müssen auch die Chefetage des Hauses der Aargauer Zeitung beschäftigt haben, als sie zeitgleich mit der Stiftung eines jährlichen Kulturpreises bekanntgab, die Scuola e Teatro Dimitri sei von einem dank dem Substantiv «Jury» identitätslos bleibenden Gremium 1998 als erste Preisträgerin des in Kulturkreisen sicher Hoffnung erweckenden Preises erkoren worden. Die im Zeichen des Jubiläums «150 Jahre Tagespresse im Aargau» entstandene Idee wurde in einem Leitartikel nobel und mit der Presse sonst unbekanntem Kulturverständnis dokumentiert. Floskeln wie «Werte der zwischenmenschlichen Beziehungen» und «Kultur wird als eine Verpflichtung verstanden» schmückten die nette Idee, schliesslich wird ja Emil Steinberger den Preis im Herbst 1998 höchstpersönlich übergeben. Keine Frage, steckte ein nationales Medium dahinter, die/der Aargauer Kunstschaffende hätte genickt und von vornherein gewusst, wir sind nicht betroffen, müssen uns keine Hoffnungen machen, gehören ja aus der Sicht des Ostens in Belangen fern vom Strassenbau und von der öffentlichen Sicherheit bekanntlich nicht zur Schweiz. Die Chefetage hat aber gerade diese Gedanken vorgängig analysiert, denn nun kehrt sie den Spiess um und versucht die nationale Aufmerksamkeit zu angeln. Mit Dimitri und Emil. Während der Osten lacht, stellen Aargauer Künstler verbittert fest, dass es sich nicht im weitesten Sinne um eine Chance für den Aargau handelt. Im Westen gibt es tatsächlich nichts Neues.

... oder doch?

Um so erstaunlicher ist es, dass es den Organisatoren des kurz nach der kräfteraubenden Badenfahrt angesiedelten internationalen Trickfilmfestivals Fantoche erneut gelang, nebst der Bäderstadt ein multikulturelles, hauptsächlich junges Publikum aus der Reserve zu locken. Mit der zweiten Ausgabe dieses mittlerweile vom Bundesamt für Kultur anerkannten und entgegen dem nationalen Usus, neue Festivals erst nach dem Durchführungs-Tryptichon zu subventionieren, finanziell unterstützten Animationsfilmhappenings wurde das Fantoche-Herz in Baden definitiv zum Schlagen gebracht. Implantiert wurde es ja bereits 1995, doch mit dem gelungenen Remake 1997 gehört nun Fantoche zu Baden wie der Badener Stein. 1997 überzeugte das Festivalteam mit einem fussgängerfreundlichen Konzept, welches die vier Schauplätze Royal, Sterk, forumclaque und ThiK zu einem einzigen Kern für Trickfilmmaniacs verschmelzen liess. Filme wie «Many happy returns» (Marjut Rimminen, England) oder «How Wings are attached to the Back of the Angels» (Craig Welch, Kanada) waren schlicht Trickfilmkino erster Klasse. Belebend wirkten zudem das Programmgefäss «Psychedelic», die Andersartigkeit der japanischen Beiträge und eine subtile Klammer, das «Animated Closet», welches im Sinne eines Streifzugs durch die inoffizielle, homoerotische Animationsfilmgeschichte unter anderem den Disneyfilm «Ferdinand the Bull» (1938) und einen als Brunhilde verkleideten und Wagner singenden Bugs Bunny aus der Mottenkiste hervorholte. Viel Wert wurde auf die Schweizer Szene gelegt, und zusammen mit den ausländischen Beiträgen widerlegte das Festival das Cliché, Trickfilme seien entweder Kindersache, gezeichnete Hollywood-Epen oder effekthascherisch und lieblos aneinander gereihte Computergrafiken. Möge diese Erkenntnis lange anhalten und dem Kinobesucher 1999, beim 3. Internationalen Trickfilmfestival in Baden, das erste Eintauchen in das Animationsmekka vereinfachen.

Museen

Der Industriekulturpfad Limmat-Wasserschloss ist komplett. Mit dem Einbezug der 5. Etappe, Baden Nord, konnte im März 1998 eine der wohl wichtigsten Etappen der permanenten Freilichtausstellung eröffnet werden. Die von den vier ersten Abschnitten her bekannten Informationstafeln orientieren den Besucher über die oft schon vergessene einstmalig hohe Industrialisierung Badens, deren Ursprung, Gegenwart und Zukunft.

Das Historische Museum durchlebte Anfang 1998 eine wegweisende Phase. Bruno Meier, der seit der Errichtung des Melonenschnitzes als Direktor Konzept und Bau des 1992 erweiterten Landvogteischlosses stark mitprägte und dem Haus zu Glanz und Gloria verhalf, liess sein Kind nach siebenjähriger fürsorglicher

Leitung los. Mit nicht minderer Intensität übernahm seine Nachfolgerin Barbara Welter die Zügel und gestaltete schon im März in der Wanderausstellung «150 Jahre Bundesstaat, 150 Jahre Industriekultur» das Fenster «Der virtuelle Haushalt». Die Sonderausstellung beleuchtete den Haushaltsaspekt der lokalen Industriekultur. An einer Computerstation konnte in einer interaktiven Datenbank durch die Austellungsprodukte der Sammlung gesurft werden, so dass sich ein Einblick in den modernisierten Hausfrauenalltag der Zeit vor dem Mikrowellengerät und der Kenwood-Teigknetmaschine bot. Neuland konnte Barbara Welter bereits im Juni mit «Ich glaub', mich knutscht die Jugend» betreten. In Zusammenarbeit mit einer dritten Realklasse aus Spreitenbach wurde die Welt der heutigen Jugend mit jener der dreissiger Jahre verglichen. Resultat waren Gegenüberstellungen, wo man auf der einen Seite über ein Bravoheftchen in ein mit Fixleintuch bezogenes und vom Aaron-Carter-Poster überschattetes Lättlirostbett rutschen konnte, um auf der anderen Seite vom mit Stärke gewaschenen Leintuch über die Holzeinfassung des Stahlfederbettes in die Welt der dreissiger Jahre auszusteigen. Die Jugendlichen interviewten ältere Leute, die sich vor 60 Jahren in ihrem Alter befanden, und setzten sich in wochenlanger Projektarbeit mit den eigenen und den gewonnenen Erkenntnissen über Träume, Liebe, Schule und Alltag auseinander. Im gemeinsam von der Museumsleitung und dem Reallehrer geleiteten Arbeitsprozess fügten sie das Erarbeitete zu einer Ausstellung zusammen und produzierten vom Werbeflyer bis zum erwähnten «Back to the future»-Bett alle Details der Ausstellung.

Eine Gegenüberstellung ganz anderer Natur beschäftigte 1998 im Rahmen des Jubiläums «200 Jahre Helvetik» das Schweizer Kindermuseum. Die Sonderausstellung «typisch Mädchen? typisch Knaben?» thematisierte Spiel-, Lern-, Bastel-, Lese- und Kleidungsgewohnheiten der Mädchen und Knaben in den letzten 200 Jahren und dokumentierte mit einer ansprechenden Ausstellung und einem klar strukturierten Katalog auf einleuchtende Art die Entwicklungsverläufe der Mädchen- beziehungsweise Knabenrolle während diesen 200 Jahren.

Bildende Kunst

Der Amtshimmel hat eine weitere Odyssee hinter sich. Obwohl er sich nie vom Fleck rührte, ging der Standort der städtischen Galerie in manchen politischen Köpfen wandern, ja sogar baden. Befürchtungen, der Name müsse geändert werden, da ein Amtshimmel schlecht in ein Industriegebiet passe, waren unbegründet, und so kann sich jeder Kunstfreund darüber freuen, dass sich die städtische Galerie wie immer im trockenen Amtshimmel befindet. Es ist der unermüdlichen, innovativen und professionellen Natur der Galeristin Sabine Altorfer zu verdanken, dass sie ihren Himmel behütete und trotz allen Strapazen ein überzeugendes Programm gestaltete. Sowohl «Drei Positionen der Malerei», in der besonders die Werke Otto Grimms auffielen, wie auch Christine Hunolds «Fanny, Videoinstallation» betonten zugleich die Mannigfaltigkeit des Angebots der städtischen Galerie und der Kunst überhaupt, die sich von der Konzentration auf das urtümliche Malen bis zur Komplexität der Multimedialität ausdehnt, und die Wichtigkeit des Amtshimmels im Aargauer Galerienheer. Nicht überraschend ist deshalb, dass sich die Galerien Trudelhaus, Zimmermannshaus in Brugg und Elisabeth Staffelbach in Lenzburg mit dem Amtshimmel zusammenschlossen und unter dem Titel «Grenzgänger» ein gemeinsames Projekt lancierten. Vier voneinander unabhängige und doch miteinander verknüpfte Ausstellungen traten als Ganzes auf, und in Anlehnung an die von Beat Zoderer als Schnittmuster gestaltete Einladungskarte schien das Gesamtprodukt die Weite der Kunst (und des Aargaus?) zusammenzunähen. Die von den Künstlern angewandten Mittel waren so verschieden wie ihre Werke, wie die vier Galeristinnen und wie die vier Standorte, und doch erreichten es die «Grenzgänger», die Naht je nach Sichtwinkel hervorzuheben oder zu verbergen.

Bildende Kunst ist bei weitem nicht an die Räume einer Galerie gebunden. Mit der Verwirklichung ihres Gesamtplakatierungskonzeptes in Baden und Wettingen bot die Allgemeine Plakatgesellschaft mit kostenlos erstellten und betriebenen Kulturplakatständern an Fussgängerknotenpunkten eine attraktive Plattform für kulturelle Plakatwerbung. Kurzentschlossen reichten sich die beiden Gemeinden die Hand zur Zusammenarbeit. Entstanden sind in Baden 27 doppelseitig benutzbare und in Gruppen à 2 bis 5 Ständer angeordnete und in Wettingen 12 einzelne Plakatstellen, die ganz und in Baden zum Teil mit einem von Lars Müller gestalteten, monatlich erscheinenden Kulturkalender versehen werden. Die restlichen Flächen in Baden stehen kulturellen Institutionen für ihre Werbung unentgeltlich zur Verfügung. Das neue Angebot wurde im April mit einer Sonderaktion eingeweiht. Elf interessierte Grafiker entwarfen ohne Honorar je ein Plakat für eine ihnen zugeloste Kulturinstitution. Die Einzelwerke schmückten während zwei Monaten die Strassen Badens und ergänzten zusammen mit dem neuen Veranstaltungskalender auf künstlerisch ansprechende Weise den Badener Frühling.

Theater, Tanz

Wenn man Mangiapane heisst, sollte man keine Liebesäpfel kosten. Gewisse können der Versuchung dennoch nicht wiederstehen und sehen sich erst dann gesättigt, wenn im ganzen Dorf beinahe jede Frau ein Mangiapanekind zur Welt gebracht hat. Untaten sind das, so mag man meinen, und die müssen früher oder später abgerechnet werden. Im Falle des Fortunato Mangiapane ist dies leider nicht möglich, denn der Seemann kommt auf hoher See um. Nichtsdestotrotz übernimmt, mit dem Taschenrechner bewaffnet, seine Frau Lucia die delikate Aufgabe der Abrechnung vor Gott, wenn auch aus einer ganz anderen Perspektive. Und so erfrischte das Einfraustück «Lucia, Mädchen oder Die verstopften Ohren des Herrn» im März 1998 mit Eva Schneid als schlagende, die Spannweite zwischen der Stille einer Träne und dem Temperament einer Xanthippe gekonnt begehende Lucia die Erinnerungen an Fernandels Don Camillo, ohne jedoch den Deut eines Vergleiches aufkommen zu lassen. Monica Cantieni präsentierte mit dem Einakter ihr erstes Bühnenwerk, und es ist ihr in Zusammenarbeit mit Schauspielerin und Dramaturgin (Bettina Schmid) gelungen, ein fulminantes, hie und da in seiner Vielschichtigkeit sogar an die Grenze des Wahrnehmbaren stossendes Erzählwerk voller Dramatik und Humor ins ThiK zu zaubern.

Das Kurtheater beherbergte Ende Februar im Rahmen der kantonalen Feierlichkeiten zum Gedenkjahr «150 Jahre Bundesstaat, 200 Jahre Helvetik» Theater ganz anderer Gestalt. Das schon mit seinem Titel Mystik und Rätselraten hervorrufende Musiktheater «Die helvetische Sphinx» liess die Hüllen um das zu lüftende Geheimnis für manchen Theaterbesucher wie die im gewagten, aber glanzvoll gelungenen, schlichten Bühnenbild von Roli Altermatt simulierten Betonwände stehen, offenbarte aber dem Kenner einen wundervollen Einblick in die Geschichte des Aargaus und deren Handhabung aus heutiger Sicht. Acht Musiker interpretierten die moderne Klassik des Aargauer Komponisten Ruedi Debrunner dank den schweisstreibenden Leistungen des Dirigenten Urs Stäuble perfekt und gaben damit dem 30köpfigen Laienchor und den vier Solisten ein standfestes Plateau für ihren rhythmischen Sprechgesang und die zerstückelten Melodien. Die Tenor-Arie «Wo die Vergangenheit zum Mythos wird, verliert die Gegenwart das Fundament» hatte wie das fast pathetisch ertönende, sprunghaft zwischen Kopfstimme und tiefster Basslage wechselnde Bass-Solo «Wir sind ein freies Land» beinahe Hitparadencharakter, gäbe es eine solche für moderne E-Musik. Letzteres wurde vom jungen Michael Leibundgut mit derartiger Inbrunst interpretiert, dass tatsächlich kurz der Gedanke aufkam, nicht nur wir, sondern die ganze Welt sei frei. Das Werk tourte durch den Kanton und versuchte so die Brücke zwischen den einzelnen Tälern und Gegenden des Zürcher Westens zumindest kulturell zu schlagen. Trotz der Schirmherrschaft des Regierungsrates und der hinter dem Slogan «Allons-y Argovie» versteckten Bemühungen, die schwierige Geburt des Einheitsgedanken in der Kantonsbevölkerung einzuleiten, gelang das gute Vorhaben nicht zur vollen Befriedigung des Initianten und Regisseurs Walter Küng. Mit der «Sphinx» hat er aber gleichwohl dem Aargau ein Geschenk gemacht.

Der Westen und die übrige Welt ...

Nicht nur Space Dream bekam mit dem Konkurs der Berliner Produktion die Abhängigkeit der Wirtschaftslage und das launische Gesicht des Konsumenten zu spüren. Gesamtschweizerisch nahm 1998 die Zahl der Konzert- und Openairbesucher ab, der CD-Markt stagnierte, und die Reihen vor den Theaterbühnen mussten öfter als in Vorjahren abgestaubt werden. Wenig beeindrucken liess sich das Theater am Brennpunkt, welches mit einer Produktions- und Gastspielvielfalt stetig steigender Qualität erfreute. Das forumclaque produzierte auch locker vor sich hin, wenn auch zurückhaltender und unübersichtlicher als in Vorjahren, und liess sich nicht vom fehlenden Publikumsaufmarsch blenden. Im Grossen und Ganzen verhielt sich aber der Westen im konsumierenden wie auch im produzierenden Kulturbenehmen nicht anders als die übrige Welt. Bleibt zu hoffen, dass die eingesparte Energie der Saison 98/99 zugute kommen wird und die AZ 1999 ihren Kulturpreis doch noch einer/einem «westlichen» Kulturschaffenden verleihen kann.

Wetterchronik
An der Badenfahrt lachte auch die Sonne

Nick Marolf

Während der Beobachtungsperiode von Juli 1997 bis Juni 1998 war die Badenfahrt nicht nur aus gesellschaftlicher Sicht ein Höhepunkt, sondern auch aus meteorologischer: Mitten in einem ansonsten eher trüben Sommer zeigte sich das Wetter für die Dauer des Festes von seiner freundlichsten Seite. Dieser Glücksfall dient uns als Anlass, in der Wetterchronik des vergangenen Jahres ein besonderes Augenmerk auf die Witterung während Festen und Feiertagen zu richten. Wann feierte Petrus mit, wann schmollte er?

Unbeständiger Sommer
Wie schon angedeutet, schaffte das Sommerwetter nach einem verregneten Juni auch in den darauffolgenden Wochen den Durchbruch nicht. Zahlreiche Gewitter sorgten für hohe Niederschlagsmengen, aber nur geringe regionale Schäden. Weniger Glück hatten die Einwohner in Teilen des östlichen Deutschlands und Polens: Dieselben Luftmassen, welche uns Anfang Juli intensiven Dauerregen brachten, lösten dort wenige Tage später die verheerendsten Überschwemmungen des Jahrhunderts aus.

Die wechselhafte Witterung liess befürchten, die Badenfahrt Mitte August werde ebenfalls ins Wasser fallen. Doch der langersehnte Wetterumschwung folgte in der zweiten Augustwoche – gerade rechtzeitig, um dem zehntägigen Strassenfest prächtigstes Sommerwetter zu gönnen. Die warme und trockene Witterung trug wesentlich zum Gelingen der Badenfahrt bei. Pünktlich zum Ausklang des letzten Badenfahrtabends wurde das Sommerwetter weggefegt; ein Gewittersturm brachte heftige Niederschläge und Abkühlung. Wie in den Wochen vor der Badenfahrt dominierte in der Folge kühle, wechselhafte Witterung. Trotzdem konnte die kurze Wärmeperiode die Statistik des ansonsten eher trüben und kühlen Sommers etwas aufbessern.

Goldenes Herbstwetter mit langem Altweibersommer

Überdurchschnittlich warm und trocken hingegen schnitt der Herbst ab – in bester Erinnerung bleibt uns der lange Altweibersommer. Erst gegen Ende Oktober verabschiedete sich der Spätsommer endgültig; ein Schub Polarluft brachte zu Allerheiligen fast schon winterliche Verhältnisse mit Schnee bis in tiefere Berglagen. Bei trockenem Hochnebelwetter setzte die Temperatur darauf zu einem langen Sinkflug in den Winter an.

In der Adventszeit traten Turbulenzen auf: Milde Föhnphasen wechselten sich mit verschneiten Kälteperioden ab. In Baden fiel der erste Schnee am 2. Dezember. Kein Schnee gab es hingegen zu Weihnachten, denn das alljährliche Weihnachtstauwetter liess kurz vor Weihnachten die Temperatur ansteigen. Nach verregneten, grünen Weihnachten wurde Neujahr wieder bei tieferen Temperaturen gefeiert.

Damit ging 1997 als das weltweit bisher wärmste Jahr des Jahrhunderts zu Ende. Auch in Baden übertraf die Jahrestemperatur den langjährigen Durchschnitt deutlich; die Niederschlagsmenge lag nur geringfügig unter dem bisherigen Mittelwert.

Milder Winter, Schnee an Ostern

Das neue Jahr sorgte schon in seinen ersten Tagen für meteorologische Aufregung. Ein heftiger Sturm richtete am Dreikönigstag in der ganzen Schweiz zahlreiche Schäden an; Windböen entwurzelten Bäume und beschädigten Dächer. Trotz allem Getöse war aber noch kein Winterwetter in Sicht. Erst am 20. Januar wurde die extrem milde Witterung von einem Wintereinbruch verdrängt. In den darauffolgenden zehn Tagen konnte sich ein kurzer Winter mit dünner Schneedecke halten.

Eine ausgeprägte vierwöchige Wärmeperiode, welche in der zweiten Februarwoche einsetzte, wird von Meteorologen auf das weltweite Klimaphänomen El Niño zurückgeführt. El Niño (das Weihnachtskind) hat seinen Ursprung in der jahreszeitlich veränderten Meeresströmung im Pazifik. Eine Folge dieses Effektes sind die Unwetter, welche Südamerika um die Weihnachtszeit heimzusuchen pflegen (daher der Name). Mit mehr als einmonatiger Verzögerung erreichte uns das «Weihnachtskind» und brachte einen ausserordentlich milden Februar. Während dieser Wärmeperiode fiel auch fast kein Niederschlag – die einzige bedeutende Ausnahme machten dabei leider die Fasnachtstage.

Nach einigen Nachtfrösten erwachte in der zweiten Märzhälfte der Frühling. Um so überraschender kehrte an Ostern der Winter nochmals zurück; der Schneefall löste im Ferienverkehr vor allem auf den Tessiner Strassen ein völliges Chaos aus. Auch in Baden gab es als Ausgleich für die grüne Weihnacht weisse Ostern. Diese verkehrte Situation entspricht den Aussagen von Klimamodellen, welche den Einfluss steigender Temperaturen auf den Winter voraussagen. Demnach wird der Winter nicht nur um rund einen Monat kürzer, sondern auch um einige Wochen verschoben. Schnee im Dezember soll seltener, weisse Ostern dagegen häufiger werden.

Auch der Frühling war zu warm
Von der österlichen Rückkehr des Winters schien sich das Wetter nicht so schnell erholen zu können, während Wochen blieb es unbeständig. Anfang Mai gewann der Frühsommer bei steigenden Temperaturen und viel Sonne wieder die Überhand. Sowohl die Auffahrt als auch das Pfingstwochenende konnten bei schönem Wetter genossen werden. Wie es in den letzten Jahren zur Gewohnheit geworden ist, stellte auch der Mai 1998 einen neuen Rekord auf: als trockenster Mai des Jahrhunderts.

Gegen Ende der Beobachtungsperiode strömte wiederholt tropische Luft in unsere Region. Dies führte zu einem besonders warmen und trockenen Frühsommer, verbunden mit ersten stärkeren Gewittern. Von der ausgeprägten Schafskälte Mitte Juni erholte sich das Wetter rasch wieder auf hochsommerliche Verhältnisse.

Nachdem 1997 schon zu den wärmsten Jahren in der Badener Messreihe gezählt hatte und das erste Halbjahr 1998 die Vorjahreswerte abermals übertraf, scheint auch ein eher mediterraner Sommer bevorzustehen. Ob diese Prognose auch eintreten wird, werden wir in der Wetterchronik der nächstjährigen Badener Neujahrsblätter überprüfen können.

Noch erhältliche Jahrgänge

vergriffen
1925/26, 1929/30, 1933,
1935–1947, 1949, 1958,
1960–1962, 1965, 1969

noch wenige Exemplare
1927, 1951, 1953/54, 1963,
1964, 1967, 1974, 1977,
1978, 1990, 1991

noch genügend Exemplare
1928, 1931/32, 1934, 1948,
1950, 1952, 1955–1957,
1959, 1966, 1968,
1970–1973, 1975, 1976,
1979–1989, 1992–1998,
Register 1925–1975,
Register 1976–1990

alle Jahrgänge vor 1980
Fr. 5.–
Jahrgänge 1980–1990
Fr. 10.–
Jahrgänge 1991–1998
Fr. 15.–

erhältlich im Historischen
Museum Baden

Gönner und Sponsoren

Die Herausgabe der «Badener
Neujahrsblätter» wird
in verdankenswerter Weise
unterstützt von folgenden
Behörden, öffentlichen Institutionen, Firmen und Privatpersonen:

Einwohnergemeinde Baden
Ortsbürgergemeinde Baden
Gemeinde Ennetbaden
Gemeinde Fislisbach
Gemeinde Gebenstorf
Gemeinde Obersiggenthal
Gemeinde Wettingen

Aargauische Kantonalbank,
Baden
Asea Brown Boveri AG, Baden
Binder, Stieger & Zellweger,
Baden
Credit Suisse, Baden
Gebr. Demuth & Co., Baden
Egli + Rohr Architekten, Baden-
Dättwil
Eglin Elektro AG, Baden
Form + Wohnen, Baden
Fueter & Halder, Baden

Kovats zum scharfen Aug,
Baden
Kur- und Verkehrsverein,
Baden
Laube & Gsell, Baden
Lüscher Wohnkonzeption,
Baden
MC Management AG, Baden
Merker Liegenschaften AG,
Baden
Dr. Uli Münzel, Baden
Nordostschweizerische Kraft-
werke AG, Baden
Dr. Christian Notter, Baden
Oederlin AG, Rieden
Schoop + Co AG, Baden-Dätt-
wil
Städtische Werke Baden
Treupha Finanz AG, Baden
Twerenbold AG, Baden
UBS, Baden
Dr. Peter Voser, Baden
Voser, Kocher, Funk, Baden
Hubert Willi, Baden

Seiten 8/9 und 144/145:
Rodungsarbeiten auf der Baldegg, 1944 (Stadtforstamt
Baden, Fotos Werner Nefflen, Ennetbaden).

Redaktion:
Silvia Siegenthaler, Gebenstorf;
Dr. Bruno Meier, Baden; Andreas Steigmeier, Baden-Dättwil

Redaktionskommission:
Dr. Verena Füllemann, Dr. Beatrice Trummer, Hugo W.
Doppler, Dr. Jürg Etzensperger, August Guido Holstein,
Robert Kappeler, Max Rastberger, Hans Vögtlin

Mitarbeit bei der Konzeption dieser Nummer:
Robert Kappeler, Ariane Rietsch, Corinne Schmidlin,
Georg Schoop, Peter Stirnemann

Redaktionsadresse:
Historisches Museum Baden
Postfach, 5401 Baden

Satz: Bernet & Schönenberger, Zürich,
nach einem Konzept von Lars Müller, Baden
Lithos und Druck: BUAG Buchdruckerei AG Baden
Einband: Buchbinderei Burkhardt AG, Mönchaltorf

ISBN 3-906419-00-2
© 1998 by Literarische Gesellschaft Baden und Autoren